RONALDO ZACHARIAS
MARIA INÊS DE CASTRO MILLEN
(Organizadores)

DISCERNIMENTO MORAL E BENIGNIDADE PASTORAL

Para além das incompreensões e resistências à *Amoris Laetitia*

SBTM | Sociedade Brasileira de Teologia Moral

EDITORA SANTUÁRIO

Dados Internacionais de Catalogação na Publicação (CIP)
de acordo com ISBD

D611 Discernimento moral e benignidade pastoral: para além das incompreensões e resistências à Amoris Laetitia / organizado por Ronaldo Zacharias, Maria Inês de Castro Millen. - Aparecida : Editora Santuário, 2021.
352 p. ; 14cm x 21cm.

Inclui índice.
ISBN: 978-65-5527-137-9

1. Teologia. 2. Pastoral. 3. Igreja Católica. I. Zacharias, Ronaldo. II. Millen, Maria Inês de Castro. III. Título.

2021-4041 CDD 230
CDU 23

Elaborado por Vagner Rodolfo da Silva - CRB-8/9410

Índice para catálogo sistemático:
1. Teologia 230
2. Teologia 23

1ª impressão

Rua Pe. Claro Monteiro, 342 – 12570-000 – Aparecida-SP
Tel.: 12 3104-2000 – Televendas: 0800 0 16 00 04
www.editorasantuario.com.br
vendas@editorasantuario.com.br

SUMÁRIO

Apresentação

Maria Inês de Castro Millen[1]

É com imensa satisfação que apresento aos leitores o livro do 44º Congresso da Sociedade Brasileira de Teologia Moral (SBTM), realizado em setembro de 2021, com o título: ***Amoris laetitia*: a urgência do discernimento moral e da benignidade pastoral.**

O presente tema é extremamente atual e relevante, pois quer abordar a receptividade da Exortação Apostólica Pós-Sinodal *Amoris laetitia*, perguntando pelas muitas incompreensões e resistências que aconteceram ao longo desses cinco anos de sua publicação. Quer ainda, na perspectiva da construção de parâmetros ético-morais, apontar para o discernimento moral e para a benignidade pastoral como atitudes imprescindíveis que não podem mais ser apresentadas apenas como expectativas a serem cumpridas num futuro desconhecido.

Acredito que a pouca receptividade da Exortação do Papa Francisco mereça ser analisada, pois sobre ela ainda pesa um certo silêncio. Poucos a leram e a divulgaram na sua inteireza. Muitos não a compreenderam. O que será que aconteceu?

---

[1] Maria Inês de Castro Millen é Doutora em Teologia Moral (Pontifícia Universidade Católica – Rio de Janeiro) e Presidente da Sociedade Brasileira de Teologia Moral (SBTM).

Quais as causas que a levaram a esse ostracismo? Este livro, que ora apresento, propõe reflexões importantes que poderão ajudar a encontrar algumas respostas.

O próprio Papa Francisco – talvez percebendo as resistências que se fizeram sentir, além da fraca divulgação da Exortação Apostólica – anunciou, em 27 de dezembro de 2020, dia em que a Igreja celebra a Sagrada Família, a convocação de um ano especial dedicado à *Amoris laetitia*. Esse ano foi inaugurado em 19 de março de 2021, no dia de São José e no quinto aniversário da sua publicação. A intenção de Francisco, ao fazer tal anúncio, é estimular a Igreja a prosseguir o percurso sinodal que o levou à redação do documento.

Penso, com os autores que trabalham os temas dessa publicação, que a compreensão da *Amoris laetitia* depende de alguns entendimentos prévios. Primeiramente, é preciso olhar para a origem do próprio documento. Acredito que há aqui uma relação direta com o momento histórico vivido e com o projeto de uma Igreja sinodal.

Quanto ao momento histórico, pode-se dizer que, em 2013, já quando da renúncia do Papa Bento XVI, a Igreja Católica vivia algumas crises sérias: as questões com a Cúria Romana, o *Vatileaks*, as denúncias de pedofilia e a desconsideração de grande parte dos fiéis às propostas do magistério católico sobre questões relativas à moral sexual. Alguns autores chegaram a falar de um cisma submerso que precisava urgentemente ser compreendido.

Quanto à Igreja sinodal, sabe-se que o Papa Francisco escreveu a *Amoris laetitia* após dois Sínodos convocados para discutir exatamente essas questões urgentes relacionadas à família no mundo atual, um assunto extremamente relevante para a Igreja. Os Sínodos foram precedidos por uma ampla consulta a pessoas do mundo todo, embora saibamos que o questionário dedicado a esse fim tenha sido boicotado em muitos lugares, e grande parte dos que vivem a realidade do matrimônio e da família nem tomaram conhecimento dele, o que já demonstra uma certa má vontade em relação ao processo em curso.

O Relatório Final do Sínodo é importante e mostra a disposição de Francisco para a sinodalidade, já demonstrada desde o início de seu pontificado. Sua primeira exortação apostólica, a *Evangelii gaudium*, é fruto das reflexões de um Sínodo anterior sobre a evangelização, realizado ainda em 2012, sob o pontificado de Bento XVI. A permanente disposição para a escuta de todos e todas é marca registrada de Francisco, mas nem sempre foi muito bem acolhida numa Igreja que, durante séculos, acostumou-se a falar àqueles que deviam apenas obedecer. Basta lembrar o controvertido ditado, atribuído erroneamente a Santo Agostinho, mas que se popularizou entre nós: *Roma locuta, causa finita.*

Em 2015, no discurso que comemora o cinquentenário da Instituição do Sínodo dos Bispos, Francisco afirma que "aquilo que o Senhor nos pede, de certo modo está já tudo contido na palavra 'Sínodo'. Caminhar juntos – leigos, pastores, Bispo de Roma – é um conceito fácil de exprimir em palavras, mas não é assim fácil pô-lo em prática".[2]

Essa visão sinodal da Igreja é muito cara ao Papa Francisco. Ele não pensa num pontificado de gabinete, isolado, em que

[2] FRANCISCO, Papa. Discurso proferido por ocasião da comemoração do Cinquentenário da Instituição do Sínodo dos Bispos (17.10.2015). Disponível em: https://www.vatican.va/content/francesco/pt/speeches/2015/october/documents/papa-francesco_20151017_50-anniversario-sinodo.html. Acesso em: 30 ago. 2021.

a ação do Espírito só vale para si ou para alguns que se julgam "iluminados". Quer contar com a reflexão e a intuição de todos e todas, numa ação que se realiza por meio de um movimento poliédrico. Ele mesmo relembra que o poliedro é uma forma geométrica que não apaga as diferenças e respeita a pluralidade, diferentemente da esfera, que é lisa e sem facetas. É por esta razão que construir uma Igreja sinodal não é fácil. A dificuldade atual de ouvir o diferente, acolher realidades, ideias e propostas marcadas por outras nuances exige humildade, caridade e muita fé. Mas ele não desiste.

Um segundo entendimento necessário refere-se ao Papa Francisco em si. Quem é esse homem que se intitula apenas Bispo de Roma e que veio do fim do mundo? Muito já foi dito sobre ele, mas gostaria de recordar alguns elementos que importam aqui. Jorge Mário Bergoglio é um jesuíta, formado na esteira preciosa de Santo Inácio de Loyola. Ao ser convocado para ocupar a cátedra de Pedro, assumiu o nome de Francisco, que já diz muito de si e de seus propósitos, na recusa de muitos privilégios que daí decorriam até então. Seu olhar voltado para os acontecimentos mundiais – o que lhe proporciona uma boa compreensão da realidade – é impressionante. Nada que se passa no mundo e na vida das pessoas lhe é estranho e indiferente. Francisco envolve-se pessoalmente com tudo e com todos quando acha que isso é viver como o Evangelho nos orienta. Sensibilizado pela dor de tantos, aposta na misericórdia e a descreve como a "carteira de identidade do nosso Deus". Proclama um Ano Santo, um Jubileu Extraordinário da Misericórdia, e assim o justifica: "Há momentos em que somos chamados, de maneira mais intensa, a fixar o olhar na misericórdia, para nos tornarmos nós mesmos sinal eficaz do agir do Pai".[3] Desse modo, abrindo o coração aos miseráveis, fala com as pessoas, ri com suas histórias, emociona-se com tantas outras, chora com quem chora e acolhe a todos e todas.

Um terceiro entendimento diz respeito à necessidade de uma reflexão sobre a *Amoris laetitia* em si, levando em consideração todas as suas fases: a longa preparação, a escrita e a sua recepção. Precisamos ter um olhar atento sobre todas essas fases, pois só assim poderemos compreender honestamente a necessidade de uma reestruturação da moral cristã católica no que diz respeito às questões conjugais e familiares. A proposta do discernimento moral e da benignidade pastoral é um passo importante que precisa ser dado, lembrando que a *Amoris laetitia* é o resultado de uma etapa, mas não o fim de um percurso que pode e deve abrir-se para um novo tempo.

Assim sendo, em nome da SBTM, agradeço a todas as pessoas que se dispuseram a redigir seus textos para que esta publicação fosse possível. Que o Deus da vida nos anime neste momento difícil de pandemia e polarizações, para que, animados pelo Espírito que sopra mesmo em tempos de aridez e desolação, não percamos a esperança e continuemos a crer na possiblidade de um mundo mais fraterno e de uma Igreja mais profética e solidária.

[3] FRANCISCO, Papa. *Misericordiae vultus*. Bula de Proclamação do Jubileu Extraordinário da Misericórdia (11.04.2015). Disponível em: https://www.vatican.va/content/francesco/pt/apost_letters/documents/papa-francesco_bolla_20150411_misericordiae-vultus.html. Acesso em: 30 ago. 2021.

1

Incompreensões sobre a *Amoris laetitia*:

uma visão crítica

Paolo Carlotti[1]

Introdução

O magistério moral pós-conciliar dos papas é particularmente intenso – tanto em termos de quantidade como de qualidade de documentos –, marcado por mudanças e desenvolvimentos significativos.[2] Também por essa razão, a teologia moral é hoje uma reflexão desafiadora e inquietante, não apenas porque continua a ser um setor particularmente marcado por frentes sociais e culturais em rápidas e substanciais transformações – pensa-se, por exemplo, na questão bioética e ecológica,

---

[1] Paolo Carlotti é Doutor em Teologia (Pontificia Università Gregoriana - Roma) e Professor da Università Pontificia Salesiana (Roma). Tradução do italiano: Felipe Sardinha Bueno.

[2] Houve mudanças de não pouca importância, por exemplo, no que diz respeito aos transplantes de órgãos e, mais recentemente, à pena de morte, bem como novas inserções, como no caso da opção fundamental, da lei da gradualidade, do discernimento do bem moral possível por parte da consciência moral, e um repensar mais global na linha das indicações feitas pela *Optatam totius* 16. Ver: Carlotti, Paolo. Il Concilio Vaticano II e la teologia morale. Le indicazioni sintetiche di *Optatam totius*. *Gregorianum* 97 (2016): 449-470.

bem como na política, econômico-financeira e midiática –, mas também pelo fato de ser solicitada por experiências eclesiais que exigem repensar e renovar com delicado discernimento, tais como a consciência moral e a responsabilidade pessoal do sujeito agente, o testemunho pobre e missionário dos cristãos, os fiéis casados em situações irregulares e sofridas, as questões de gênero e diversas outras temáticas. Além disso, no interior da teologia moral, estão em ebulição desenvolvimentos intelectuais – sejam eles teológicos ou não, sejam morais ou não – de alcance considerável. Basta ter presente a questão da pertinente seleção da filosofia em teologia moral, as discussões entre ética normativa e ética das virtudes e entre as teorias consequencialistas e deontológicas do agir.[3]

Nesses e em outros âmbitos, fez-se presente o magistério moral papal, distinguível em diversas vertentes: uma de índole social,[4] da *Populorum progressio* até a recente *Fratelli tutti*, passando por *Laborem exercens*, *Sollicitudo rei socialis*, *Centesimus annus*, *Caritas in veritate*, *Laudato si'*; outra de índole bioético-sexual, da *Humanae vitae* (HV) à *Evangelium vitae* (EV), passando pela *Amoris laetitia* (AL);[5] e outra de índole

[3] A bibliografia sobre tais questões é notável. Para uma bibliografia pessoal em continuidade e sintonia com as posições aqui apresentadas, ver: Carlotti, Paolo. *Teologia della morale cristiana*. Bologna: EDB; Carlotti, Paolo. *La morale di papa Francesco*. Bologna: EDB, 2017.

[4] Deve-se recordar que a Doutrina Social da Igreja, que é o magistério social dos Papas desde a *Rerum novarum* até hoje, foi justamente atribuída à competência da teologia moral, em particular social, que se encontra, por sua vez, tendo de tratar de uma outra frente bastante importante. Carlotti, Paolo. Un chiarimento decisivo. DSC e teologia morale. In: Carlotti, Paolo; Toso, Mario. (Eds.). *Un umanesimo degno dell'amore. Il "Compendio della Dottrina sociale della Chiesa"*. Roma: LAS, 2005, p. 157-180.

[5] Por iniciativa do Papa Francisco, foi anunciado um ano dedicado à *Amoris laetitia* e aos temas da família, a partir de 19 de março de 2021 – quando se completaram cinco anos da sua promulgação – até 26 de junho de 2022.

fundamental, isto é, a terceira parte do Catecismo da Igreja Católica (CIgC) e, sobretudo, a *Veritatis splendor* (VS). Se a primeira vertente obteve uma recepção bastante favorável tanto fora quanto dentro da Igreja, as demais despertaram mais do que meras perplexidades receptivas, chegando, inclusive, a fortes críticas, desembocando por vezes em abertas tomadas de posição de claro distanciamento – quando não de rejeição –, tanto teológica quanto eclesialmente, suscitando ressonâncias desfavoráveis na opinião pública em geral. Devemos ter presente que tais perplexidades e críticas têm significados opostos, reservando apenas à Exortação Apostólica Pós-Sinodal *Amoris laetitia,* de Francisco, observações de notável tendência inovadora e progressiva, em contraste com o magistério precedente. No que concerne às encíclicas HV, EV, VS e ao CIgC, atribuiu-se-lhes uma orientação prevalentemente conservadora, majoritariamente restauradora de esquemas conceituais anteriores e por vezes até anticonciliares, pondo em discussão a efetiva fidelidade ao Concílio Vaticano II.

Resulta evidente – para a compreensão global dos dois debates – uma atenta consideração do deslocamento intelectual e teológico do teólogo moralista a fim de entender as diversas tomadas de posição que resultam ou não favoráveis sobre a mesma questão, mas por razões diversas: ao mesmo tempo que uns elogiam o magistério de Francisco pela sua abertura, outros afirmam ser ele negação do magistério precedente; por outro lado, ao mesmo tempo que uns louvam a continuidade tradicional criticamente dialética à contemporaneidade do magistério precedente, outros a consideram puro anacronismo intelectual e pastoral. Em outras palavras, os motivos desse desconforto parecem estar vinculados aos domínios intelectuais de direções opostas. Todos os documentos são criticados pela suposta dessemelhança em relação ao magistério anterior: conciliar, para a HV e a VS, do qual negariam a renovação requerida, permanecendo em formas ainda neoescolásticas e casuísticas; e joanino-paulino, para a AL, do qual revirariam mais de um momento doutrinal, a começar pelo *intrinsece malum*.

O que emerge é a urgência de uma instrução fenomenológica preliminar e, depois, de uma discussão hermenêutica, que se expandiria até chegar a coincidir com a história sistemática da teologia moral, da qual, acredito, participa-se corretamente abstendo-se de posições resolutórias tanto categóricas quanto imaturas.

Tendo presentes tais observações introdutórias, foram selecionadas algumas questões consideradas emblemáticas e sintetizadoras das diversas reações e incompreensões sobre o magistério moral do Papa Francisco: 1. se a AL pode ser considerada como autêntico magistério pontifício; 2. se a AL apresenta alguma novidade no magistério moral; 3. se a AL implica uma aprovação indiscriminada de todas as formas de convivência matrimonial irregular, banalizando-se a misericórdia divina; 4. se a AL é fonte de dispersão e desorientação, antes de tudo para os pastores, devido à sua difícil interpretação. No percurso que faremos, afirmaremos: 1. a autenticidade magisterial da AL; 2. a revalorização do "sujeito" como a novidade deste magistério moral pastoral; 3. a necessidade de superação de uma espécie de endosso benevolente ou anistia generalizada nas posições a serem tomadas; 4. o magistério moral de Francisco como um magistério empenhativo, que implica uma séria abordagem da reflexão teológico-moral e da renovação responsável de algumas modalidades pastorais.

1. O magistério autêntico do Papa Francisco

É certo, e, portanto, para além de qualquer dúvida razoável, que a Exortação Apostólica Pós-Sinodal *Amoris laetitia*[6] é um ato do autêntico magistério do papa e, como tal, empenha à "religiosa submissão da vontade e da inteligência",[7] como especifica e recorda a *Lumen gentium*. Não se trata de um magistério extraordinário, mas ordinário, e, por isso, não goza da prerrogativa da infalibilidade, reservada exclusivamente ao pontífice *loquens ex cathedra*. Mais uma vez, alguns – teologicamente despreparados –, pensando estar diante de um magistério não infalível, concluíram erroneamente tratar-se de uma obediência opcional.

Infelizmente, dada a falta de pleno conhecimento de todo o quadro doutrinal de referência, difundiram-se inferências muito impertinentes – por vezes de origem eclesial – que insistiram na facultatividade do documento papal, chegando a considerá-lo como uma simples opinião pessoal, cultural e socialmente muito situado no contexto latino-americano, doutrinalmente improvisado e carente de profundidade, além de pastoralmente tendencioso. O estilo comunicativo do Papa Francisco – parenético e exortativo, não autoritário e não imperativo – não deve ser usado para subestimar a profundidade e o alcance do seu magistério.

---

[6] FRANCISCO, Papa. *Amoris laetitia.* Exortação Apostólica Pós-Sinodal sobre o amor na família. São Paulo: Loyola, 2016. Daqui em diante = AL.

[7] CONCÍLIO ECUMÊNICO VATICANO II. *Lumen gentium.* Constituição dogmática sobre a Igreja, n. 25. In: COMPÊNDIO DO VATICANO II. *Constituições, decretos, declarações.* 31. ed. Petrópolis: Vozes, 2015.

Para o crente cristão, o Papa não é um colunista ou comentarista entre outros, cujas posições podem ou não ser compartilhadas a bel-prazer; como também a bel-prazer não se pode escolher o Papa a quem assegurar fidelidade, pois a fidelidade é devida, primeiramente, ao "magistério vivo" e à vida da Igreja. Não faria sentido ignorar ou rejeitar Francisco e privilegiar ou permanecer com João Paulo II, por exemplo. Tal perspectiva, além de míope, não deve existir, porque não apenas é possível e desejável, mas também inevitável que se esteja com ambos para poder estar com cada um deles. Tem-se a impressão, muitas vezes, de que o que aqui se está a repropor é aquela falaciosa opção seletiva, lenta a desaparecer, que já afetou o Concílio Vaticano II, segundo a qual apenas os documentos doutrinais – como a *Lumen gentium* ou a *Dei verbum* – eram considerados documentos verdadeiramente magisteriais, aos quais se devia obediência, e não os documentos pastorais, como a *Gaudium et spes*.

Devemos ter presente que o magistério autêntico e vivo é norma certa para a práxis individual, pastoral e ministerial, na medida em que cada fiel, pastor, diretor espiritual e ministro dos sacramentos pode basear-se nele tanto para orientar a sua própria vida cristã como para decidir a direção do seu próprio serviço de animação da comunidade eclesial, tanto para acompanhar o discernimento moral e espiritual dos fiéis quanto para administrar os sacramentos, em especial o da reconciliação. Estão envolvidos alguns problemas delicados, já mencionados acima, que, para além de um objetivismo e subjetivismo sumários, requerem a identificação de um itinerário pessoal, real e possível, para o bem moral objetivo do cristão.

Além disso, devemos considerar que a validade do ensinamento do magistério autêntico não depende da tipologia e da qualidade dos argumentos adotados, que poderiam ter lacunas e até mesmo deficiências – apesar de o quadro conceitual recorrente ser de alta qualidade –, mas sim da leitura pertinente da fé que o reconhece como um ato assistido por Deus com o Seu Espírito. Pode também acontecer que o leitor não se alinhe às opções filosóficas e teológicas do documento – as quais nenhum magistério jamais tentou vincular – ou que haja válidos motivos para objetar: não são estas eventualidades que podem justificar a sua rejeição na prática pastoral e na teoria teológica, cuja contribuição, além de não ser impedida, é requerida como aberta e sadia discussão.

Mais profundamente, uma hermenêutica da contemporaneidade cultural deve ser ativada a fim de se captar o significado para cada cristão e para cada ser humano da presença do Papa Francisco, no seu papel de pastor universal ou mesmo de intérprete autorizado e privilegiado da realidade atual, tão complexa e globalizada. As suas indicações são respostas proféticas e pertinentes aos dilemas que atravessam e afetam as nossas existências, as nossas sociedades e as nossas Igrejas, para que a sua autenticidade e unidade possam ser preservadas e promovidas nos tempos em que vivemos. É na disponibilidade às novas questões e na execução dos estilos mentais e existenciais que a vida consiste – que se torna processo e progresso –, um caminho orientado e, portanto, sensato, referencial, mas não autorreferencial. Muitas vezes, podemos nos sentir perdidos ou confusos, tanto como crentes quanto como humanos; em Francisco, encontramos pontos de referência para continuar a dar testemunho e a viver.

2. A abordagem pastoral e a virada ao sujeito moral

Com o passar dos anos, destaca-se, cada vez mais claramente – sem obviamente negar isso aos seus antecessores –, o forte caráter pastoral do serviço petrino do Papa Francisco, o que necessariamente envolve o seu magistério, em particular o de caráter moral. É supérfluo recordar que o critério pastoral foi o quarto critério indicado pelo Vaticano II para a reforma da teologia moral: estamos, portanto, em significativa continuidade. A percepção do ponto de vista específico do magistério pastoral "franciscano" não foi imediata nem homogênea, mas, como era evidente, precisou de tempo, também pelo fato de termos caminhado por um longo período em esteiras de abordagens predominantemente doutrinais, por vezes com linguagens técnicas totalmente acessíveis apenas aos clássicos especialistas, e não ao vasto Povo de Deus, a quem, na realidade, se deveria alcançar e incluir.

Na esfera teológico-moral, a pastoralidade do magistério do Papa Francisco expressou-se numa nova acentuação sobre o sujeito moral, se comparado aos magistérios anteriores, de João Paulo II e Bento XVI, marcados por uma atenção especial ao objeto moral. Mesmo essa notável mudança de perspectiva não foi imediatamente percebida, pois os fiéis estavam dispostos a aceitar a continuidade da parte do novo pontífice, mas não a descontinuidade, ou seja, a mudança de prospectiva acentuação quanto ao sujeito. Houve quem de fato não o seguisse, permanecendo ancorado na *forma mentis* anterior, sentindo-se quase traído pelo convite para que completasse a abordagem, integrando as duas atenções: a objetiva, amplamente desenvolvida e considerada até agora, com a subjetiva, que gradualmente explicitava as suas motivações e argumentos e as suas atenções e perspectivas.

Essa acentuação ou mudança de atenção do que é ou não é objetivamente bom, para o sujeito que é chamado a realizá-lo, ou melhor, a vivê-lo, mostra-se cada vez mais como uma valorização oportuna da dimensão subjetiva, que sempre pertenceu, com a objetiva, à declinação teórica e prática da moral cristã. O processo temporal, às vezes, permite apenas uma consideração posterior e até mesmo seletiva junto com a leitura da sua urgente e emergente atualidade, que marca o tempo eclesial e teológico.

2.1 A atenção à dimensão objetiva

A atenção à dimensão objetiva da moralidade empenhou, num passado recente, seja o magistério – com João Paulo II –, seja a reflexão teológico-moral; basta pensar na teoria do agir, consequencialista e deontológica, ou na fundamentação bíblica ou autônoma/teônoma da moral cristã, ou também na relação entre a autenticidade da consciência e a verdade moral e, finalmente, na relação entre opção fundamental e ato particular,[8] sem esquecer o tão conhecido *intrinsece malum* ou a dimensão corpórea do agir, temas nodais da VS, sem contar as numerosas discussões em teologia moral, tema de confronto evidente entre esta e o respectivo magistério.

[8] A opção fundamental, muito difundida em teologia moral, foi introduzida no magistério moral pelo Papa João Paulo II, conforme podemos ver na VS e, ainda antes, na *Reconciliatio et paenitentia*.

A intenção era reagir ao risco de relativismo e subjetivismo – insidioso no contexto eclesial e social – com a afirmação do verdadeiro bem moral e da capacidade de a razão, iluminada pela fé, mostrá-lo de forma intelectualmente confiável. Houve também uma reação ao risco de se perder o quadro de referência bíblico, teológico e mesmo filosófico, capaz de indicar o significado – e não apenas o resultado – do agir moral cristão, sem o qual haveria um enfraquecimento ou até mesmo uma perda do seu *proprium*. Lidando apenas com a dimensão objetiva, não se podia fugir ao risco de possíveis leituras objetivistas, esquecidas da natureza existencial e situacional de cada experiência moral, inclusive da experiência cristã.

2.2 A atenção à dimensão subjetiva

Com o magistério moral do Papa Francisco, chegou o momento – muito esperado por alguns – da indispensável consideração do sujeito moral, sujeito único, irrepetível, com a sua específica e por vezes trágica história pessoal. Isto acontece retomando, renovando e desenvolvendo os *loci* clássicos da reflexão teológico-moral: a imputabilidade da ação ao sujeito agente, a educação moral e a consciência moral.

2.2.1 A imputabilidade do agir ao sujeito agente

Refletindo profundamente sobre as três condições da imputabilidade do agir ao sujeito agente, notou-se como as duas primeiras – a compreensão e a volição plenas da ação –, relacionadas à práxis moral e pastoral, foram sempre tidas como certas e, portanto, sempre presentes, pelas quais se chegava a considerar apenas a gravidade da ação para ponderar a sua determinação negativa, desencadeando um automatismo avaliativo demasiado estéril e quase dando vida nova a uma espécie de penitência preestabelecida e "tarifada".

Não está escrito em lugar nenhum que as duas primeiras condições – das três que são necessárias para atribuir a imputabilidade da culpa – devem ser consideradas sempre presentes. Mas faz-se mister verificar se o sujeito compreende plenamente o mal que faz e se o faz livremente. Podem existir situações de vida muito precárias e problemáticas, no limite do concebível e do possível, que marcam a existência a ponto de não se entender mais nada e deixar-se levar em direção a qualquer resultado, não importa qual. Essas e muitas outras situações, que estão objetivamente presentes, devem ser consideradas no seu impacto sobre o reflexivo e o volitivo humano, sendo esse um simples ato de justiça, e não ainda de misericórdia. Configura-se um ato de justiça reconhecer as condições objetivas em que o sujeito opera, e não uma simples condescendência de boa natureza, que pretende, em nome da misericórdia, pôr de lado a norma e a lei.

É necessário afirmar, decisivamente, que não se é misericordioso quando se viola a verdade moral. Há condições fundamentais para que o agir seja verdadeiramente humano, tais como: que seja razoável e voluntário. No entanto, sabemos que é possível cometer algo muito grave, mas não como sujeito humano – premissa necessária para a imputabilidade da ação ao agente. Não sendo subjetivamente imputável, a pessoa não pode ser considerada culpada, pois ela não cometeu nenhum pecado. A pessoa foi a causa material, mas não formal, ou seja, intencional da ação, porque ela não tinha consciência do que estava fazendo ou fez o que fez sem liberdade, isto é, involuntariamente. O pecado não é um simples fato, mas uma escolha; e uma escolha não pode ser compreendida sem se considerar a intensidade pessoal com a qual o sujeito realizou a ação, ou seja, a sua percepção reflexiva e voluntária, dimensões que indicam e medem a qualidade pessoal do agir. Por isso, "por causa dos condicionalismos ou dos fatores atenuantes, é possível que uma pessoa, no meio de uma situação objetiva de pecado – mas subjetivamente não seja culpada ou não o seja plenamente –, possa viver em graça de Deus".[9]

Seria profundamente injusto e, portanto, desumano não reconhecer a realidade do efetivo condicionamento do agente no seu agir – quando se faz presente e na medida em que se torna condicionamento. Há ações realizadas por sujeitos fortemente deprimidos, dependentes químicos, aterrorizados pela miséria, psiquicamente perturbados etc.[10] "No meio da complexidade concreta dos limites, [...] perante situações em que se rompem todos os esquemas, [...] as limitações da vida se fazem sentir de forma lancinante".[11] Esses condicionamentos têm de ser reconhecidos pelo que são na sua realidade.

É possível aproveitar-se dessa situação para racionalizações e autojustificações, mas nenhuma parte da doutrina moral é isenta de abusos, e não se pode reagir ao possível abuso negando o alcance real dos dados da verdade moral. Há apenas uma saída para o impasse: a formação e a promoção de sujeitos moralmente maduros e adultos. Todos têm sempre direito a que os seus esforços para uma vida moral melhor sejam reconhecidos.

---

[9] AL 305.

[10] AL 300-302.

[11] AL 303; 37; 49, respectivamente.

2.2.2 A educação moral

A educação moral é outro aspecto ao qual o Papa Francisco prestou atenção ao voltar-se para o sujeito. O núcleo desta atenção é a lei da gradualidade, introduzida no magistério moral por João Paulo II e acolhida e aprofundada por Francisco. Ninguém nasce ou torna-se bom rapidamente e sozinho; ao contrário, precisa de um tempo e de um ambiente educativo que propicie um caminho moral que seja adequado e possível, não ressentido nem forçado.[12] As capacidades morais do sujeito, como qualquer outra faculdade, podem evoluir e crescer ou involuir e diminuir, devido, respectivamente, ao cuidado ou à negligência que recebem da parte do primeiro titular responsável pela experiência moral – a própria pessoa –, em que participa decisivamente o contexto existencial, relacional, social e histórico no qual se vive. A pessoa pode se tornar sempre mais capaz de fazer o bem ou de fazer o mal.

A formação não pode ser apenas teórica, isto é, cognitiva, destinada a informar o sujeito sobre os fundamentos e sobre as normas morais. Essa informação teórica, para o sujeito racional, não pode faltar, mas para o sujeito volitivo é insuficiente; faz-se

[12] AL 271 e 295. Ver: CARLOTTI, Paolo. *Coscienza*. In: PENITENZIERIA APOSTOLICA (Ed.). *Peccato Misericordia Riconciliazione. Dizionario Teologico-Pastorale*. Città del Vaticano: LEV, 2016, p. 117-122; CARLOTTI, Paolo. Coscienza morale e educazione. Le sfide dell'oggi. In: VILLAGÓMEZ R., María Sol; SOFFNER, Renato; ROCCHI, Alessio; MARQUES, Luis (Coords.). *Desafíos de la educación salesiana:* experiencias y reflexiones desde las IUS. Quito – Equador: Editorial Universitaria Abya-Yala, 2020, p. 113-141; CARLOTTI, Paolo. Educazione. In: AIME, Oreste; GARIGLIO, Bartolo; GUASCO, Maurilio; PACOMIO, Luciano; PIOLA, Alberto; ZEPPEGNO, Giuseppe (A cura di). *Nuovo Dizionario Teologico Interdisciplinare*. Bologna: EDB, 2020, p. 383-388; CARLOTTI, Paolo. Magistero e teologia morale dal Concilio a papa Francesco. In: Carlotti, Paolo (Org.). *La teologia morale italiana e l'ATISM a 50 anni dal Concilio:* eredità e futuro. Assisi: Cittadella, 2017, p. 133-165.

necessária uma prática que forme a vontade à busca constante e progressiva, à custódia e à promoção do bem. Ao mesmo tempo, podemos ter de lidar com divergências e desequilíbrios deploráveis, bem como com convergências e harmonias desejáveis: é possível ser cognitivamente informado e praticamente incoerente, e vice-versa.[13] Não se trata de uma tarefa a realizar de forma individualista e solitária, mas partilhada e comunitária. As agências educativas, como a família, a escola, a Igreja e a sociedade, são imediatamente interpeladas de uma forma inevitável. A sua autenticidade operativa é insubstituível e sempre eficaz, mesmo quando é difícil, desconsiderada e não reconhecida, porque esta se move no campo do significado, e não tanto do resultado.

Neste caminho, a lei da gradualidade é uma referência, pois reconhece níveis mínimos em que o sujeito moral condicionado, mesmo não sendo ainda capaz de fazer o bem, move-se para ele, diminuindo o mal: é a doutrina clássica e consolidada do mal menor,[14] que obviamente tem aplicação para o sujeito, e não para o objeto moral, visto que este só pode ser bom. Essa gradualidade conhece não apenas níveis mínimos, mas também ideais, quando se passa de uma ética da lei e do ato isolado para uma ética das virtudes e do estilo de vida e, mais ainda, quando a pessoa abre-se a uma ética da graça, deixando que Deus seja Aquele que a conduz.

---

[13] Basta considerar a experiência de Paulo, relatada no Capítulo 8°. da Carta aos Romanos. Paulo conhece o bem, sabe que este bem conhecido é o bem do qual ele necessita, mas sabe também que ainda não consegue fazer o bem. Por isso, invoca a graça de Cristo e a Ele rende graças.

[14] Interessante aqui é a distinção entre previsibilidade da culpabilidade e autenticidade do arrependimento. Podemos arrepender-nos do que prevemos que irá acontecer novamente na nossa vida. Na realidade, sem esta distinção, nenhum penitente poderia ser absolvido.

2.2.3 A consciência moral

O Papa Francisco parte da necessidade urgente de uma melhor consideração da consciência moral na Igreja, que exclua uma pretensão pastoral mais ou menos solidificada, que pretendia, e talvez ainda pretenda, substituir a consciência dos outros, acreditando cumprir, dessa forma, sua tarefa pastoral e educativa. Para ele, "a consciência das pessoas deve ser melhor incorporada na práxis da Igreja".[15] Francisco é muito claro ao reconhecer que:

> Também nos custa deixar espaço à consciência dos fiéis, que muitas vezes respondem da melhor forma que podem ao Evangelho no meio dos seus limites e são capazes de realizar o seu próprio discernimento perante situações em que se rompem todos os esquemas. Somos chamados a formar as consciências, não a pretender substituí-las.[16]

Não a substituição, mas a formação das consciências é a solução, reconhecendo incondicionalmente que o primeiro e irrenunciável educador da pessoa e da sua consciência é sempre a própria pessoa, sobretudo na precariedade mais aguda. Francisco, ao reiterar o papel clássico da consciência moral, quanto à aplicação do universal ao particular, não apenas recorda, mas introduz um outro, o do discernimento do bem moral possível para a pessoa na sua situação concreta. Esse discernimento pode ser sincero e honesto, e não necessariamente sorrateiro e interesseiro.

---

[15] AL 303.

[16] AL 37.

> Mas esta consciência pode reconhecer não só que uma situação não corresponde objetivamente à proposta geral do Evangelho, mas reconhecer também, com sinceridade e honestidade, aquilo que, por agora, é a resposta generosa que se pode oferecer a Deus e descobrir com certa segurança moral que esta é a doação que o próprio Deus está a pedir no meio da complexidade concreta dos limites, embora não seja ainda plenamente o ideal objetivo.[17]

Não acredito que essa nova função constitua um *novum* absoluto de Francisco, pois ela pode ser encontrada na própria tradição da Igreja; basta pensar, por exemplo, nas propostas afonsiana[18] e inaciana. Por outro lado, devemos admitir que há muito tempo não era mencionada em nível de magistério eclesial universal, e, sob esse aspecto, é uma novidade para os dias de hoje a ênfase dada ao sujeito moral. O discernimento e a avaliação moral da própria situação são da responsabilidade do próprio sujeito, que certamente pode ser ajudado, mas jamais substituído. A substituição, neste caso, seria pura despersonalização, isto é, uma subtração do sujeito a si mesmo, o que é sempre um mal.

Identificar o bem moral possível não significa optar por uma ética da situação. Isso aconteceria se o bem moral objetivo fosse determinado unicamente com base na consideração das situações, e não – como deve ser – no conteúdo intencional do agir, isto é, no objeto moral. No entanto, emerge a questão de como o bem objetivo pode ser praticável na situação de cada

[17] AL 303.

[18] VIDAL, Marciano. *La morale di S. Alfonso.* Dal rigorismo alla benignità. Roma: Accademia Alfonsiana, 1992; VIDAL, Marciano. *Historia de la teología moral.* V - De Trento al Vaticano II. 3 Alfonso de Liguori (1696-1787): El triunfo de la benignidad frente al rigorismo. Madrid: Perpetuo Socorro, 2019.

sujeito moral, tendo presentes as efetivas possibilidades do sujeito de colocá-lo em prática. Essa avaliação é completamente diferente da determinação objetiva do bem moral. A meu ver, é isso que inclusive autoridades no assunto não conseguiram compreender completamente, gerando perplexidades e dúvidas impertinentes.[19]

Também é claro que aquilo que é objetivo diz respeito a todos, enquanto o subjetivo diz respeito apenas ao sujeito individual. Se é injusto tratar a todos como se tivessem dificuldade, é igualmente injusto não tratar o indivíduo como se não tivesse nenhuma dificuldade. É necessário dar a cada um o que lhe é devido e reconhecer a verdade não apenas objetiva e universal, mas também subjetiva e particular. Sem esse duplo e constante reconhecimento, incorremos tanto no objetivismo quanto no subjetivismo, ambas alterações e desvios da moralidade, especialmente cristã. Para Francisco, "um pastor não pode sentir-se satisfeito apenas aplicando leis morais aos que vivem em situações 'irregulares', como se fossem pedras que se atiram contra a vida das pessoas".[20] Para o Papa, "enquanto se deve expressar claramente a doutrina, é preciso evitar juízos que não levam em consideração a complexidade das diversas situações, e é necessário prestar atenção ao modo como as pessoas vivem e sofrem por causa da sua condição".[21]

[19] Refiro-me às famosas "dúvidas" apresentadas pelos cardeais Walter Brandmüller, Raymond Burke, Carlo Caffarra e Joachim Meisner ao Papa Francisco. In: MAGISTER, Sandro. Criar clareza. Alguns nós por resolver em "Amoris laetitia" – Um apelo (14.11.2016). Disponível em: http://chiesa.espresso.repubblica.it/articolo/1351410.html. Acesso em: 24 jun. 2021.

[20] AL 305.

[21] AL 79 e 296.

O risco de optar de modo arbitrariamente preferencial na experiência moral ou, pelo contrário, de usar de forma rigorista as normas morais como pedras a serem atiradas às pessoas[22] é uma triste realidade. Portanto, é desejável afirmar o bem moral em si e o bem moral possível para o indivíduo. O bem moral em si permanece no seu valor e na sua interpelação. Ainda que o sujeito não possa praticá-lo, permanece também para ele como critério orientador da direção do seu compromisso de recuperar plenamente uma vida moral digna, tarefa que pode durar muito tempo e até mesmo ser inatingível, pelo menos na esfera comportamental. Mesmo assim, não é possível contentar-se ou permanecer numa vida moral comprometida. É isso o que nos dizem as declarações magisteriais do Papa Francisco: "este discernimento é dinâmico e deve permanecer sempre aberto para novas etapas de crescimento e novas decisões que permitam realizar o ideal de forma mais completa",[23] pois "o que faz parte de um discernimento prático de uma situação particular não pode ser elevado à categoria de norma".[24] Machuca o coração constatar que uma pessoa eticamente madura seja constrangida a viver somente o bem possível, e não o bem em si, que ela permanece aberta a ele, mas apenas *in votum*.

Não deixa de ser uma atitude abusiva declarar por si mesmo o que não é possível – quando, na realidade, o é – e se justificar recorrendo a essa doutrina moral. Não existe categoria moral que não possa ser usada de forma abusiva, mas, também aqui, a solução não poderia ser reduzir o alcance das realidades ou das afirmações morais, mas, como já assinalamos, promover a edu-

[22] AL 49 e 305.

[23] AL 303.

[24] AL 304.

cação de sujeitos morais maduros e adultos. Aliás, se é verdade que o sujeito pode manipular a sua consciência, isso não é razão suficiente para tirá-la dele. Deverá ser o próprio sujeito, devidamente interpelado e convertido – mas nunca substituído –, a decidir colocar-se diante de si de forma diversa e zelar por uma consciência moral mais atenta à verdade moral, que se sabe não poder ser imposta mas apenas proposta à sua livre decisão Nessa tarefa, não há alternativas ou atalhos a serem propostos.

2.3 Continuidade e descontinuidade

É importante ter presente que subjetivo e objetivo são dimensões polares que se entrelaçam, pois ambas se referem à pessoa. É próprio da dimensão objetiva o que se tem em comum com qualquer outra pessoa humana, isto é, a natureza humana e, portanto, a lei moral natural e, por conseguinte, o dado objetivo; da dimensão subjetiva, faz parte o que é exclusivo da pessoa e não compartilhável com ninguém, por pertencer à sua primordial singularidade e originalidade, biográfica e histórica e, portanto, o dado subjetivo. Sem uma das duas dimensões, não existe nem pessoa, nem verdadeira moral, seja teológica ou não. O dado objetivo não é mera "coisalidade" ou "fatualidade", mas um objetivo pessoal, isto é, intencional, como o é, em perspectiva e modalidade diversa, o dado subjetivo, que é pessoal enquanto unicidade. Um não se dá sem o outro, porque a pessoa não é apenas originalidade particular ou objetividade natural, mas ambas as dimensões.

Mais uma vez vem à tona a tensão entre continuidade e descontinuidade como elemento hermenêutico nodal, agora pensada como incômoda alternativa de recíproca exclusão ou inclusão das duas polaridades, a fim de delinear suas respectivas identidades. A continuidade, sozinha, seria algo trivial, assim como apenas a descontinuidade não daria conta da novidade primordial, pelo fato de o *humanum* ser referência e relação. Precisamente por essa razão – de acordo com a conhecida oposição polar de Romano Guardini[25] –, é apenas a coexistência de ambas as polaridades que torna possível seu respectivo resplendor e sensibilidade.

Exegeses apenas de continuidade ou apenas de descontinuidade não são plausíveis e confiáveis, porque, no fim das contas, são intelectualmente impensáveis. Se a novidade do magistério do Papa Francisco é bem e justamente sublinhada, o mesmo não se pode dizer da sua continuidade, que resulta explicitamente afirmada em numerosas passagens de textos oficiais. O Papa Francisco relaciona o seu próprio ensino ao anterior. Além de não negar o magistério que o precedeu, ele frequentemente o retoma e repropõe, sem limitar-se a repeti-lo, mas tomando a liberdade de reformular, integrar e mudar o que julga necessário e dar início a processos que considera importantes. Subsiste sempre a questão da dosagem dos dois fatores no pensar e discernir corretamente os dados doutrinais, uma das tarefas permanentes da reflexão teológico-moral e pastoral.

Em todo caso, é prudente tomar o devido cuidado para não identificar sumariamente a grande tradição moral da Igreja com a simples experiência pessoal que se tem dela. Não raras vezes, essa tradição possui perspectivas e ensinamentos que não foram repropostos durante algum tempo e, por isso, surpreendentemente, passam por uma "segunda juventude", isto é, por

[25] GUARDINI, Romano. *L'opposizione polare*. Saggio per una filosofia del concreto vivente. Brescia: Morcelliana, 1997.

uma avaliação interpretativa, sendo atualizados para tempos eclesiais e culturais específicos, inclusive os nossos. É necessário ser fiel à verdadeira tradição da Igreja, mas não àquela apressadamente identificada com os nossos hábitos mentais e intelectuais, por mais lícitos que sejam. Quando isso acontece, não é difícil que surjam preconceitos, oposições e divisões. Apenas um trabalho paciente de esclarecimento e discernimento preservará aquela inclusão que une de forma pertinente a busca da verdade e da comunhão.

3. O discernimento misericordioso (não paternalista) das situações

A atenção ao modo como o sujeito vive a sua experiência moral implica o reconhecimento da verdade das efetivas condições internas e externas com as quais ele atua. Negligenciar tais condições e ignorá-las, *a priori*, é um ato preciso de desatenção sistemática à verdade. É bem verdade que, para delinear o universal, prescinda-se metodologicamente do particular, a fim de identificar apenas o que é comum a todos; mas, como bem sabemos, devemos regressar à integralidade da realidade moral do sujeito, o que inclui também a sua situação concreta, situação que não pode ser suprimida, marginalizada, ou desprezada como um simples e inconveniente apêndice, sem lesar a verdade, simplificando sumariamente a leitura da complexa realidade singular com um simples juízo de conformidade ou disparidade em relação à norma objetiva. É preciso muito mais, como já vimos. Uma avaliação simplificada da realidade do sujeito seria um grave ato de injustiça para com ele, por não reconhecer o que existe e violar a misericórdia de Deus, que inclui – e não exclui – toda a verdade, como base indispensável para uma avaliação justa e boa.

É bem verdade que aqueles habituados ao juízo ético apenas recorrendo ao parâmetro objetivo podem ver na atenção ao sujeito moral uma espécie de panaceia, que declara curada e aceita qualquer forma de irregularidade moral e de ilicitude moral como expressão de uma mal compreendida misericórdia de Deus. É óbvio que não se trata e nem pode tratar-se disso. O defeito, porém, é aqui atribuído ao hábito em questão, que é seletivo e redutivo em relação à sã doutrina da imputabilidade moral do agir ao agente, doutrina que sempre foi indicada pelo magistério e pela teologia moral e reproposta inalteradamente pelo Papa Francisco. Talvez – como afirmado anteriormente –, para questões de praticidade pastoral, tenha sido aplicado um filtro, aquele que assumiu as duas primeiras condições como garantidas e se limitou a concluir considerando apenas a gravidade do mal. É preciso recordar que em nenhum lugar está escrito que se deva proceder dessa forma e, mesmo assim, deu-se origem a tal prática. De acordo com esse hábito, é claro que o convite para não assumir como garantidas as duas primeiras condições (compreensibilidade e voluntariedade do agir por parte do agente) pode resultar como uma graça "barata", apoiada por um subjetivismo e relativismo inaceitáveis, enquanto, na verdade, é uma total valorização da verdade e da justiça.

Vale a pena repetir que, nesse contexto, o que deve mudar é apenas o hábito insano que simplifica furtivamente a realidade moral do sujeito – para a qual se orienta a misericórdia de Deus – quando ele experimenta dificuldades ou contradições éticas para as quais não consegue encontrar solução, mesmo que deseje. Tais dificuldades e contradições devem ser reconhecidas, e não consideradas simples racionalizações de uma doentia tolerância paternalista. Caso contrário, corre-se o risco de sobrecarregar injustamente a responsabilidade do sujeito, acreditando ser ele capaz do que, na realidade, não é; isso não é nem objetividade, nem verdade, nem justiça.

Não existe paternalismo quando se reconhece o que é verdadeiro. A título de exemplo: a realidade nua e crua da depressão deve ser aceita por aquilo que é, e as falhas cometidas nesta condição dificilmente podem ser imputadas ao referido sujeito. O mesmo pode ser dito a respeito das vicissitudes de tantas situações familiares que afetam as pessoas e comunidades, de forma cada vez mais intensa. Sem admitir isso, estaríamos diante de um objetivismo frio e desumano, reminiscente do objetivismo farisaico, tão frequentemente estigmatizado por Jesus em sua pregação. Admitir isso é um serviço à Verdade, não um endosso indiscriminado ao mal moral; não é o clássico "fazer vista grossa", acreditando ser, desse modo, misericordioso. Não é a lógica do compromisso com o mal que deve ser buscada.

O Papa Francisco, convidando à escuta e à acolhida dessas situações, tão complexas como conturbadas – em que a responsabilidade moral está fragmentada de forma indescritível –, parece admitir implicitamente que até agora, na Igreja, essa escuta e essa acolhida não têm sido suficientes ou têm se manifestado de modo deficiente. Abandonando um objetivismo rigoroso – convite que nenhum Papa quis fazer –, é possível redescobrir a sabedoria de uma real e realística aproximação da verdade moral, cuja precisa identificação para a boa vida requer pelo menos uma atenção irrenunciável a dois critérios: que o bem seja bem, e não apenas opinião do agente moral; e que o bem seja percebido e querido como tal pelo sujeito moral. Este é um caminho que conduz à clarificação progressiva da verdade moral, sobretudo se cristãmente inspirada, transfigurada e ressuscitada.

É preciso ainda considerar que a comunicação da verdade moral deve ser sempre em função do crescimento moral da pessoa e não pode deixá-la desanimada e insatisfeita.[26] Deve ser considerado, nessa perspectiva, o ato de magistério moral de Francisco que aboliu a pena de morte, alterando, pela segunda vez, o Catecismo da Igreja Católica. Cada pessoa tem sempre o direito de ver reconhecido o seu "direito" à vida com dignidade, assumindo total responsabilidade pelas consequências das próprias ações.

4. Uma sadia inquietação

O magistério moral do Papa Francisco certamente tem provocado uma mudança de mentalidade em relação ao resgate da atenção ao sujeito moral, desinstalando-nos de alguns hábitos mentais e pastorais, talvez preguiçosamente duros e repetitivos, e de aproximações não mais pertinentes aos dias de hoje e, sobretudo, à autoconsciência da Igreja. Assim como surgiu certo mal-estar quanto ao ensinamento de Francisco sobre possíveis desvios subjetivistas, assim também houve certo mal-estar – por razões diametralmente opostas – em relação ao ensino de João Paulo II, por causa de possíveis desvios objetivistas. Os esquemas de conservadorismo ou progressismo nunca foram apropriados para interpretar qualquer realidade, muito menos a eclesial ou teológica, e a sua adoção resulta, sim, errônea. A perspectiva a ser assumida é a de uma busca sincera e não sentimental da verdade, impossível de ser adquirida de forma definitiva no tempo da história, mas sempre peregrina, como

26 GUARDINI, Romano. *Lettere sull'autoformazione*. 3. ed. Brescia: Morcelliana, 1963, p. 21s.

são todos os seres humanos e todos os cristãos. A integração de uma maior atenção ao sujeito em relação a um precedente foco sobre o objeto moral é um exemplo notável deste caminho, que procura calibrar a relação entre ambos, a fim de oferecer a inteligência prática da fé, vivida hoje nas diferentes culturas do mundo. É necessário aceitar que o outro – todos os outros, inclusive o Papa – dirige-se a nós de outro lugar, ou seja, de outro espaço mental, já reservado por nós a ele; caso contrário, estaríamos na lógica da homologação, que manifesta a alteridade do outro, mas não permite que ele a manifeste.

O caminho intelectual implica um êxodo também das ideias que nos são muito caras, porque foram e são a base teológica, espiritual e pastoral de respectivas práticas pessoais e comunitárias. A acolhida do novo coloca em discussão o paradigmático, e não apenas o setorial; o todo, e não apenas o periférico. Não é de estranhar que alguns, no momento da transição, sintam-se desorientados ou mesmo perdidos na fadiga de reencontrar, renovadas e enriquecidas, as abordagens e ideias precedentes ou mesmo no dever de declará-las superadas. Faz-se necessária a capacidade de leitura profunda, que saiba ir além do momento e aceite a orientação moral e pastoral do atual pastor universal, que é, sem dúvida, a pessoa mais apropriada para avaliar o alcance do que pode ser pedido ao Povo de Deus, especialmente quando este tende a assumir como algo bom o que ainda precisa ser submetido à crítica ou a uma integração construtiva.

O magistério moral do Papa Francisco, mesmo quando é inovador, não é um magistério alternativo ao do Papa João Paulo II, não apenas porque ele mesmo o declara repetidamente, mas porque assim resulta da análise comparativa dos seus conteúdos conceituais: Francisco continua, mas não se limita a repetir João

Paulo II. O magistério de Francisco não é um magistério confuso, que deixa de proceder corretamente ao propor verdades precisas, repetidas várias vezes de forma pedagógica e fácil, com uma linguagem mais pastoral e menos "eclesiástica", compreensível por um público mais vasto. Isso não significa que haja improvisação teológica, mesmo que o papel do pastor resulte bastante distinto do teólogo, tal como deveria ser.[27] O magistério do Papa Francisco não é um magistério incoerente, tendo presente a clara distinção que ele faz entre dimensão objetiva e subjetiva da moralidade e a clareza com a qual se expressa predominantemente na perspectiva da dimensão subjetiva. Ocorre assumir a precisa advertência de não confundir os níveis; caso contrário, poderão surgir tensões conceituais devidas não ao pensamento em si, mas à incerta perspectiva conceitual do leitor. Com essas precauções, e com a leitura calma e cuidadosa dos documentos de Francisco, emerge uma sólida clareza e continuidade de pensamento, que evolui progressivamente e cresce *cum legentem*.

É claro que, como acontece com qualquer outro ensinamento magisterial, papal ou não, há necessidade de sensibilização e introdução prévias. Mesmo a VS, no seu segundo capítulo, revelou-se particularmente árdua e hostil até para os teólogos moralistas, cuja compreensão precisou de um tempo maior; o mesmo se dá com a AL. Os agentes pastorais e os fiéis podem ser chamados a renovar e a aprofundar, sem, com isso, sentirem-se desorientados. A atitude de permanecerem presos acriticamente a formas conceituais e pastorais deficientes ou

---

[27] Ver: CONGAR, Yves. Bref historique des formes du "magistère" et de ses relations avec les docteurs. *Revue des Sciences Théologiques et Philosophiques* 60 (1976): 99-112; CONGAR, Yves. Pour une histoire sémantique du terme "magisterium". *Revue des Sciences Théologiques et Philosophiques* 60 (1976): 85-98.

incorretas não seria melhor do que a desorientação. Trata-se de uma obrigação moral induzir a uma inquietação crítica saudável, promotora de abordagens pastorais mais justas e adequadas, mesmo que mais laboriosas e menos automáticas, mas certamente mais humanas e cristãs. A reorientação que se segue resulta frutuosa e lucrativa para toda a comunidade eclesial e para cada um dos seus membros, pastores e fiéis.

Considerações finais

Sabemos que a recepção eclesial dos documentos magisteriais sempre foi um elemento importante para clarificar a sua justa compreensão e ponderar o seu alcance exato, na lógica conciliar do *sensus fidei fidelium*, que necessita de um certo tempo para emergir e amadurecer. Não é o caso de negar que vários pastores e fiéis se viram desorientados e, consequentemente, reagiram, sobretudo devido ao que implicou a mudança de ritmo e estilo, em comparação com os adotados anteriormente. A revisão poderia dizer respeito a casos que há tempo tinham sido decididos num certo sentido e, portanto, pôr em discussão a coerência pastoral: tudo isso não parecia ser simples e imediato. A consideração da vertente subjetiva induziu alguma dúvida sobre o esclarecimento objetivo do bem e do mal, deixando a impressão de que se tinha derretido como neve ao sol, de modo que tudo se tornava lícito e o indicativo normativo se tornava opcional, facultativo ou hipotético. Um grande *"embrasson nous"*, uma grande anistia paternalista parecia estar surgindo. Foi esse o caso? Claro que não, mas foi preciso algum tempo para compreender isso e poder encontrar uma mais séria e válida leitura alternativa para tudo o que estava em jogo.

Referências bibliográficas

ABBÀ, Giuseppe. *Le virtù per la felicità.* Ricerche di filosofia morale – 3. Roma: LAS, 2018.

ANGELINI, Giuseppe. Il progetto pastorale di papa Francesco e il compito della teologia. *Teologia* 42 (2017): 194-209.

BASTIANEL, Sergio. *Coscienza, onestà, fede cristiana.* Corso fondamentale di etica teologica. Trapani: Il pozzo di Giacobbe, 2018.

CAMPODONICO, Angelo; CROCE, Michel; VACCAREZZA, Maria Silvia. *Etica delle virtù.* Un'introduzione. Roma: Carocci, 2017.

CARLOTTI, Paolo. *Teologia della morale cristiana.* Bologna: EDB, 2016.

CARLOTTI, Paolo. *La morale di papa Francesco.* Bologna: EDB, 2017.

CESSARIO, Romanus. *Introduction to Moral Theology.* Washington, DC: The Catholic University of America Press, 2001.

COMPÊNDIO DO VATICANO II. *Constituições, decretos, declarações.* 31. ed. Petrópolis: Vozes, 2015.

DEMMER, Klaus. *Selbstaufklärung theologischer Ethik.* Themen - Thesen – Perspektiven. Paderborn: Schöning, 2014.

DIANICH, Severino. *Magistero in movimento.* Il caso di papa Francesco. Bologna: EDB, 2016.

FRANCISCO, Papa. *Amoris laetitia.* Exortação Apostólica Pós-Sinodal sobre o amor na família. São Paulo: Loyola, 2016.

GATTI, Guido. *Manuale di teologia morale.* Leumann: Elledicì, 2001.

GUARDINI, Romano. *L'opposizione polare.* Saggio per una filosofia del concreto vivente. Brescia: Morcelliana, 1997.

GUARDINI, Romano. *Lettere sull'autoformazione*. 3. ed. Brescia: Morcelliana, 1963.

HARRISON, Tom; WALKER, David Ian. *The theory and practice of virtue education*. London: Routledge, 2018.

JENSEN, Lene Arnett. (Ed.). *The Oxford Handbook of Moral Development*. An Interdisciplinary Perspective. Oxford: Oxford University Press, 2020.

KASPER, Walter. *Il messaggio di Amoris laetitia*. Una discussione fraterna. Brescia: Queriniana, 2018.

MAJORANO, Sabatino. *La coscienza*. Per una lettura cristiana. Cinisello Balsamo: San Paolo, 1994.

MIFSUD, Tony. *Realidad que interpela*. Decisiones responsables. Santiago de Chile: Ediciones Universidad Alberto Hurtado, 2017.

REICHLIN, Massimo. *La coscienza morale*. Bologna: Il Mulino, 2019.

RHONHEIMER, Martin. *La prospettiva morale*. Fondamenti dell'etica filosofica. 2. ed. Roma: Armando, 2006.

SAMEK LODOVICI, Giacomo. *La coscienza del bene*. La voce etica interiore, le sue deroghe alle norme, l'imputabilità morale, l'obiezione alle leggi. Pisa: ETS, 2020.

THOMASSET, Alain; GARRIGUES, Jean-Miguel. *Discernimento... verso una fede matura. Amoris laetitia* insegna un nuovo stile pastorale. Città del Vaticano: LEV, 2019.

THEOBALD, Christoph. *L'avvenire del Concilio*. Nuovi approcci al Vaticano II. Bologna: EDB, 2015.

ZACHARIAS, Ronaldo; MILLEN, Maria Inês de Castro (Orgs.). *A moral do Papa Francisco*. Um projeto a partir dos descartados. Aparecida: Santuário, 2020.

2

Incompreensões em relação à *Amoris laetitia*:

ou afeição ao desamor?

Dom Joaquim Giovani Mol Guimarães[1]

Introdução

A Exortação Apostólica Pós-Sinodal *Amoris laetitia*[2] nasce, compreende-se e se impõe como uma orientação eclesial da mais alta importância para a Igreja em todos os lugares, ambientada nesta nova época em que vivemos, tanto em relação ao mundo quanto em relação à Igreja.

O Papa Francisco, em sua impactante Carta Encíclica "*Laudato si'*: sobre o cuidado da casa comum", de viés socioecológico, a primeira do gênero,[3] ensina que há um eixo transversal para a compreensão do mundo e da sociedade:

---

[1] Dom Joaquim Giovani Mol Guimarães é Mestre em Teologia (Faculdade Jesuíta de Filosofia e Teologia – FAJE – Belo Horizonte), Reitor da Pontifícia Universidade Católica de Minas Gerais (Belo Horizonte) e Bispo Auxiliar de Belo Horizonte.

[2] FRANCISCO, Papa. *Amoris laetitia*. Exortação Apostólica Pós-Sinodal sobre o amor na família. São Paulo: Loyola, 2016. Daqui em diante = AL.

[3] É bom lembrar que a Encíclica *Laudato si'*, a Exortação Apostólica *Querida Amazônia* e a Encíclica *Fratelli tutti*, todas do Papa Francisco, compõem o rico e seleto *corpus* da Doutrina Social da Igreja.

"a convicção de que tudo está estreitamente interligado no mundo".[4] Na própria *Laudato si'*, ele usa essa expressão cinco vezes, como uma espécie de sinalização no caminho, cravando um novo paradigma indispensável para a preservação do mundo e de todas as suas espécies, incluindo a espécie humana, sobretudo aquela parcela de bilhões de pobres e de pessoas que vivem na miséria.[5]

Recordo essa citação para me referir à importância do espírito de mudança na compreensão da Igreja e de sua efetiva transformação. Mudanças rápidas, profundas e universais configuraram um mundo não apenas "diferente" do mundo anterior, mas em franca e contínua transformação. Trata-se de uma mudança de época que se caracteriza pela consolidação de mudanças nos mais diversos campos: a) no campo socioeconômico e ambiental: acentuado e talvez insuperável contraste entre ricos e pobres e inimaginável degradação do meio ambiente; b) no campo do pluralismo cultural e religioso: profundos processos de relativismo que fazem emergir o que pode haver de melhor e o que pode haver de pior; c) no campo da consolidada emergência da subjetividade: o individualismo e o consumismo são "abraçados" pela subjetividade como "irmãos" que têm o mesmo sangue; d) no campo dos novos sujeitos históricos: ascensão de grupos bem organizados, outrora submergidos no anonimato e agora proeminentes e decisivos em vários setores; e) no campo tecnológico: uma incomensurável revolução na linha da informática que se ser-

[4] FRANCISCO, Papa. *Laudato si'*. Carta Encíclica sobre o cuidado da casa comum. Brasília; São Paulo: Paulus/Loyola, 2015, n. 16. Daqui em diante = LS.

[5] Esta expressão, "tudo está estreitamente interligado no mundo", aparece nos números 16, 91, 117, 138 e 240 da LS. Não é um exagero, mas uma forte chamada de atenção.

ve da microeletrônica, da nanotecnologia, para a acumulação e o tratamento de dados e para conduzir os processos de produção com a força da automação, com grande intervenção, sem retorno, nas relações de trabalho; na linha das biotecnologias, que inclui, sobretudo, a engenharia genética, bioquímica e enzimática, que trabalha a modificação da estrutura e do comportamento dos seres vivos, quanto à forma e à natureza de sua participação nos processos de transformação produtiva, com forte incidência na agricultura, nas indústrias de energia, agroalimentares, farmacêuticas, químicas; na linha dos novos materiais que alteram os perfis das demandas de produtos naturais pelos diversos setores manufatureiros, que comportam os materiais e multimateriais compósitos, cerâmicas finais, polímeros, materiais para construções diversas, inclusive para equipamentos bélicos e para a eletrônica; na linha da química fina, que utiliza técnicas para a produção química e de fármacos, uma das áreas mais rentáveis do mundo;[6] na linha da engenharia genética e manipulação dos genes num determinado organismo, comumente fora do seu processo natural reprodutivo, que avança no cuidado da vida tanto quanto no risco de ferir grave e mortalmente a bioética.

Se tomarmos em mãos obras de bons pensadores deste tempo presente, encontraremos contribuições analíticas e críticas à época já instalada, sem deixar de reconhecer seus valores.[7] Sendo assim,

---

[6] Ver: CONFERÊNCIA NACIONAL DOS BISPOS DO BRASIL. *Sociedade brasileira e desafios pastorais*. São Paulo: Paulinas, 1990.

[7] Cito, por exemplo, Amin Maalouf, "*O naufrágio das civilizações*", um olhar profundo sobre nosso tempo para entender três feridas do mundo moderno: os conflitos identitários, o islamismo radical e o ultraliberalismo; Achille Mbembe, um grande autor camaronês, com sua publicação "*Necropolítica*", que tão exatamente aplica-se ao atual governo do Brasil; ainda do mesmo autor, temos o praticamente clássico "*Crítica da Razão Negra*", que trata do devir-negro no mundo; uma pérola de luz a

podemos afirmar que já estamos numa nova época, e não mais a caminho de uma nova época. Já temos possibilidade de analisar e até dissecar essa nova época. Qualquer instituição que se vê na expectativa da consolidação de um novo tempo, com marcas *sui generis* e espantosas em relação a toda a história da humanidade, seguramente encontra-se no compasso de espera que pode conduzi-la à impertinência, desprovida de significado, retardada historicamente.

1. Prelúdios à *Amoris laetitia*, a alegria do amor na família

A Igreja só se compreende, adequadamente, quando se reconhece sempre em reforma – *ecclesia semper reformanda* –, porque ela tem necessidade de se reformar para continuar a ser a mesma Igreja, comunidade dos discípulos, seguidores de Jesus Cristo, sinal do Reino de Deus presente no mundo,[8] na espera ativa do Reino definitivo, oferecendo significado e o próprio Salvador à vida, à história.

---

iluminar nossa época é a filósofa Adela Cortina, com o seu livro "*Aporofobia*: a aversão ao pobre, um desafio para a democracia", em pleno século XXI; ainda recordo-me de Loretta Napoleoni, que publicou o instigante título "*Economia bandida*", que soa como um alarme sobre como as coisas deram errado; ainda no campo da economia, destaco o Nobel de economia 2001, de certa forma inspiração do Papa Francisco neste campo, Joseph E. Stiglitz, que escreveu "*O mundo em queda livre*". Apenas para instigar, cito Ralph Keyes, que publicou "*A era da pós-verdade*: desonestidade e enganação na vida contemporânea"; Muniz Sodré, com o seu "*A sociedade incivil*: mídia, iliberalismo e finanças"; a série do filósofo coreano Byung-Chul Han é leitura obrigatória, como, por exemplo, "*A sociedade do cansaço*" e o último, para tempos de pandemia, "*A sociedade paliativa*: a dor de hoje"; Zygmunt Bauman, com o conhecido "*Tempos líquidos*", "*Amor líquido*: sobre a fragilidade dos laços humanos" e o menos conhecido "*Vida para consumo*: a transformação das pessoas em mercadorias".

[8] FRANCISCO, Papa. *Evangelii gaudium*. Exortação Apostólica sobre o anúncio do Evangelho no mundo atual. São Paulo: Paulus/Loyola, 2013, n. 176. Daqui em diante = EG.

1.1 À mudança de época corresponde a mudança da Igreja?

A Igreja está em transformação, e todas as suas transformações devem alcançar todas as suas dimensões, num movimento dinâmico de eclesiogênese, no sentido de que

> quanto mais os seguidores de Jesus Cristo assumirem seu modo de vida, tanto mais a Igreja se transformará e será efetivamente luz, verdade e vida para o mundo; numa palavra, continuará, de fato, a missão do Mestre de Nazaré na história humana. Decerto não terá o poder e o prestígio de séculos passados, mas será realmente o "pequeno rebanho" (Lc 12,32), desprovida das grandes multidões de batizados não praticantes e, consequentemente, de especial interesse por parte da grande mídia, já que as comunidades serão menores, propiciando relações humanas autênticas, constituindo um grupo social que permita a seus membros expressarem sua fé, rezarem e conhecerem melhor a Palavra de Deus, bem como se ajudarem mutuamente na caminhada comum e lutarem juntos pelo Reino de Deus. Nessas comunidades menores, nas quais Cristo está presente (Mt 18,20), os problemas existenciais ou as questões provindas do entorno sociocultural poderão ser avaliadas à luz da fé Cristã.[9]

Essa Igreja, certamente, agregará tantos aspectos quantos forem coerentes com sua missão no mundo de hoje, para que seja pertinente ao homem e à mulher de hoje, à sociedade de hoje, ao planeta como ele se encontra no dia de hoje. Ela deverá

---

[9] MIRANDA, Mário de França. *A Igreja em transformação*: razões atuais e perspectivas futuras. São Paulo: Paulinas, 2019, p. 110. Um pequeno-grande livro, denso, com análises acuradas e perspectivas surpreendentes.

encarnar o senso de urgência na prática de uma nova e atualizada linguagem, porque esse é um dos graves problemas enfrentados atualmente. Assumir uma nova linguagem comporta colocar-se, antes, durante e depois, numa corajosa atitude de escuta dos cristãos e cristãs e das múltiplas realidades. Como a Igreja não nasceu para ser uma espécie de filosofia de vida, ela terá que descobrir como valorizar as experiências humanas – a vida como ela é vivida pelas pessoas – e dar à vida vivida – para além dos que dizem "Senhor, Senhor" (Mt 7,21) – a devida primazia.

Não poderá ser marginal a pregação e a edificação do Reino de Deus, anunciado e sinalizado na vida de Jesus. Embora sendo dom, o Reino de Deus deverá ser construído por todos, reunidos no amor fraterno e alimentados na comunidade eclesial. O Evangelho do Reino, como diz Jesus, é o espaço vital, existencial e comunitário em que colocamos o agir humano diante do Seu agir, para fins de um espelhamento: o agir do cristão deve refletir o agir de Jesus Cristo no mundo de hoje.

Pensando numa Igreja dessa forma, duas medidas são imprescindíveis em relação ao laicato. Primeira, os fiéis leigos não poderão mais ser tratados de maneira infantilizada e como apenas espectadores do agir da Igreja no mundo, como se os clérigos fossem os únicos protagonistas. Eles hão de assumir a sua vocação cristã conferida pelo sacramento do batismo, que faz de todos os seguidores de Jesus Cristo verdadeiros irmãos comprometidos com o projeto de vida consignado no Evangelho do Reino. Segunda, os fiéis ordenados terão que se identificar mais com sua missão presbiteral – de natureza totalmente definida como serviço, entrelaçando todas as dimensões da vida – do que com seu aspecto sacerdotal, que o recolhe em atividades religiosas e sacramentais e o faz sentir-se, equivocada e prejudicialmente à comunidade de fé, acima dos demais, mais importantes em meio ao Povo de Deus, os primeiros em muitas listas, distinguidos pelas roupas e paramentos pomposos e pelos privilégios de toda espécie. Fiéis leigos e fiéis ordenados: ambos são "fiéis".[10] Importa destacar, nessa forma de pensar, o horizonte aberto de todo o mundo e toda a Igreja como campo de atuação e de testemunho de um laicato positivo, propositivo, assertivo, convicto, dono de si ao assumir o imperativo missionário.

A Igreja precisa recuperar a centralidade de Jesus Cristo, o único e suficiente mediador entre nós e o Pai. Isso implica, analogicamente, retirar as cascas, as camadas que revestem sua pessoa e seu Evangelho, colocadas no decorrer dos séculos. Não é uma tarefa fácil, contudo é uma tarefa urgente e indispensável e só será executada por homens e mulheres de convicção de fé, fiéis leigos, ordenados, consagrados, entregues à paixão do encontro com Ele, em busca do "viver em Cristo", expressão cara ao Apóstolo Paulo e que define, com perfeição, o que é ser cristão no mundo, em meio à sociedade, como fermento na massa. Jesus Cristo não é um dentre outros caminhos. Ele é "o" caminho para o Pai, na iluminação e no fogo do Espírito Santo. Reativar a centralidade de Jesus Cristo na Igreja significa mergulhar mais a fundo em um processo de conversão.

> Esta conversão que nos é pedida está relacionada, em concreto, com a qualidade de nossa relação vital com Jesus. Um cristianismo sem relação viva com Jesus não tem futuro. Uma Igreja formada por cristãos que se relacionam com um Jesus mal conhecido, vaga-

[10] Esse é um "capricho" da *Lumen gentium*, Constituição Dogmática do Concílio Vaticano II sobre a Igreja, que afirma a condição de fiéis dos leigos, ministros ordenados e consagrados. Daí a primazia do sacramento do batismo para todas as pessoas, como denominador teológico que define a comunidade dos cristãos e cristãs.

> mente captado, confessado de vez em quando de maneira abstrata e doutrinal, um Jesus mudo de quem não se pode escutar nada de especial para o mundo atual, um Jesus apagado e inerte, de quem ninguém se enamora nem seduz, que não chama nem toca os corações, é uma Igreja sem futuro. Uma Igreja que vai envelhecendo, apagando e esquecendo na sociedade moderna.[11]

É preciso voltar a Jesus, isto é "transformar a nossa relação com Ele".[12] Voltar a Jesus é transformar a relação da Igreja com Ele, para que ela seja – assim como deve ser aquele que, voltando a Ele, transforma sua vida – uma Igreja fiel, refontalizada na pessoa, na pregação e na práxis de Jesus. Voltar a Jesus é reorganizar as diferentes relações entre o Reino de Deus, a Igreja e o mundo, "no tempo que se chama hoje" (Hb 3,13).

Pelo *Twitter*, o Papa Francisco publicou: "Rezemos pela Igreja, para que receba do Espírito Santo a graça e a força de se reformar à luz do Evangelho".[13] Ele pede graça (de Deus) e força (dos membros da Igreja) para que a reforma se dê, segundo dois critérios fundamentais: na presença do Espírito Santo (o reformador por excelência) e à luz do Evangelho (o ponto central e referencial da reforma). Ele continua rezando, de forma humilde e determinada: "peço-lhe [Espírito Santo] que venha renovar, sacudir, impelir a Igreja a uma decidida saída para fora de si mesma, a fim de evangelizar todos os povos".[14] E, para concluir, ele faz menção a Romano Guardini: "o único padrão para avaliar justamente uma época é perguntar-se até que ponto, nela, se desenvolve e alcança

---

[11] PAGOLA, José Antônio. *Recuperar o projeto de Jesus*. São Paulo: Paulus, 2015, p. 44.

[12] PAGOLA. *Recuperar o projeto de Jesus*, p. 44.

[13] FRANCISCO, Papa. Twitter de 03.08.2021 (10h58).

[14] EG 261.

uma autêntica razão de ser *a plenitude da existência humana*, de acordo com o caráter peculiar e as *possibilidades* da dita época".[15]

A *Amoris laetitia*, para ser mais bem apreendida, necessita desse contexto amplo de reformas da Igreja em transformação, plantada nesta nova época e neste mundo para aí frutificar.

1.2 O programa de um pontificado de reformas: da *Evangelii gaudium* à *Amoris laetitia*

Em 24.11.2013, a Igreja e o mundo foram presenteados, pelo Papa Francisco, com a publicação da Exortação Apostólica "*Evangelii gaudium*, a Alegria do Evangelho: sobre o anúncio do Evangelho no mundo atual". Muitos de nós lemos e relemos essa Exortação. Há muito tempo não tínhamos um documento tão "vivo", tão dinâmico, tão simples, tão profundo, a puxar a Igreja para a frente, encorajando-a, orientando-a, convocando-a a entrar num processo de reformas.

> Não ignoro que hoje os documentos não suscitam o mesmo interesse que noutras épocas, acabando rapidamente esquecidos. Apesar disso, sublinho que aquilo que pretendo deixar expresso aqui possui um significado programático e tem consequências importantes. Espero que todas as comunidades se esforcem por atuar os meios necessários para avançar no caminho de uma conversão pastoral e missionária, que não pode deixar as coisas como estão.[16]

O que o Pontífice da contemporaneidade deseja é uma transformação missionária da Igreja, com base no Concílio

[15] EG 224. Francisco cita, aqui, Romano Guardini: *Das Ende der Neuzeit* (Würzburg 1965), 30-31.

[16] EG 25 (grifo nosso).

Ecumênico Vaticano II e, principalmente, no Evangelho. Tamanha empreitada precisa de um programa com os elementos norteadores que, aos poucos, vão interpenetrando diversas dimensões da Igreja Institucional e da Igreja Povo de Deus, numa unidade de diferenças. Francisco reconhece que a Igreja padece de um obscuro "mundanismo", que

> manifesta-se em muitas atitudes, aparentemente opostas, mas com a mesma pretensão de "dominar o espaço da Igreja". Em alguns, há um cuidado exibicionista da liturgia, da doutrina e do prestígio da Igreja, mas não se preocupam que o Evangelho adquira uma real inserção no povo fiel de Deus e nas necessidades concretas da história.[17]

A expressão que melhor corresponde ao que é pretendido com a reforma da Igreja, neste momento histórico, é colocá-la em saída, ou seja, imprimir nela o forte, necessário e autêntico desejo de verdadeira conversão pastoral, a partir do coração do Evangelho,[18] a ponto de movimentá-la, dinamizá-la e caracterizá-la como *Igreja em saída*, que aceita o convite de "sair da própria comodidade e ter a coragem de alcançar todas as periferias que precisam da luz do Evangelho",[19] consciente de que "a alegria do Evangelho é para todo o povo, não se pode excluir ninguém".[20] Paulo VI, na célebre homilia de encerramento do longo Concílio Ecumênico Vaticano II, em 07.12.1965, disse o mesmo, de outra forma:

---

[17] EG 95.

[18] EG 25-39.

[19] EG 20.

[20] EG 23.

> Toda esta riqueza doutrinal orienta-se apenas a isto: servir o homem, em todas as circunstâncias da sua vida, em todas as suas fraquezas, em todas as suas necessidades. A Igreja declarou-se como que a escrava da humanidade [...], a ideia de serviço ocupou o lugar central.[21]

Estamos ainda trabalhando para colocar a ideia do serviço em prática, no centro do que a caracteriza bem como a Igreja de Jesus Cristo, sacramento dele no mundo, enquanto percorremos o caminho para Deus, pois

> todo este Concílio se resume no seu significado religioso, não sendo outra coisa senão um veemente e amistoso convite em que a humanidade é chamada a encontrar, pelo caminho do amor fraterno, aquele Deus "de quem afastar-se é cair, a quem dirigir-se é levantar-se, em quem permanecer é estar firme, a quem voltar é renascer, em quem habitar é viver".[22]

A *Evangelii gaudium* é uma Exortação Apostólica "esticadora de horizontes",[23] em que o Papa Francisco abre as cortinas, as janelas e as portas da Igreja para colocá-la mais firmemente consciente de sua missão e para fazê-la, pertinentemente, presente no mundo, com suas alegrias e tristezas, suas conquistas e seus horrores, sua graça e sua desgraça. Eis quatro horizontes "esticados" pela Exortação, para que vislumbremos neles

[21] CONCÍLIO ECUMÊNICO VATICANO II. *Documentos do Concílio Ecumênico Vaticano II*. São Paulo: Paulus, 1997, p. 671.

[22] CONCÍLIO ECUMÊNICO VATICANO II. Documentos, p. 673. Quando Paulo VI, terminando sua homilia na missa de término do Concílio Ecumênico Vaticano II, cita santo Agostinho (Solil. I,3: PL 32,870).

[23] "Esticadores de Horizontes" é uma belíssima e instigante expressão do poeta brasileiro, pantaneiro mato-grossense, do século XX, Manoel Wenceslau Leite de Barros.

os prelúdios da *Amoris laetitia*, incompreendida por uma parte dos agentes eclesiais.

Primeiro horizonte: o Papa Francisco arremata uma prece em meio à Exortação, para indicar que o trabalho esforçado pela reforma eclesial não é vazio de sentido, mas é preenchido de significados que transcendem os nossos empenhos reformadores. Aqui ele "estica" o horizonte e surpreende, tomando a única lei explicitada como lei, que Jesus nos deixou e que dá sentido às reformas e calça, firmemente, a compreensão da *Amoris laetitia*: a lei do amor.

> Peçamos ao Senhor que nos faça compreender a lei do amor. Que bom é termos esta lei! Como nos faz bem, apesar de tudo, amar-nos uns aos outros! Sim, apesar de tudo! A cada um de nós é dirigida a exortação de Paulo: "Não te deixes vencer pelo mal, mas vence o mal com o bem" (Rm 12,21). E ainda: "Não nos cansemos de fazer o bem" (Gl 6,9) [...]. Não deixemos que nos roubem o ideal do amor fraterno![24]

Segundo horizonte: a evangelização, palavra completa em si mesma e que diz tudo sobre a missão da Igreja de Jesus Cristo, evangelizar como ele evangelizou. Essa missão só se cumpre, em grandiosidade espiritual, se for realizada na intimidade com o Senhor, que toma a iniciativa, que diz a primeira palavra e faz-nos entender que o ato de evangelizar provém dele. "O princípio da *primazia da graça* deve ser um farol que ilumine constantemente as nossas reflexões sobre a evangelização",[25] especialmente a evangelização no âmbito familiar, que leva às famílias a alegria do amor.

[24] EG 101.

[25] EG 112.

Terceiro horizonte: universalização da oferta da salvação. O Papa lembra que Jesus não permitiu que os seus discípulos formassem um grupo exclusivo e exclusivista, elitizado, detentor único do amor de Deus. O exclusivismo na evangelização é uma das raízes das inaceitáveis intolerâncias religiosas, praticadas de formas diversas no decorrer da história e de forma agressiva, violenta e cínica também nos dias de hoje. Contudo, a mentalidade exclusivista encontra-se, igualmente, na raiz da intolerância *ad intra* à Igreja, quando uns se sentem, fanaticamente autoconvencidos, como se fossem os únicos fiéis à doutrina cristã-católica, revelando-se, como em outras denominações religiosas, especialmente de cunho neopentecostal, religiosamente fundamentalistas, politicamente reacionários, socialmente excludentes e sedentos de poder autoritário. Pessoas de voo solo e "grupos de iguais", nesse campo, vão se organizando, se estruturando e se institucionalizando, sem vínculos eclesiais nem eclesiásticos; às vezes, apoiados meio clandestinamente por alguns fiéis ordenados, com o objetivo de praticar "cruzadas", prioritariamente virtuais. Num contexto como esse, é necessário recolocar no alto candeeiro que

> esta salvação, que Deus realiza e a Igreja jubilosamente anuncia, é para todos, e Deus criou um caminho para Se unir a cada um dos seres humanos de todos os tempos. Escolheu convocá-los como povo, e não como seres isolados. Ninguém se salva sozinho, isto é, nem como indivíduo isolado, nem por suas próprias forças.[26]

[26] EG 113.

Além disso e a isso relacionado, a *Evangelii gaudium* define um princípio importante para a evangelização de todos: a inculturação da fé, porque somos um povo com muitos rostos, e "a graça supõe a cultura, e o dom de Deus encarna-se na cultura de quem o recebe".[27]

> E assim, como podemos ver na história da Igreja, o cristianismo não dispõe de um único modelo cultural, mas, "permanecendo o que é, na fidelidade total ao anúncio evangélico e à tradição da Igreja, o cristianismo assumirá também o rosto das diversas culturas e dos vários povos onde for acolhido e se radicar". [...] Pela inculturação, a Igreja "introduz os povos com as suas culturas na sua própria comunidade".[28]
>
> É indiscutível que uma única cultura não esgota o mistério da redenção de Cristo.[29]

Quarto horizonte: não seria adequado, mediante o esforço de entender as incompreensões em relação à *Amoris laetitia*, não explicitar o imperativo cristão do cuidado com o outro, da alteridade. A alteridade define a entrega de Jesus Cristo e do seu amor, não para si mesmo, mas para os outros. O Papa Francisco intitula este assunto com a expressão "cuidar da fragilidade", com o verbo cuidar no infinitivo, apontando a ação de cuidar, o cuidado em ato. Depois de afirmar que a comunidade eclesial corre o risco de dissolução se ela, na realidade em que vivemos, pretender subsistir tranquila, sem se ocupar do cuidado com os

---

[27] EG 115.

[28] EG 116. Francisco cita, aqui, respectivamente: João Paulo II. Carta ap. *Novo millennio ineunte* (6 de janeiro de 2001), 40; e João Paulo II. Carta enc. *Redemptoris missio* (7 de dezembro de 1990), 52.

[29] EG 118.

outros, especialmente com os mais pobres,[30] ele referencia a pessoa de Jesus como base de sustentação do outro, fragilizado na vida: "Jesus, o evangelizador por excelência e o Evangelho em pessoa, identificou-Se especialmente com os mais pequeninos (cf. Mt 25,40). Isto recorda-nos, a todos os cristãos, que somos chamados a cuidar dos mais frágeis da Terra".[31]

Precisamos incluir várias "categorias" de pessoas, aquelas marcadas pela fragilidade em sentidos múltiplos, pois "pequenos mas fortes no amor de Deus, como São Francisco de Assis, todos nós, cristãos, somos chamados a cuidar da fragilidade do povo e do mundo em que vivemos".[32]

1.3 O ponto fulcral: o nome de Deus é misericórdia

Não há como compreender a *Amoris laetitia* fora do horizonte da misericórdia de Deus, que nunca é demais, porque Deus é amor e, na sua misericórdia-amor, já estão incluídos todos os ingredientes da justiça e da correção – para já abaixar os dedos em riste dos que acusam o Papa Francisco de dilatar a misericórdia de Deus, como se coubesse a nós delimitar até onde pode ser misericordioso e amoroso o Senhor de infinita misericórdia e amor.

O jornalista vaticanista Andrea Tornielli[33] elaborou perguntas ao Papa Francisco para entender melhor o seu pensamento, central no conjunto de sua obra, sobre a misericórdia, tão abor-

[30] EG 207-208.

[31] EG 209.

[32] EG 216.

[33] Dentre as publicações de Andrea Tornielli sobre o Papa Francisco destacam-se: TORNIELLI, Andrea. *Francisco:* a vida e as ideias do papa latino-americano. São Paulo: Planeta, 2013; TORNIELLI, Andrea; GALEAZZI, Giacomo. *Papa Francesco. Questa economia uccide*. Milano: Piemme, 2015.

dada em homilias e pronunciamentos. Essa entrevista tornou-se um conjunto de reflexões que apoiam o pensamento do Papa Francisco ao propor atitudes às pessoas, mudanças de mentalidade coletiva e da própria Igreja. Estou me referindo, na busca de luzes de compreensão e aceitação de seus ensinamentos na *Amoris laetitia*, ao livro "O nome de Deus é misericórdia".[34]

A misericórdia, que identifica o Deus cristão, deve identificar também a Igreja cristã do Filho de Deus, Igreja da misericórdia. Aliás, este foi o primeiro livro escrito pelo Papa Francisco, em que ele apresenta a sua visão de Igreja,[35] com riqueza de detalhes sobre os principais temas.

O paradoxo da prática da misericórdia e, ao mesmo tempo, a afirmação de que a Igreja tem que condenar possibilitam ao Papa Francisco lembrar que a misericórdia é divina, para dar a entender que a possibilidade e o desejo de punir e condenar são humanos. Explica:

> A Igreja condena o pecado, porque deve dizer a verdade: isto é um pecado. Mas ao mesmo tempo abraça o pecador que se reconhece como tal, o aproxima e fala com ele sobre a misericórdia infinita de Deus. Jesus até perdoou àqueles que o puseram na cruz e o desprezaram. Temos de voltar ao Evangelho. Lá vemos que não se fala apenas da acolhida ou do perdão, mas se fala de "festa" para o filho que retorna [em referência à parábola do pai misericordioso]. [...] Deus, que entregou seu Filho por nós, só poderia se revelar como misericórdia.[36]

---

[34] FRANCISCO, Papa. *O nome de Deus é misericórdia*: uma conversa com Andrea Tornielli. São Paulo: Planeta, 2016.

[35] FRANCISCO, Papa. *A Igreja da misericórdia*: minha visão para a Igreja. São Paulo: Paralela, 2014.

[36] FRANCISCO. *O nome de Deus é misericórdia*, p. 84-85.

Questionar, portanto, o quantitativo de misericórdia divina a ser aplicada afasta o pastor da compreensão de que

> o nosso pecado torna-se então quase uma joia que podemos lhe dar de presente [a Deus] para que tenha a alegria de nos perdoar... Como fazem os senhores, quando se oferecem joias, e não é uma derrota, mas uma gloriosa vitória deixar Deus vencer![37]

O exercício para a Igreja praticar e transmitir a misericórdia, acompanhando o seu Senhor, a todos os homens e mulheres pecadores e necessitados do perdão, é colocar-se em saída. A Igreja não está no mundo para condená-lo nem para condenar quem nele vive. Ela é promotora do encontro dos seres humanos com o amor, o amor de Deus, o visceral amor divino, que é a misericórdia. É necessário e urgente partir, sair para procurar e ir ao encontro das pessoas, lá onde elas vivem e sofrem e esperam e desejam ser curadas pela escuta, compreensão, perdão e amor que Deus é, e que devemos encontrar espelhado no rosto a Igreja.

No Evangelho, dois grupos despontam como os que mais confrontam Jesus: os fariseus, por sua obsessão no cumprimento das muitas leis religiosas; e os doutores da lei, principais opositores de Jesus, por sua obsessão em punir quando as leis não são cumpridas. A Igreja avançará na sua missão de curar as feridas na medida em que seus servidores se compreenderem como pastores, e não doutores da lei, o que implica a cada um deixar-se seduzir pelo testemunho de Jesus Cristo e encharcar-

[37] FRANCISCO. *O nome de Deus é misericórdia*, p. 86. Francisco cita, aqui, as palavras de Dom Albino Luciani ditas na pregação de um retiro a presbíteros da Diocese de Vittorio Veneto.

-se do seu amor salvífico, "sem esquecer que a misericórdia é doutrina",[38] e trata-se de uma doutrina emanada da lógica de um Deus que é amor.[39]

2. Incompreensões em relação à *Amoris laetitia* ou afeição ao desamor?

2.1 O cristianismo a partir do "viver em Cristo" e não das ideias

A compreensão, a aceitação e a implementação da *Amoris laetitia* fincam sua raiz exatamente neste horizonte das reformas profundas por que passa a Igreja, que a faz, de modo agudo, atenta ao chamado de Deus para ser Igreja da misericórdia, na realidade concreta vivida pelos fiéis nos dias de hoje. A implementação da referida Exortação não gera equívocos nem situações errôneas, porque a sua doutrina é fiel às orientações da Igreja, por meio do Magistério do Papa Francisco, chamado pelo Espírito Santo à cadeira petrina e por Ele iluminado para atuar para o bem da Igreja no mundo.

Os princípios e os movimentos eclesiais promovidos pela sabedoria do Papa Francisco são a certificação das marcas da Igreja contemporânea, com base na Sagrada Escritura, na Tradição e nas doutrinas delas emanadas. Ademais, o Papa Francisco não atua solitariamente, mas sempre colegiadamente, com o intuito de fazer da Igreja uma Igreja definitivamente envolvida pela sinodalidade. Não se trata simplesmente de

[38] FRANCISCO. *O nome de Deus é misericórdia*, p. 97.

[39] FRANCISCO. *O nome de Deus é misericórdia*, p. 100.

um novo *aggiornamento*, mas, a partir do *aggiornamento* do Concílio Vaticano II, de implementar reformas profundas; são passos além! Nada há de ficar de fora, tampouco ficará de fora o reconhecimento da grandeza e da beleza do sacramento do matrimônio e do amor na família, como "cantado" na *Amoris laetitia*, uma espécie de grande louvação a Deus pelo amor que sustenta o matrimônio e a família.

Essa é a impressão de todos aqueles que leem esta Exortação Apostólica Pós-Sinodal, que experimentam o amor como a maior das virtudes (1Cor 13,13), porque Deus é amor, e como Amor é experimentado espiritualmente. Compreender ou não a *Amoris laetitia* é, portanto, uma questão espiritual, de pertencimento sacramental à comunidade eclesial, de abertura ao Senhor. Compreender a *Amoris laetitia* será impossível para aqueles que, numa vida inteira de carreirismo eclesiástico, disputam o poder para manter sob controle as pessoas. Também não será fácil para os que esfriaram o próprio coração ou o endureceram como pedra, atentos ao que é passageiro e ilusório e desabraçados do que não passa. É nesse sentido que as tais incompreensões podem ser traduzidas por afeição ao desamor.

O viver em Cristo é um passo adiante depois do encontro com o Senhor Jesus. Aquele é consequência deste. O viver em Cristo é a evidenciação de que houve um encontro com Jesus, porque ele expande-se por todas as dimensões da vida e faz do vivente em Cristo um cristão, faz a pessoa ir vivendo em Cristo dia a dia. O entusiasmo por Jesus Cristo e a convicção de fé são sempre sustentados pelo encontro pessoal e comunitário com Ele e serão renovados permanentemente enquanto vivermos saboreando sua amizade e sua mensagem. Essa é a espiritualidade cristã, que define a existência de cada pessoa e de uma comunidade discipular.

Dessa maneira, o que prevalece não é propriamente um discurso de ideias cristãs, embora essas ideias, em diálogo filosófico e teológico, sejam muito importantes para a plena e fiel atualização do projeto de vida cristão, de cada discípulo do Senhor e da *ecclesia*, pertinentemente presente no mundo, em cada época.

Francisco afirma que

> a primeira motivação para evangelizar é o amor que recebemos de Jesus, aquela experiência de sermos salvos por Ele, que nos impele a amá-Lo cada vez mais. [...] Se não sentimos o desejo intenso de comunicar Jesus, precisamos nos deter em oração para Lhe pedir que volte a cativar-nos.[40]

Sucede que, estranhamente, os discursos teóricos e normativos sobre Jesus Cristo e seus seguidores não são suficientes para aquecer os corações e, se são calcados e cristalizados nas consciências, podem levar a um excêntrico conforto, o conforto paradoxal da ausência de Jesus Cristo. Para isso, recomenda a *Evangelii gaudium* implorar, a cada dia, a graça de Deus, para abrir os corações frios e sacudir as vidas tíbias e superficiais.[41]

2.2 Heresia do Papa ou desonestidade intelectual dos acusadores?

Sabemos do grande volume normativo da Igreja sobre o sacramento do matrimônio, flagrantemente desproporcional aos outros sacramentos. Para ter uma ideia, no Livro IV do Código de Direito Canônico (CDC), que trata do Múnus de Santificar

[40] EG 264.

[41] EG 264.

da Igreja, dedicado aos sacramentos, encontramos 29 cânones sobre o batismo, 17 sobre a confirmação, 61 sobre a eucaristia, 38 sobre a penitência, 9 sobre a unção dos enfermos, 46 sobre a ordem e 110 sobre o matrimônio, num total de 310 cânones, sem contar os incisos e parágrafos.[42] Nenhuma outra matéria específica está regulamentada por tantos cânones. O Papa Francisco está atento a tudo, inclusive sob o ponto vista canônico, mas clara e decididamente não optou por fazer reforma no CDC, porque o assunto vai além da normativa e alcança os patamares mais elevados da reflexão teológico-pastoral.

É contundente a contrarreação do teólogo Giuseppe Lorizio aos acusadores do Papa Francisco.[43] A clareza é cristalina. Em síntese, o teólogo contesta a acusação das supostas sete heresias cometidas pelo Papa Francisco na *Amoris laetitia*, segundo 62 estudiosos de vários assuntos, entre eles dois brasileiros.[44] As acusações não são feitas apenas por esse grupo de estudiosos, mas também por hierarcas da Igreja e pessoas completamente desconhecedoras do assunto, como presbíteros, seminaristas, leigos e leigas, particularmente os que se organizam em grupos fechados, declaradamente ultraconservadores e reacionários,

[42] CÓDIGO DE DIREITO CANÔNICO. 16. ed. São Paulo: Loyola, 2005, p. 397-523.

[43] MOIA, Luciano. Sull'Amoris laetitia: sette manipolazioni contro il Papa. *Avvenire* (25.09.2017). Disponível em: https://www.avvenire.it/chiesa/pagine/amoris-laetita-accuse-che-non-stanno-in-piedi. Acesso em: 10 ago. 2021. Giuseppe Lorizio é professor de Teologia Fundamental na Universidade Lateranense, membro da Comissão Nacional para Estudos de Teologia e Ciências Religiosas na Comunidade Europeia. A mesma entrevista foi publicada em língua portuguesa e está disponível em: http://www.ihu.unisinos.br/186-noticias/noticias-2017/572108-sobre-a-amoris-laetitia-sete-manipulacoes-contra-o-papa. Acesso em: 10 ago. 2021.

[44] MAGISTER, Sandro. Se eu estiver errado, corrijam-me. As sete heresias da *Amoris laetitia*. *Instituto Humanitas Unisinos / ADITAL* (25.09.2017). Disponível em: http://www.ihu.unisinos.br/78-noticias/571995-se-eu-estiver-errado-corrijam-me-as-sete-heresias-da-amoris-laetitia. Acesso em: 10 ago. 2021.

com alto nível de agressividade. Os que não compreendem e resistem à *Amoris laetitia* também rejeitam a reforma da Igreja, e contam com membros da hierarquia eclesiástica, alguns amargos por não mais exercerem poder algum. Seguem os principais elementos, tomados da reportagem citada e aqui apresentados livremente.

Os pontos denunciados pelos acusadores de Francisco versam sobre o matrimônio, a vida moral e a prática sacramental. As acusações são de que o Papa se afasta da Tradição e do Magistério da Igreja, Magistério que agora ele mesmo, o atual Papa, exerce, mas não creditado pelos acusadores. A Exortação Apostólica incorporou 87% do texto dos dois Sínodos sobre a família. Não se trata, portanto, de ideias aleatórias e ao gosto pessoal do Pontífice. Foi feito um percurso sinodal, com a participação de mais de 300 bispos, cardeais e teólogos reconhecidos no mundo inteiro. A prática da sinodalidade, tão cara na forma de governar do Papa Francisco, levou-o a fazer consultas a dioceses em âmbito mundial.

Para Lorizio, as supostas sete heresias não correspondem, absolutamente, ao que o Papa Francisco, depois de tantas escutas, escreveu na Exortação. Estes acusadores e divisores da Igreja parecem "citar" expressões da *Amoris laetitia*, mas trata-se de um vacilante resumo que expressa aquilo que o Papa Francisco, apoiado em dois Sínodos mundiais, quis evitar, isto é, uma lista de permissões e proibições sobre assuntos tão existenciais. Para Lorizio, o documento acusador é uma espécie de explicitação legalista das considerações pastorais expressas na Exortação. Ele chega a dizer que há, no documento dos acusadores, um problema de honestidade intelectual e/ou de incompetência teológica.

O professor Lorizio continua explicando que a *Amoris laetitia* é um documento eminentemente pastoral e oferece uma visão do amor como fundamento do sacramento do matrimônio, que vai além de um instrumento normativo. A Exortação Pós-Sinodal tem a qualidade de magistério ordinário e, por isso mesmo, deve ser acolhida como tal.

2.3 O Capítulo VIII da *Amoris laetitia*

Compõem a *Amoris laetitia* nove capítulos. Cada um deles constitui um caudaloso rio de riquezas teológico-pastorais, humano-existenciais. O primeiro parte da Palavra de Deus, com fartas citações bíblicas, colocando a família sob um facho de luz. O segundo "desce" até onde estão as famílias e aí coloca a mão nas realidades vividas por elas. O terceiro convoca a família a pousar o olhar fixo sobre Jesus Cristo, para entender-se como vocação. O quarto executa um cântico ao amor no matrimônio e seus múltiplos desafios vivenciais. O quinto trata a fecundidade do amor ao falar da urgência de acolher as crianças que chegam, os idosos que vão, fazendo da família o lugar de todos. O sexto aponta algumas perspectivas pastorais, traçando uma espécie de percurso para a construção de uma família, com a presença viva da Igreja que evangeliza. O sétimo se debruça sobre um delicado tema específico, a educação dos filhos, considerando a família como escola de vida. O nono termina com uma palavra leve, delicada e evocativa da presença de Deus, sobre a espiritualidade conjugal e familiar, considerando a família uma fonte de espiritualidade.

Faltou, neste rápido e construtivo passeio sobre a Exortação Apostólica, o oitavo capítulo. Não foi distração, mas um destaque imposto pelos que, tendo capacidade de aprofundar o tema, escolheram dar-lhe uma interpretação ilegítima, porque não condizente com a letra e com o todo, mas coerente com seus interditos preferidos; imposto também pelos que nem leram, nem estudaram, nem têm capacidade alguma de tratar o assunto com decência, mas opinam sobre ele porque ouviram dizer que neste capítulo estão supostas heresias cometidas pelo Papa, cuja reforma eclesial e eclesiástica é, previamente, rejeitada.

A *Amoris laetitia* não pode ser brutalmente reduzida a um capítulo e, dentro dele, a uma única questão moral: se os divorciados recasados – por isso em estado objetivo de pecado – podem ou não comungar.

Ao invés de responder "podem" ou "não podem" – porque as famosas listas de pecados diminuem o valor da consciência das pessoas –, o oitavo capítulo orienta uma reflexão que deve ser feita por todos os envolvidos. O título desse capítulo contém três verbos no infinitivo que indicam o teor da reflexão de forma condensada e apontam para o seu ponto alto: ACOMPANHAR, DISCERNIR e INTEGRAR A FRAGILIDADE. Essa é a resposta.

"Acompanhar-discernir-integrar a fragilidade" resulta da consciência dos padres sinodais, ao afirmarem que,

> embora a Igreja reconheça que toda a ruptura do vínculo matrimonial "é contra a vontade de Deus, está consciente também da fragilidade de muitos dos seus filhos". Iluminada pelo olhar de Cristo, a Igreja "dirige-se com amor àqueles que participam na sua vida de modo incompleto, reconhecendo que a graça de Deus também atua nas suas vidas, dando-lhes a coragem para fazer o bem, cuidar com amor um do outro e estar ao serviço da comunidade onde vivem e trabalham".[45]

[45] AL 291. Francisco cita, aqui, respectivamente, a *Relatio Synodi* 2014, n. 24 e n. 25.

> Os Padres sinodais afirmaram que a Igreja não deixa de valorizar os elementos constitutivos nas situações que ainda não correspondem ou já não correspondem à sua doutrina sobre o matrimônio.[46]

Essas afirmações iniciais da introdução do oitavo capítulo abrem a sequência dos tópicos seguintes: temos uma Igreja com sua doutrina bem definida e, ao mesmo tempo, bem definida está sua sensibilidade para com as fragilidades reais vividas por muitos dos seus filhos e filhas.

Por isso, a opção do Sínodo, consignada na *Amoris laetitia*, foi a de destacar que há "uma gradualidade na pastoral"[47] aplicada às pessoas neste contexto, que precisa ser respeitada, porque as situações são diversas, e isso só alcançamos quando valorizamos e reconhecemos a validade da dimensão subjetiva da moralidade. Essa gradualidade, explicada anteriormente por João Paulo II na Exortação Apostólica *Familiaris consortio*,[48] é considerada pelo Papa Francisco.

O processo pastoral-evangelizador dos fiéis envolvidos no divórcio e seus desdobramentos exige um sério discernimento das situações chamadas "irregulares", às quais o Sínodo referiu-se como "diferentes situações de fragilidade ou imperfeição",[49] o que fez o Papa Francisco propor a toda a Igreja, para evitar equívocos no caminho, colocar-se em atitude de discernimento. Ele distingue a lógica da marginalização da lógica da integração no decorrer da

---

[46] AL 292.

[47] AL 293-295.

[48] JOÃO PAULO II, Papa. *Familiaris consortio*. Exortação Apostólica sobre a função da família cristã no mundo de hoje. São Paulo: Paulinas, 1981.

[49] AL 296.

história e ensina que "o caminho da Igreja, desde o Concílio de Jerusalém em diante, é sempre o de Jesus: o caminho da misericórdia e da integração. [...] O caminho da Igreja é o de não condenar eternamente ninguém; [...] porque a caridade verdadeira é sempre imerecida, incondicional e gratuita".[50] Mas ele adverte: "se alguém ostenta um pecado objetivo como se fizesse parte do ideal cristão, [...] há algo que o separa da comunidade (cf. Mt 18,17). Precisa voltar a ouvir o anúncio do Evangelho e o convite à conversão".[51]

Pela lógica da integração, as pessoas envolvidas nessas situações, num processo de discernimento pastoral, não apenas não devem se sentir excomungadas, mas podem viver e amadurecer como membros vivos da Igreja.[52] É importante ter presente que, assim como "o grau de responsabilidade não é igual em todos os casos",[53] os critérios também não devem ser sempre os mesmos na aplicação da disciplina sacramental, dado que o discernimento pode reconhecer que, em uma situação particular, não há culpa grave. Neste caso, aplica-se o que ensina o Catecismo da Igreja Católica: "a imputabilidade e responsabilidade de um ato podem ser diminuídas, e até anuladas, pela ignorância, a inadvertência, a violência, o medo, os hábitos, as afeições desordenadas e outros fatores psíquicos ou sociais".[54] E conclui afirmando que a Eucaristia, embora constitua a plenitude da vida sacramental, "não é um prêmio para os perfeitos, mas um remédio generoso e um alimento para os fracos".[55]

[50] AL 296.

[51] AL 297.

[52] AL 299.

[53] AL 300. Francisco cita, aqui, a *Relatio Finalis* 2015, n. 51.

[54] AL 302. Francisco cita, aqui, o *Catecismo da Igreja Católica*, n. 1735.

[55] AL 305, nota n. 41. Francisco cita, aqui a *Evangelii gaudium*, n. 47.

Os sacerdotes têm um papel de máxima importância, pois eles têm o dever de "acompanhar as pessoas interessadas no caminho do discernimento" pessoal e pastoral dos casos particulares.[56] Isso é plausível, quando se verificam, necessariamente, por força dos discernimentos especiais, as circunstâncias atenuantes no discernimento pastoral. Para Francisco,

> há uma questão que sempre se deve levar em consideração, para nunca se pensar que se pretende diminuir as exigências do Evangelho. A Igreja possui uma sólida reflexão sobre os condicionamentos e as circunstâncias atenuantes. Por isso, já não é possível dizer que todos os que estão em situação chamada "irregular" vivem em estado de pecado mortal, privados da graça santificante.[57]

Amoris laetitia conclui, acendendo uma lâmpada que clareia, mais uma vez, a imprescindibilidade do reconhecimento da consciência de cada pessoa, a partir dos condicionamentos, o que determina, por si, a necessidade de uma evangelização, nesta nova época. É uma chave importante e desconsiderada pelos defensores de uma única mão, a mão da objetividade da moralidade, aplicada a quem quer que seja.

> A partir do reconhecimento do peso dos condicionamentos concretos, podemos acrescentar que a consciência das pessoas deve ser melhor incorporada na práxis da Igreja em algumas situações que não realizam objetivamente a nossa concepção do matrimônio.[58]

---

[56] AL 300.

[57] AL 301.

[58] AL 303.

> Por isso, um pastor não pode sentir-se satisfeito apenas aplicando leis morais aos que vivem em situações "irregulares", como se fossem pedras que se atiram contra a vida das pessoas.[59]

Por fim, magistralmente, o Papa Francisco reafirma a grandeza da misericórdia e o quanto ela é indissociável de valores do Evangelho, válidos para todos, com força de renovação permanente da Igreja, sem medo de errar a orientação:

> É verdade, por exemplo, que a misericórdia não exclui a justiça e a verdade, mas, antes de tudo, temos de dizer que a misericórdia é a plenitude da justiça e a manifestação mais luminosa da verdade de Deus. Por isso, convém sempre considerar "inadequada qualquer concepção teológica que, em última instância, ponha em dúvida a própria onipotência de Deus e, especialmente, a sua misericórdia".[60]

A superação de uma moral fria ao tratar de temas e realidades delicadas – em cujo centro estão filhos e filhas de Deus, cada um em sua máxima grandeza e sua máxima pequenez e fragilidade – a partir de gabinetes de portas fechadas implica assentir ao discernimento pastoral misericordioso para "compreender, perdoar, acompanhar, esperar e sobretudo integrar".[61]

---

[59] AL 305.

[60] AL 311. Francisco cita, aqui, a Comissão Teológica Internacional. *A esperança de salvação para as crianças que morrem sem batismo* (19 de abril de 2007), 2.

[61] AL 312.

Referências bibliográficas

CÓDIGO DE DIREITO CANÔNICO. 16. ed. São Paulo: Loyola, 2005.

CONCÍLIO ECUMÊNICO VATICANO II. *Documentos do Concílio Ecumênico Vaticano II*. São Paulo: Paulus, 1997.

CONFERÊNCIA NACIONAL DOS BISPOS DO BRASIL. *Sociedade brasileira e desafios pastorais*. São Paulo: Paulinas, 1990.

FRANCISCO, Papa. *Amoris laetitia*. Exortação Apostólica Pós-Sinodal sobre o amor na família. São Paulo: Loyola, 2016.

FRANCISCO, Papa. *O nome de Deus é misericórdia*: uma conversa com Andrea Tornielli. São Paulo: Planeta, 2016.

FRANCISCO, Papa. *Laudato si'*. Carta Encíclica sobre o cuidado da casa comum. Brasília: São Paulo: Paulus/Loyola, 2015.

FRANCISCO, Papa. *A Igreja da misericórdia*: minha visão para a Igreja. São Paulo: Paralela, 2014.

FRANCISCO, Papa. *Evangelii gaudium*. Exortação Apostólica sobre o anúncio do Evangelho no mundo atual. São Paulo: Paulus/Loyola, 2013.

JOÃO PAULO II, Papa. *Familiaris consortio*. Exortação Apostólica sobre a função da família cristã no mundo de hoje. São Paulo: Paulinas, 1981.

MAGISTER, Sandro. Se eu estiver errado, corrijam-me. As sete heresias da *Amoris laetitia*. *Instituto Humanitas Unisinos / ADITAL* (25.09.2017). Disponível em: http://www.ihu.unisinos.br/78-noticias/571995-se-eu-estiver-errado-corrijam-me-as-sete-heresias-da-amoris-laetitia. Acesso em: 10 ago. 2021.

MIRANDA, Mário de França. *A Igreja em transformação*: razões atuais e perspectivas futuras. São Paulo: Paulinas, 2019.

MOIA, Luciano. Sobre a *Amoris laetitia*: sete manipulações contra o Papa. *Instituto Humanitas Unisinos / ADITAL* (28.09.2017). Disponível em: http://www.ihu.unisinos.br/186-noticias/noticias-2017/572108-sobre-a-amoris-laetitia-sete-manipulacoes-contra-o-papa. Acesso em: 10 ago. 2021.

PAGOLA, José Antônio. *Recuperar o projeto de Jesus*. São Paulo: Paulus, 2015.

3

Amoris laetitia, sacramentos e moral:

Francisco e o embate com os "modernos" cavalos de Troia

Ronaldo Zacharias[1]

Introdução

Entre as várias incompreensões e resistências que a *Amoris laetitia* tem encontrado, uma delas refere-se à relação entre sacramentos e ética. O fato de Francisco ter afirmado que, "por causa dos condicionamentos ou dos fatores atenuantes, é possível que uma pessoa, no meio de uma situação objetiva de pecado – mas subjetivamente não seja culpável ou não o seja plenamente –, possa viver em graça de Deus, possa amar e possa também crescer na vida de graça e de caridade, recebendo para isso a ajuda da Igreja" e, por isso, "em certos casos, poderia haver também a ajuda dos sacramentos",[2] serviu para que a *Amoris laetitia* fosse acusada de não estar em continuidade

[1] Ronaldo Zacharias tem Pós-Doutorado em Democracia e Direitos Humanos (*Ius Gentium Conimbrigae* - Universidade de Coimbra - Portugal), é Doutor em Teologia Moral (Weston Jesuit School of Theology – Cambridge - USA) e Secretário da Sociedade Brasileira de Teologia Moral (SBTM).

[2] FRANCISCO, Papa. *Amoris laetitia*. Exortação Apostólica Pós-Sinodal sobre o amor na família. São Paulo: Loyola, 2016, n. 305 e nota n. 41/351. Daqui em diante = AL.

com a doutrina católica sobre o sacramento do matrimônio e de promover um minimalismo sacramental na vida da Igreja.[3]

Na presente reflexão pretende-se aprofundar o significado da relação entre sacramentos e moral, a fim de evidenciar alguns aspectos que, embora específicos de uma área teológica, estão na base de tantas incompreensões e resistências. Serão três os passos a se percorrerem: 1. As críticas feitas à *Amoris laetitia* sobre a nota de rodapé n. 41 (ou 351, considerada a numeração contínua), referente ao número 305, do Capítulo VIII; 2. Possíveis respostas a tais críticas, salientando a relação entre sacramento e moral; 3. A prioridade dada ao sacramento com relação à moral e as implicações que derivam para o agir cristão. A perspectiva, aqui, não é a de se exaurir a abordagem da questão, mas aproximar da realidade brasileira um debate um tanto ignorado e que, ao contrário do que possa parecer, mais importante do que se possa imaginar.[4]

1. Tudo por causa de uma nota de rodapé

Talvez por uma resistência inconsciente às consequências práticas que poderiam ser provocadas pela aplicação do Capítulo VIII da *Amoris laetitia,* o que mais se ouviu dizer após

[3] A obra de Giulio Meiattini é a mais clara expressão dessa crítica e, por isso, ela servirá de base para este capítulo: MEIATTINI, Giulio. *Amoris laetitia?* I sacramenti ridotti a morale. Torino: La Fontana di Siloe, 2018.

[4] Considerando que escapa ao objetivo desta reflexão uma abordagem mais aprofundada sobre a dimensão moral dos sacramentos, indico: SANTANTONI, Antonio. Sacramentos. In: COMPAGNONI, Francesco; PIANA, GIANNINO; PRIVITERA, Salvatore (Orgs.). *Dicionário de Teologia Moral.* São Paulo: Paulus, 1997, p. 1098-1115; TETTAMANZI, Dionigi. Sacramenti. In: ROSSI, Leandro; VALSECCHI, Ambrogio (Diretto da). *Dizionario Enciclopedico di Teologia Morale*. 4 ed. Roma: Paoline, 1976, p. 922-934; RUFFINI, Eliseo. Sacramentaria / Sacramenti. In: BARBAGLIO, Giuseppe; DIANICH, Severino (A cura di). *Nuovo Dizionario di Teologia*. 4. ed. Cinisello Balsamo, Milano: Paoline, p. 1353-1375; 1375-1397, respectivamente.

sua publicação foram afirmações contraditórias: "nada mudou quanto à doutrina sobre a indissolubilidade do matrimônio" *versus* "trata-se de um documento que provocará uma revolução pastoral na Igreja"; "se deve haver uma continuidade magisterial a ser respeitada, a nota 41/351 do Capítulo VIII não poderia ter sido escrita" *versus* "o exercício da misericórdia deve abrir a possibilidade para o acesso ao perdão sacramental e à comunhão eucarística"; "a realidade não deve nunca ser consagrada e/ou absolutizada" *versus* "o discernimento é necessário para a distinção entre situações regulares e irregulares e o consequente juízo moral". A primeira parte dessas afirmações expressa as críticas feitas por aqueles que não admitem encontrar na *Amoris laetitia* a segunda parte delas.[5] Por isso, os críticos contrários à Exortação Apostólica acusam-na de propor afirmações objetivamente insensatas, perigosas e até mesmo heréticas,[6] promovendo uma grave contradição com a doutri-

[5] A segunda parte das afirmações reportadas acima deve-se, sobretudo, aos cardeais Christoph Schönborn, Lorenzo Baldisseri e Walter Kasper. Ver: BOLLETTINO SALA STAMPA DELLA SANTA SEDE. Conferenza Stampa per la presentazione dell'Esortazione Apostolica post-sinodale del Santo Padre Francesco "Amoris laetitia", sull'amore nella famiglia (08.04.2016). Disponível em: https://press.vatican.va/content/salastampa/it/bollettino/pubblico/2016/04/08/0241/00531.html#bal. Acesso em: 16 jul.2021; KASPER, Walter. *A mensagem de Amoris laetitia:* um debate amigável. São Paulo: Loyola, 2019.

[6] Ver, por exemplo, a *Correctio filialis de haeresibus propagatis*, carta de 16.07.2017, assinada por algumas dezenas de católicos e enviada ao Papa Francisco, acusando-o publicamente de ter cometido heresia. A carta é dividida em duas seções: os 7 erros cometidos por Francisco e as fontes gerais de tais erros. Disponível em: http://www.correctiofilialis.org/wp-content/uploads/2017/09/Correctio-filialis_Portuguese.pdf. Acesso em: 16 jul. 2021. Ver, ainda, a Declaração intitulada "Portanto, testemunhamos e confessamos..." (07.04.2018), resultado do Congresso realizado em Roma sobre o tema **"Igreja Católica, para onde vais? Só um cego pode negar que há uma grande confusão na Igreja"**, motivado por interpretações contraditórias provocadas pela *Amoris laetitia* e pela confusão sobre a doutrina e a prática pastoral que se seguiu, segundo os organizadores. PENTIN, Edward. *Amoris laetitia:* Congresso discute a "confusão" na Igreja. A íntegra da Declaração final. *Instituto Humanitas Unisinos* (09.04.2018). Disponível em: http://www.ihu.unisinos.br/577749. Acesso em: 16 jul. 2021.

na precedente e um verdadeiro e próprio caos no ensinamento católico, com possibilidade de provocar um cisma na Igreja.[7]

Embora todos os estudiosos da *Amoris laetitia* sejam unânimes em dizer que ela não pode ser reduzida a um capítulo (VIII), nem a um parágrafo (305), nem a uma nota (41/351), foi exatamente o que aconteceu e o que ainda suscita incompreensões e resistências. Para os críticos da *Amoris laetitia*, o fato de o Papa Francisco ter assumido como interpretação autêntica do Capítulo VIII aquela feita pelos Bispos da Região Pastoral de Buenos Aires não foi suficiente para colocar um ponto final nas discussões. Em carta-resposta ao delegado dos bispos da Região – Dom Sergio Alfredo Fenoy – o Papa afirma que "o texto é muito bom e explicita cabalmente o sentido do capítulo VIII da *Amoris laetitia*. Não há outras interpretações. E estou certo de que fará muito bem. Que o Senhor lhes retribua este esforço de caridade pastoral". Se não bastasse Francisco ter confirmado tal interpretação, ele concedeu a ela um valor oficial ao fazer com que fosse publicada na *Acta Apostolicae Sedis* (AAS);[8] mas também isso foi mal interpretado.[9]

[7] Ver, por exemplo, a entrevista feita com Robert Spaemann: MAGISTER, Sandro. *Amoris laetitia*, Spaemann: È il caos eretto a principio con un tratto di penna. Una rottura con il magistero. Intervista con Robert Spaemann. *Il Timone* (29.04.2016). Disponível em: https://www.iltimone.org/news-timone/amoris-laetitia-spaemann-il-caos-eretto-a-principi/. Acesso em: 16 jul. 2021. As tomadas de posição crítica por parte de alguns cardeais – Walter Brandmüller, Raymond L. Burke, Carlo Caffarra, Joachim Meisner, Gerhard Ludwig Muller – contra diversos aspectos da Exortação contribuíram para aumentar ainda mais o clima de suspeita em relação ao ensinamento de Francisco.

[8] Os dois documentos podem ser encontrados integralmente em: VIDAL, Jose Manuel. Bispos da Região de Buenos Aires dão orientações, com o aval do Papa, sobre os 'divorciados em nova união'. *Instituto Humanitas Unisinos* (13.09.2016). Disponível em: http://www.ihu.unisinos.br/78-noticias/559972-bispos-da-regiao-de-buenos-aires-dao-orientacoes-com-o-aval-do-papa-sobre-os-divorciados-em-nova-uniao. Acesso em: 16 jul. 2021. Ver também: FRANCISCO, Papa. Epistula Apostolica. *Acta Apostolicae Sedis* CVIII/10 (2016): 1041-1042.

[9] PETERS, Edward. On the appearance of the pope's letter to the Argentine bishops in the Acta Apostolicae Sedis. *In the Light of the Law* (04.12.2017). Dispo-

Podemo-nos perguntar onde está o nó da questão. O fato de Francisco afirmar que, mesmo numa "situação objetiva de pecado", um casal pode "viver em graça de Deus" e receber "a ajuda dos sacramentos" para "crescer na vida de graça e de caridade";[10] lembrar aos sacerdotes "que o confessionário não deve ser uma câmara de tortura, mas o lugar da misericórdia do Senhor", e assinalar que "a Eucaristia 'não é um prêmio para os perfeitos, mas um remédio generoso e um alimento para os fracos'",[11] deixa claro que ele está fazendo o que, na opinião de Edward Peters, nem ele, nem conferência episcopal alguma poderia fazer: revogar, destruir ou castrar o cânon 915 do Código de Direito Canônico, segundo o qual as pessoas que "obstinadamente perseverem em pecado grave manifesto não sejam admitidas à sagrada comunhão".[12] Em outras palavras, o cânon 915 obriga os ministros da Eucaristia a não admitir à sagrada comunhão os católicos divorciados e desquitados que vivem numa segunda união conjugal de fato – exceto se estiverem vivendo como irmãos e irmãs e não provocarem escândalos à comunidade – e, portanto, ninguém tem o direito de propor uma interpretação ou prática contrária.[13]

nível em: https://canonlawblog.wordpress.com/2017/12/04/on-the-appearance--of-the-popes-letter-to-the-argentine-bishops-in-the-acta-apostolicae-sedis/. Acesso em: 16 jul. 2021.

[10] AL 305.

[11] Nota 41/351. Francisco cita, aqui, respectivamente, os números 44 e 47 da *Evangelii gaudium*.

[12] CÓDIGO DE DIREITO CANÔNICO. Promulgado por João Paulo II. Traduzido pela Conferência Nacional dos Bispos do Brasil. Notas e comentários: P. Jesús Hortal. São Paulo: Loyola, 1983.

[13] PETERS, Edward. Disregarding the divinely-rooted Canon 915 portends serious consequences. *The Catholic World Report* (09.10.2017). Disponível em: https://www.catholicworldreport.com/2017/10/09/disregarding-the-divinely-rooted-canon-915-portends--serious-consequences/. Acesso em: 16 jul. 2021. Ver também: BUNDERSON, Carl. Carta dos bispos argentinos sobre *Amoris laetitia* muda algo da doutrina? *ACIDIGITAL* (13.12.2017). Disponível em: https://www.acidigital.com/noticias/carta-dos-bispos-argentinos-sobre-amoris-laetitia-muda-algo-da-doutrina-76381. Acesso em: 16 jul. 2021.

Para Giulio Meiattini – cuja obra é a mais clara expressão da crítica mordaz feita à *Amoris laetitia* –, contudo, há outros aspectos problemáticos no Capítulo VIII que precisam ser levados em consideração. Ei-los, sinteticamente:[14]

- ✓ a continência sexual não é mais um requisito para o acesso aos sacramentos, mas uma proposta facultativa o que, na prática, significa acabar com o arrependimento e o propósito como condições para a absolvição;
- ✓ o escândalo que pode provocar na comunidade a participação aos sacramentos da parte de casais que vivem em situação irregular perde todo o sentido; o fato de não se propor nenhuma forma de penitência visível – visto que o acesso aos sacramentos pode ser permitido depois de um acompanhamento/discernimento reservado – favorece uma práxis permissiva;
- ✓ o perigo de equiparar situações irregulares e regulares e matrimônio indissolúvel e matrimônio solúvel resulta do simples fato de afirmar que a realidade é mais importante do que a ideia, pois a força do comportamento plasma o pensar, o sentir e o viver;
- ✓ a insistência posta no discernimento pessoal e pastoral sanciona a separação entre consciência e economia sacramental; reduzindo os sacramentos à moral, acaba-se tanto com a objetividade sacramental quanto com o direito sacramental, caindo no risco do mero arbítrio ou "consciencialismo";
- ✓ a opção pela inclusão de todos na comunidade eclesial pode levar a valorizar todos os elementos positivos presentes em relações que não correspondem ao modelo proposto pelo Evangelho e pela Tradição; pode, ainda, confundir integração da fragilidade com aceitação do pecado; considerar fragilidade o que, de fato, constitui violação do vínculo conjugal, é um convite a integrar o pecado na vida pessoal e eclesial;

[14] Terei por base o Capítulo II – *Roma locuta, causa infinita* – do livro: MEIATTINI. *Amoris laetitia?* I sacramenti ridotti a morale, p. 33-59.

- ✓ o valor dado aos fatores atenuantes no juízo moral pode ser mera desculpa para não assumir a violação positiva de um mandamento divino e favorecer comportamentos que, objetivamente, contradizem a lei; nesse sentido, dizer que os sacramentos não são para os perfeitos dissimula um verdadeiro sofisma, porque não leva em conta o que é mau/pecaminoso, pecado grave/mortal;
- ✓ a distinção entre situação objetiva de pecado e culpabilidade/imputabilidade subjetiva mascara a redução jurídica da graça, além do fato de ignorar tudo o que se refere ao *intrinsece malum*, como se ele não existisse; tudo o que impede a pessoa de sair de uma situação objetiva de pecado é um mal, que não pode ser reduzido a meras condições ou condicionamentos para justificar a permanência em tal situação.

Meiattini conclui sua lista de objeções apresentadas no capítulo ironicamente intitulado "Roma locuta, causa infinita"[15] com a seguinte afirmação: "o movimento da *Amoris laetitia* dá-se constantemente da ética ao sacramento e nunca aquele complementar (a meu ver, principal) do sacramento à ética. [...] Para a *Amoris laetitia, de alguns pressupostos gerais de moral da responsabilidade subjetiva (bastante discutível), deduzem-se algumas consequências também em relação ao comportamento sacramental"*.[16]

[15] O sentido que Meiattini dá a essa irônica expressão pode ser explicado com suas próprias palavras: "Diante de um espetáculo mundial dividido sobre o ponto em questão ou, o que é mais frequente, estranhamente silencioso, penso que a colegialidade e a sinodalidade midiaticamente tão enfatizadas com relação aos Sínodos de 2014 e 2015 sobre a família, na realidade, não funcionaram como deveriam". MEIATTINI. *Amoris laetitia?* I sacramenti ridotti a morale, p. 30. Por isso é que, para ele, "*Roma falou, mas a questão não está de fato encerrada*" (p. 47), para dizer, inclusive, que a interpretação feita pelos bispos argentinos não pode ser a interpretação final da *Amoris laetitia.*

[16] MEIATTINI. *Amoris laetitia?* I sacramenti ridotti a morale, p. 59.

2. Muito além de uma mera nota de rodapé

Para Meiattini, consensos e controvérsias sobre a *Amoris laetitia* não puseram em discussão e, muito menos, verificaram a fundamentação dos seus pressupostos: "a prioridade dos critérios éticos gerais sobre as exigências específicas que nascem do sacramento e que não podem ser dissociadas dele", isto é, "o primado da moral sobre os sacramentos".[17] Para ele, "a ausência de referências ao rito da celebração do matrimônio" em todo o documento e a "falta de uma teologia do matrimônio que sustente e ilumine toda ênfase posta sobre a ética, a espiritualidade e a disciplina pastoral" são sinais eloquentes dessa realidade.[18] O que Francisco fez no Capítulo VIII – dando prioridade à perspectiva moral e, portanto, à correlação entre norma-atenuantes-culpabilidade – tem pouco de teológico e muito de ética geral e, portanto, não atende às necessidades dos cristãos. O agir moral cristão "nasce da mediação primordial e fontal da lei evangélica, que é a economia litúrgico-sacramentária, com seu prolongamento pneumatológico na vida de fé. O sacramento e a sua celebração são o aspecto fundante do agir do cristão, seja na perspectiva de configuração da consciência crente e da transformação do sujeito na sua capacidade operativa, seja na perspectiva da objetividade teleológica e normativa dos valores".[19]

Se considerarmos que a liturgia é a celebração de um mistério divino que se revela e transforma a vida do fiel e, ao mes-

[17] MEIATTINI. *Amoris laetitia?* I sacramenti ridotti a morale, p. 61.

[18] MEIATTINI. *Amoris laetitia?* I sacramenti ridotti a morale, p. 62.

[19] MEIATTINI. *Amoris laetitia?* I sacramenti ridotti a morale, p. 63.

mo tempo, celebração da vida do fiel que se abre e é transformada pelo mistério divino, podemos dizer que Meiattini tem razão na chamada de atenção que faz, mas não na crítica feita ao Papa Francisco. Francisco assume como ponto nevrálgico, no Capítulo VIII, a dimensão moral das relações consideradas 'irregulares',[20] mas com plena consciência de que a sua proposta de acolhida, acompanhamento, discernimento e integração é teologicamente fundamentada. Na esteira de seus predecessores, Francisco reconhece que a moral cristã não se refere apenas a normas gerais, mas a uma Pessoa, à Pessoa de Jesus Cristo, que é Aquele com o qual os fiéis são chamados a se conformar tanto no que se refere aos sentimentos quanto às opções concretas. Para o Papa, a acolhida, o acompanhamento, o discernimento e a integração devem ser feitos na comunidade eclesial, lugar em que todos se reconhecem filhos no Filho e, portanto,

[20] É interessante notar que outras expressões aparecem na Exortação para indicar a mesma realidade, tais como: os que participam da vida da Igreja de "modo imperfeito" (AL 78) ou de "modo incompleto" (AL 291); as "situações que ainda não correspondem ou já não correspondem" à doutrina da Igreja sobre o matrimônio (AL 292) ou as "diferentes situações de fragilidade ou imperfeição" (AL 296); as "pessoas divorciadas que vivem em uma nova união" (AL 243, 246, 297, 298). Francisco é mais inclinado ao conceito de "imperfeição" do que ao de "irregularidade", a ponto de considerar este último sempre entre aspas e minimizar o seu significado quando prefere o termo "situações *chamadas* irregulares" a simplesmente "situações irregulares". Também é digno de nota que Francisco não considere que viver numa situação irregular seja sinônimo de viver na condição de pecado mortal (AL 301-302). Como afirma Matteo Ometto, "o acento posto na categoria de imperfeição é de fundamental importância de acordo com a lógica de todo o documento, pois obriga todos a reconhecerem o próprio estado de imperfeição e, portanto, a se sentirem próximos dos outros, independentemente da qualidade da imperfeição. O desejo que motiva o cristão a realizar a comunhão com a Trindade e a ser imagem do amor de Cristo, leva-o a contemplar uma plenitude que não pode alcançar por si mesmo. Tal consciência deve manter no cristão tanto o desejo de elevar-se sempre mais, quanto a serenidade de aceitar o limite e a fragilidade". OMETTO, Matteo. *Divorziati che vivono una nuova unione nella chiesa cattolica.* Da *Familiaris consortio* ad *Amoris laetitia.* Dissertazione per il Dottorato in Teologia. Padova: Facoltà Teologica del Triveneto, 2018, p. 225.

obedientes ao mesmo Pai e guiados pelo mesmo Espírito; lugar em que ninguém deve considerar-se detentor da graça de Deus, o que, não raras vezes, é esquecido pela própria comunidade eclesial, sobretudo pelos seus pastores.

Segundo Meiattini, "é no agir simbólico-sacramental do rito que todo o agir, seja da Igreja (pastoral), seja dos seus membros (moral), encontra a sua fundamentação prática e ontológica".[21] Nesse sentido, o que celebramos deve expressar o que vivemos, especialmente se o que vivemos está diretamente relacionado à moral dos sacramentos. Há exigências intrínsecas ao sacramento celebrado e, se a liturgia é a fonte e o cume da vida cristã, tais exigências devem ser respeitadas, por uma questão de coerência. Pois bem, o que Francisco propõe na *Amoris laetitia* – e isso é o que Meiattini aponta como uma grave carência teológica – faz perder de vista essa perspectiva, pois a possibilidade de acesso aos sacramentos para as pessoas que se encontram em situação objetiva de pecado dependerá exclusivamente de um discernimento sobre os fatores atenuantes, os condicionamentos e a responsabilidade subjetiva de tais pessoas.

É interessante perceber que a proposta de Meiattini é vítima da mesma crítica que ele faz a Francisco. Em nenhum momento, Meiattini considera que a mera exterioridade do rito é mais comum do que se possa imaginar. Para ele, a sacramentalidade – com tudo o que ela implica de eventos rituais realizados num determinado tempo e espaço – não pode ser julgada apenas em base à realidade interior da pessoa, isto é, à sua consciência e interioridade. O conceito de pecado e, portanto, também de perdão sacramental, não pode ser plasmado apenas a partir da

[21] MEIATTINI. *Amoris laetitia?* I sacramenti ridotti a morale, p. 65.

interioridade. Ao ironizar um dos quatro princípios usados por Francisco – "a realidade é superior à ideia" – parafraseando-o com a fórmula "o interior é superior ao exterior",[22] Meiattini sugere que, no discernimento proposto por Francisco, o sacramento – com as suas exigências de exterioridade – não tem nada a dizer. A malícia é tamanha a ponto de afirmar que Francisco "ungiu com o óleo da misericórdia" essa perspectiva, a fim de torná-la mais aceita por parte daqueles "incapazes de suportar a contradição das exterioridades, do 'rosto' das coisas".[23] O que Meiattini não tem presente é que quem celebra são pessoas concretas que vivem em situações concretas e, muitas vezes, não sabem, não conseguem ou não querem lidar apenas com a imutável doutrina católica do sacramento do matrimônio porque demais idealizada ou abstrata, a ponto de se converter num fardo pesado a ser carregado por ombros que não têm a mínima estrutura para suportá-lo.[24] O rito, por mais importante que seja, é apenas mediação da graça. Se não expressa a interioridade do sujeito, é vazio e assemelha-se a um sino que tine.

Na resenha de Marco Gallo sobre o livro de Meiattini,[25] são propostas algumas questões que colocam em evidência o que autor da obra parece desconsiderar sobre o assunto. Vale a pena reportá-las aqui: será que, de fato, no diálogo com as pessoas acompanhadas num processo de discernimento, "o sacerdote não pode servir, prudente e paternalmente, como garantia da

[22] MEIATTINI. *Amoris laetitia?* I sacramenti ridotti a morale, p. 119.

[23] MEIATTINI. *Amoris laetitia?* I sacramenti ridotti a morale, p. 119.

[24] AL 35-37.

[25] GALLO, Marco. Una medicina o un veleno? Giulio Meiattini: *Amoris laetitia,* una manomissione dei sacramenti. *Come se non* – Andrea Grillo (26.03.2018). Disponível em: http://www.cittadellaeditrice.com/munera/una-medicina-o-un-veleno-un-libro-su-amoris-laetitia-di-g-meiattini-recensione-di-marco-gallo/. Acesso em: 16 jul. 2021.

sacramentalidade do matrimônio?"; é possível supor que, no âmbito do foro interno, "a Igreja é espectadora muda do processo do fiel que acompanha" e que o confessor "não pertence a um corpo sacramental do presbitério, unido ao bispo, inserido numa comunidade que deseja cuidar, da qual fazem parte também os rostos de todas as pessoas não presentes no diálogo ou mesmo a comunidade que talvez não saiba ainda entender o valor do processo?"; após ouvir o drama existencial de uma pessoa em situação de segunda união, qual linguagem deve ser usada para declarar que ela está numa "relação para sempre privada da graça santificante" porque tal relação é sinônimo de adultério, de um mal ou efeito de um incidente?

Resulta evidente que um dos problemas de que Meiattini não se dá conta é que entre a concepção de consciência de Francisco e a dele há um abismo. Para Francisco, a consciência "não é algo isolado, mas sujeito de cuidado, a fim de que seja formada e posta na condição de progredir na direção de um discernimento eclesial", e esse processo não pode ser pensado "sem referência ao rito sacramental do batismo, à sua renovação na penitência, a seu contexto que é a comunidade eucarística".[26] Assim como não podemos resolver um problema moral sem levar em conta as duas dimensões da moralidade – objetiva e subjetiva –, também não podemos reduzi-lo a uma abstrata dialética entre interior e exterior. Parece-me que, para Meiattini, não há lugar para a *via caritatis* proposta por Francisco.[27]

Quando Francisco propõe a lógica da misericórdia e da compaixão como critério de juízo de valor das situações 'irre-

[26] GALLO. Una medicina o un veleno? Giulio Meiattini: *Amoris Laetitia,* una manomissione dei sacramenti.

[27] AL 306.

gulares', ele não está barateando ou diminuindo o valor do ideal evangélico. Ele apenas está reconhecendo que o crescimento se dá de forma gradativa, que é preciso ter a coragem de renunciar a uma pastoral rígida, que não dá para renunciar ao bem possível.[28] Para Francisco, precisamos estar atentos "ao bem que o Espírito derrama no meio da fragilidade",[29] mas isso só é possível se formos capazes de prestar atenção à história de vida de cada pessoa, ou melhor, se formos capazes de compreender cada história como "lugar teológico em que Deus [...] assume sacramentalmente com a Igreja a iniciativa de guiar o discernimento". Isso é o que Gallo considera ser "ao mesmo tempo, um verdadeiro ato teológico e antropológico, justamente porque não se realiza sem um percurso de redescoberta do batismo – de natureza catecumenal – em que é o sacramento que reabre a gradual integração".[30]

Tanto João Paulo II quanto Bento XVI nunca deixaram de reconhecer que os casais em situações 'irregulares' não são excluídos da Igreja, mas devem ser acolhidos e ajudados por ela. A *via caritatis* proposta por Francisco parece-me ser o sinal – em sentido sacramental – que estava faltando para tornar ainda mais visível a integração de todos no mistério – também ele sacramental – da Igreja. Ao optar pelo foro interno como lugar do discernimento, Francisco deixa claro que o foro externo – muitas vezes tornado sinônimo de âmbito judicial – não pode ser o único caminho para a pastoral ao lidar com situações consideradas 'irregulares'. Se assim o for, a prática continuará

[28] AL 308. Francisco refere-se, aqui, ao n. 44 da *Evangelii gaudium*.

[29] AL 308.

[30] GALLO. Una medicina o un veleno? Giulio Meiattini: *Amoris Laetitia*, una manomissione dei sacramentl.

sendo a que se impôs até antes da *Amoris laetitia* – e continua se impondo devido às resistências e incompreensões com relação a ela –, isto é, a de "resolver" a questão sugerindo aos casais que se contentem com a "comunhão espiritual". A meu ver, limitar-se a tal proposta ou, como faz Meiattini, assumi-la como única forma legítima em que a graça pode operar, significa impedir que o foro interno encontre um modo de ser expresso e testemunhado na e pela comunidade. E Francisco dá orientações claras de como isso poderia acontecer![31]

Outro aspecto da questão que merece ser considerado é a norma que vigorou até antes da *Amoris laetitia* – e que muitos ainda continuam a repetir –, de que a única condição para que o casal de segunda união pudesse participar dos sacramentos era a da "perfeita continência", isto é, o casal deveria se abster das relações sexuais e viver como irmão e irmã. O fato de os bispos argentinos terem afirmado que a continência pode ser "proposta" aos casais cuja situação "a tornam factível" – e Francisco ter confirmado tal interpretação – é considerado por muitos – inclusive por Meiattini – como incentivo à perseverança no pecado, pois a relação, independentemente das intenções, circunstâncias, finalidades, consequências e valores que expressa será sempre adúltera e, portanto, intrinsecamente má.[32] Mas, para uma leitura mais adequada da proposta feita por Francisco, precisamos situá-la no contexto em que ela aparece na Exortação. Francisco parte do princípio de que o caminho da Igreja "é sempre o de Jesus:

---

[31] AL 300. Ver a excelente contribuição de Andrea Grillo a respeito do tema: GRILLO, Andrea. Uma comunhão espiritual para os irregulares? *Instituto Humanitas Unisinos* (22.07.2015). Disponível em: http://www.ihu.unisinos.br/noticias/544863-uma-comunhao-espiritual-para-os-irregulares-artigo-de-andrea-grillo. Acesso em: 16 jul. 2021.

[32] MEIATTINI. *Amoris laetitia?* I sacramenti ridotti a morale, p. 38-42.

o caminho da misericórdia e integração", o que leva a "não condenar eternamente ninguém", a "evitar juízos que não levam em consideração a complexidade das diversas situações", a "prestar atenção ao modo como as pessoas vivem e sofrem por causa da sua condição",[33] a "ajudar cada um a encontrar a sua própria maneira de participar na comunidade eclesial", a "revelar-lhes a pedagogia divina da graça nas suas vidas e ajudá-las a alcançar a plenitude do desígnio que Deus tem para elas, sempre possível com a força do Espírito Santo".[34] A partir de tais pressupostos, Francisco reconhece que "muitos, conhecendo e aceitando a possibilidade de conviver 'como irmão e irmã' que a Igreja lhes oferece, assinalam que, se faltam algumas expressões de intimidade, 'não raro se põe em risco a fidelidade e se compromete o bem da prole' (GS 51)".[35] Portanto, a obrigação que deve empenhar a todos na Igreja é de "discernir quais das diversas formas de exclusão atualmente praticadas nos âmbitos litúrgico, pastoral, educativo e institucional podem ser superadas".[36] Impressiona-me que muito facilmente ignoramos as diversas expressões de bondade moral presentes na vida de um casal em situação 'irregular' pelo simples fato de não serem continentes, como se a intimidade sexual, por si só, fosse capaz de anulá-las todas. A continência deve continuar sendo proposta, mas como "uma" das opções possíveis para o casal; e, quando não for possível, em consciência, abraçá-la, o casal não deve ignorar que diversos outros elementos também servem como critérios para um juízo de valor adequado sobre a qualidade da relação que está vivendo.

[33] AL 296.

[34] AL 297.

[35] AL 298.

[36] AL 299.

Andrea Grillo tem razão quando afirma que "resta apenas uma espécie de 'fúria objetivista', que pode conceber um caminho de salvação só na 'continência', que parece entendida mais como uma sanção imposta ao sujeito do que como uma expressão simbólica da fidelidade".[37]

Tendo presente todas essas considerações, pode resultar mais fácil entender a crítica feita por Meiattini de que o verdadeiro nó problemático no Capítulo VIII da *Amoris laetitia* é "o 'método' moral do discernimento fundamentado na relação entre norma e atenuantes subjetivos".[38] Para ele, o fundamento deveria ser litúrgico-sacramental, o qual, por sua vez, não pode ser reduzido a uma questão de foro interno. A razão é que "a lógica sacramental do sinal visível e objetivo tem exigências excedentes e mais amplas, não redutíveis à situação interior do sujeito e da consciência em relação à norma (respeitada ou transgredida) ou à graça invisível (presente ou ausente). Os sacramentos referem-se à visibilidade da graça e não à invisibilidade interior".[39] Como para Meiattini todo o Capítulo VIII da *Amoris laetitia* é emi-

[37] GRILLO, Andrea. O magistério é um rio, não uma pedra: das frágeis "dubia" à triste "confessio romana". *Instituto Humanitas Unisinos* (13.04.2018). Disponível em: http://www.ihu.unisinos.br/78-noticias/577750-o-magisterio-e-um-rio-nao-uma--pedra-das-frageis-dubia-a-triste-confessio-romana-artigo-de-andrea-grillo. Acesso em: 16 jul. 2021. No mesmo artigo, Grillo chama a atenção para o fato de que a "invenção da continência para o acesso à eucaristia" introduzida pela *Familiaris consortio* em 1981, havia sido pensada segundo a *mens* do Código então em vigor, o de 1917, que definia o matrimônio como *"ius in corpus"*. E era óbvio que, se na época o matrimônio ainda consistia – pelo menos no direito canônico – no direito que cada cônjuge adquiria sobre o sexo do outro para fins de procriação, no caso em que se suspendessem os atos sexuais, de fato, não haveria mais qualquer (novo) matrimônio, seja qual fosse o "estado civil" dos sujeitos! Mas o código de 1983 já não estava mais naquela lógica, pois não aceitava mais definir o matrimônio sem se referir à "comunidade de vida e de amor" entre os cônjuges, que o Concílio Vaticano II havia introduzido irreversivelmente na linguagem e na experiência eclesial".

[38] MEIATTINI. *Amoris laetitia?* I sacramenti ridotti a morale, p. 69.

[39] MEIATTINI. *Amoris laetitia?* I sacramenti ridotti a morale, p. 70.

nentemente moral, absolver e admitir à comunhão acaba sendo uma questão deduzida apenas de critérios morais, que não leva em conta que "entre a norma e a consciência há justamente o sacramento",[40] e o acesso a ele não pode nunca ser uma questão apenas moral, subjetiva e privada, pois, se assim o fosse, bastaria uma "pura e simples autoabsolvição".[41] Por isso, a conclusão à qual Meiattini chega é a de que "se o sujeito não respeita as exigências morais (fidelidade e indissolubilidade) inscritas real e simbolicamente no matrimônio (a norma *concreta*) e, portanto, vive numa condição objetiva de adultério, talvez ele *possa* conservar alguma união com Deus, por circunstâncias subjetivas atenuantes (a liberdade de ação da graça deve sempre ser preservada), mas dessa graça *invisível,* vivida na *contradição simbólica* com o sacramento, não pode obter um reconhecimento simbólico-sacramental da Igreja e diante dela".[42] Em outras palavras, o problema maior não é se o casal está ou não na graça de Deus, mas se tal graça pode receber um reconhecimento sacramental-eclesial quando não se expressa simbolicamente na vida e nas ações, o que leva Meiattini a afirmar que "uma moral de baixa intensidade sacramental reflete-se num acesso aos sacramentos de baixa intensidade moral e vice-versa".[43]

A impressão que se tem ao considerarmos as afirmações feitas por Meiattini é de que Francisco anistiou o pecado de adultério, o que não corresponde à verdade. Ao reconhecer que, em algumas circunstâncias, não é possível ao casal que vive em situação 'irregular' se separar, Francisco apenas confirma a prática eclesial de

[40] MEIATTINI. *Amoris laetitia?* I sacramenti ridotti a morale, p. 79.

[41] MEIATTINI. *Amoris laetitia?* I sacramenti ridotti a morale, p. 86.

[42] MEIATTINI. *Amoris laetitia?* I sacramenti ridotti a morale, p. 92-93.

[43] MEIATTINI. *Amoris laetitia?* I sacramenti ridotti a morale, p. 93.

que, nesses casos, a separação é que deve ser revogada.[44] Se tal casal – arrependido de ter violado o sinal da aliança e da fidelidade a Cristo do qual o matrimônio precedente era imagem – vive como marido e mulher, educa os filhos, participa da vida eclesial e se empenha para viver de forma continente, não tem razão para negar a ele a comunhão sacramental, pois a sua união não é mais considerada uma violação do precedente matrimônio sacramental.[45] No entanto, temos de convir que a continência sexual – única condição para que o casal possa aceder aos sacramentos – pertence ao âmbito do foro interno, o que, para Meiattini, conta pouco como sinal visível da graça de Deus.[46] Mais ainda, para o bem da verdade, nem a continência perfeita poderia ser – segundo Adriano Oliva – um elemento suficiente para permitir o acesso aos sacramentos, "porque ela não é imposta pelo vínculo matrimonial precedente, mas é exigida pela própria natureza da sexualidade, que não pode ser praticada fora do matrimônio legítimo".[47] Acredito que, se o problema em questão fosse abordado à luz da interpretação que Francisco faz da 1Cor 11,17-34,[48] caminharíamos numa outra di-

[44] Vale a pena considerar, aqui, o excelente trabalho feito por Adriano Oliva, sobretudo a parte que aborda a questão dos divorciados recasados e o acesso à comunhão eucarística. OLIVA, Adriano. *L'amicizia più grande*. Un contributo teologico alle questioni sui divorziati risposati e sulle coppie omosessuali. Firenze: Nerbini, 2015, p. 73-90. Partindo do fato de que "a eventual admissão, sob certas circunstâncias, de alguns divorciados recasados aos sacramentos da penitência e da eucaristia faz parte do Magistério ordinário da Igreja, afirmada pelos papas João Paulo II e Bento XVI, ensinada pelo Catecismo da Igreja Católica e retomada em vários documentos aprovados pelo Sumo Pontífice" (p. 74), Oliva dedica-se a explicitar os princípios sobre os quais se fundamenta a doutrina do Magistério.

[45] PONTIFÍCO CONSELHO PARA OS TEXTOS LEGISLATIVOS. Sobre a admissão à Santa Comunhão dos fiéis divorciados que contraíram novas núpcias (24.06.2000), n. 2. Disponível em: https://www.vatican.va/roman_curia/pontifical_councils/intrptxt/documents/rc_pc_intrptxt_doc_20000706_declaration_po.html. Acesso em: 16 jul. 2021.

[46] MEIATTINI. *Amoris laetitia?* I sacramenti ridotti a morale, p. 70; 84.

[47] OLIVA. *L'amicizia più grande*, p. 77.

[48] AL 185-186.

reção, dispostos até mesmo a rever categorias – teológicas, morais, litúrgicas e jurídicas – que produzem em todos uma espécie de efeito paralisante quanto aos passos que poderiam ser dados.[49]

Meiattini, irônica e sarcasticamente, insinua que Francisco chegou atrasado com a sua proposta de discernimento para abrir as portas do curral para as ovelhas que vivem em situações irregulares, visto que essas já resolveram o problema da comunhão sacramental sem precisar de autorização para isso.[50] O que talvez devêssemos todos reconhecer é que grande parte dos fiéis não vê mais sentido nas normas da Igreja relativas à sexualidade e, por isso, segue a própria consciência quando se trata de avaliar e decidir praticamente o que fazer.[51] Francisco reconhece isso e admite, inclusive, que "a consciência das pessoas deve ser melhor incorporada na práxis da Igreja em algumas situações que não realizam objetivamente a nossa concepção do matrimônio".[52] Trata-se da mais legítima fidelidade à tradição católica, muito distante da mera preocupação de "abrir as portas do curral".[53]

---

[49] A reflexão proposta por Andrea Grillo por ser extremamente útil devido à lucidez com a qual ele encara questões complicadas: GRILLO, Andrea. Francisco e a *Rerum novarum* do matrimônio. O modelo doutrinal do século XIX e a sua superação na *Amoris laetitia*. In: ALMEIDA, Miguel (Coord.). *Alegria e misericórdia*. A teologia do Papa Francisco para as famílias. Braga, Portugal: Frente e Verso, 2020, p. 209-230.

[50] MEIATTINI. *Amoris laetitia?* I sacramenti ridotti a morale, p. 151.

[51] Basta considerar, por exemplo, a pesquisa feita mundialmente sobre o que os católicos pensam a respeito de questões de ética sexual: UNIVISION – GLOBAL CATHOLIC POL; BENDIXEN & AMANDI INTERNATIONAL. *Global Survey of Roman Catholics:* Executive Summary (February 2014). Disponível em: http://pelicanweb.org/2014RCSurveyExecutiveSummary.pdf. Acesso em: 16 jul. 2021.

[52] AL 303.

[53] Não podemos subestimar que pode ser justamente o fato de os fiéis terem "resolvido" para si mesmos o abismo existente entre o que o magistério ensina e o que eles vivem que poderá, algum dia, provocar a revisão de uma doutrina considerada "constante", mas incapaz de iluminar as decisões concretas das suas vidas.

3. Graças a uma nota de rodapé

Toda a discussão provocada por causa do Capítulo VIII da *Amoris laetitia* e, sobretudo, de uma nota de rodapé, fez emergir na Igreja algumas questões problemáticas que pareciam estar um tanto adormecidas. Sem a pretensão de abordá-las de forma exaustiva, cito aqui algumas delas.[54]

Por meio da *Amoris laetitia*, Francisco deixou claro que é preciso assumir uma nova metodologia no ensino da Igreja sobre questões sexuais, isto é, passar de um método dedutivo para um método indutivo. Todd Salzman e Michael Lawler definem bem o ponto de partida de cada método: "o raciocínio dedutivo começa com uma definição universalmente aceita de dignidade humana e princípios ou normas universais que facilitam ou frustram sua realização. O raciocínio indutivo começa com definições particulares, culturais, sociais e contextuais da dignidade humana e formula e justifica normas que facilitam ou frustram sua realização.[55] Quando o Papa afirma "é mesquinho deter-se a considerar apenas se o agir de uma pessoa corresponde ou não a uma lei ou norma geral", é porque ele está convencido de que "isso não basta para discernir e assegurar uma plena fidelidade a Deus na existência concreta de um ser humano".[56] As pessoas vivem em contextos e circunstâncias particulares

---

[54] Seguirei de perto a reflexão proposta por: SALZMAN, Todd A.; LAWLER, Michael G. *Amoris laetitia:* aspectos antropológicos e metodológicos e suas implicações para a teologia moral. Cadernos Teologia Pública, 15/136 (2018): 3-19. São Leopoldo: UNISINOS, 2018. Disponível em: http://www.ihu.unisinos.br/images/stories/cadernos/teopublica/136cadernosteologiapublica.pdf. Acesso em: 16 jul. 2021.

[55] SALZMAN; LAWLER. *Amoris laetitia:* aspectos antropológicos e metodológicos e suas implicações para a teologia moral, p. 9.

[56] AL 304.

que precisam ser considerados no juízo moral. A pretensão de contentar-se com normas absolutas e universalistas não faz jus a uma Igreja que se coloca no caminho do contínuo discernimento da vontade de Deus e do respeito à lei da gradualidade quanto aos passos que os fiéis podem dar para realizar tal vontade, inclusive no âmbito de questões relativas à sexualidade.

Ao reconhecer que nos custa, como Igreja, "deixar espaço à consciência dos fiéis, que muitas vezes respondem da melhor forma que podem ao Evangelho no meio dos seus limites e são capazes de realizar o seu próprio discernimento perante situações em que se rompem todos os esquemas",[57] Francisco traz à tona algo que parece ter sido menosprezado nas últimas décadas: o fato de que, num juízo moral, devem sempre ser considerados os dois âmbitos da moralidade, o objetivo e o subjetivo. O primeiro privilegia as normas e o dever – e aqui se situa o ensino magisterial –; o segundo, a consciência subjetiva e as circunstâncias da ação – e aqui se situa o discernimento. Francisco sabe que o melhor caminho para obrigar uma consciência a obedecer é negar a ela a possibilidade de discernimento. Só que isso significa "pretender substituí-las",[58] o que vai na contramão do seu magistério. Numa realidade concreta, deve-se levar em consideração não só normas morais, mas também circunstâncias concretas e imediatas que podem impactar a seleção, interpretação e aplicação de uma norma".[59]

A grande tentação atual é contrapor verdade moral e sujeito moral, como se a primeira existisse sem o segundo. Acredito

---

[57] AL 37.

[58] AL 37.

[59] SALZMAN; LAWLER. *Amoris laetitia:* aspectos antropológicos e metodológicos e suas implicações para a teologia moral, p. 15.

que Salzman e Lawler têm razão quando afirmam que Francisco opta por uma orientação da consciência pelo sujeito e não pelo objeto. Basta ter presente, mais uma vez, o princípio tão caro a ele de que "a realidade tem prioridade sobre a ideia" para entender que, quando estamos diante de situações 'irregulares' não se trata tanto de abrir exceção à norma, mas reconhecer que talvez ela tenha pouco a dizer naquela situação concreta.[60]

Para Giannino Piana, *Amoris laetitia* deu lugar "a uma 'ética do possível', em que o ideal é posto, constantemente, em relação com a realidade das situações pessoais e do contexto social e cultural em que se vive".[61] O 'possível', mesmo se distante do ideal, pode ser um bem concreto numa determinada situação. Abrir mão dele ou não reconhecê-lo em virtude de um bem máximo abstrato parece não ter sentido. Trata-se, contudo, de saber se aquilo que é possível do ponto de vista moral pode ser assumido sacramentalmente. Para abordar essa questão precisamos, antes, entender a mudança de foco proposta por Francisco na *Amoris laetitia*: ele passa "do foco em regras e atos para um foco na virtude", isto é, Francisco foca "modos de ser no mundo, onde a pessoa é convidada a se empenhar para viver uma vida como Cristo a serviço de Deus, do cônjuge, da família, do próximo e da sociedade, entendendo, o tempo todo, que a misericórdia de Deus é infinita se falhamos no cumprimento".[62]

[60] SALZMAN; LAWLER. *Amoris laetitia:* aspectos antropológicos e metodológicos e suas implicações para a teologia moral, p. 16-17.

[61] SANTOS, João Vitor Santos. A preocupação pastoral no tratamento das diferenças. Entrevista com Giannino Piana. *Revista IHU On-Line* 16/483 (2016): 33. Disponível em: http://www.ihuonline.unisinos.br/media/pdf/IHUOnlineEdicao483.pdf. Acesso em: 16 jul. 2021.

[62] SALZMAN; LAWLER. *Amoris laetitia:* aspectos antropológicos e metodológicos e suas implicações para a teologia moral, p. 8.

O que precisamos perguntar-nos é qual a relação disso com os sacramentos.

A afirmação feita pela *Amoris laetitia* de que numa "situação objetiva de pecado" – como pode ser a de um casal envolvido numa situação 'irregular' –, é possível "viver em graça de Deus",[63] leva-nos a reconhecer que uma segunda união, por exemplo, pode ser uma fonte de graça para o casal, reconhecimento que vai muito além de permitir ou não a comunhão sacramental a pessoas em situações 'irregulares'. Se a graça pode ser teologicamente compreendida como a transformação de uma pessoa resultante da presença salvífica de Deus na sua vida,[64] então não há como negar que o amor e a devoção de um com o outro e com seus filhos, a afetiva e efetiva fidelidade que caracteriza sua relação, o espírito de preocupação com os outros na comunidade – além de ser expressão de virtudes como justiça, fidelidade e cuidado – expressam o amor e a presença salvífica de Deus em suas vidas. O relacionamento entre pessoas que vivem em situações 'irregulares' pode ser, sim, um sinal do poder curativo do amor em suas vidas e, dessa forma, uma espécie de "sacramento" de cura.

Segundo Bernard Cooke, é preciso reconhecer que muitos segundos casamentos são muito mais do que estados objetivos de pecado. São também contextos nos quais Deus está sacramentalmente presente. Recorrendo à experiência comum, Cooke ajuda-nos a entender melhor o significado disso: "Acho que

[63] AL 305.

[64] Daqui até o penúltimo parágrafo deste subitem transcrevo – com pequenas alterações – o que publiquei em: ZACHARIAS, Ronaldo. "Quando o amor fracassa...": perspectivas de uma salutar teologia moral para os divorciados recasados. In: LIMA, Luis Corrêa (Org.). *Teologia e Sexualidade*: portas abertas pelo papa Francisco. São Paulo: Reflexão, 2015, p. 32-38.

muitos de nós já vimos casos de pessoas destruídas por um primeiro casamento e divórcio em que viviam vitimizadas, amarguradas e alienadas da sua fé cristã em Deus, serem redimidas como pessoas porque, na sua vida, entrou alguém que as curou, amando-as e restaurando nelas a esperança de que o amor, inclusive o amor de Deus, é realmente marcado pela fidelidade. Parece-me que, em tais casos, o segundo casamento – não o primeiro – é precisamente o que sacramentaliza a indissolubilidade que desejamos salvaguardar como uma característica do casamento verdadeiramente cristão. Não é essa a experiência de algumas pessoas, a de ver a 'morte' envolvida no fracasso de um primeiro casamento transformar-se inesperadamente pela 'ressurreição' da fé e esperança pessoais mediante um segundo relacionamento bem sucedido?"[65]

Para Bernhard Häring, a morte moral de um casamento acontece "quando, no matrimônio em questão, nada se percebe de cunho salvífico".[66] Se, por um lado, é preciso fazer de tudo para impedir essa morte moral enquanto houver verdadeira esperança de sobrevivência, por outro há ocasiões em que nada mais pode ser feito. É justamente nessas ocasiões que emerge a questão: o que fazer para a misericórdia de Deus ser proclamada de maneira crível para aqueles que tentaram fazer o máximo

[65] COOKE, Bernard. Sacramentality of Second Marriages. In: ROBERTS, William P. (Ed.). *Divorce and Remarriage:* Religious and Psychological Perspectives. Kansas City: Sheed & Ward, 1990, p. 76-77. Ver também: THURSTON, Anne. Living with Ambiguity. *Doctrine and Life* 44 (1994): 538: "O importante não é saber se o casamento é validamente contratado – pois a maioria deles é – mas se é vivido como 'um relacionamento humano com potencial para a salvação', para saber se o contrato se tornou um pacto. Isso é um processo, acontece ao longo do tempo, ou não acontece."

[66] HÄRING, Bernhard. *Existe saída? Para uma pastoral dos divorciados*. São Paulo: Loyola, 1990, p. 48.

que podiam e descobriram que o melhor a ser feito era deixar um relacionamento que estava causando sua morte espiritual e reencontrar numa nova relação motivações mais autênticas para viver? Negar-lhes uma significação sacramental?

Ao discorrer sobre as duas propriedades essenciais do matrimônio – unidade e indissolubilidade – Aristide Fumagalli não hesita em afirmar que "a eficaz defesa e o testemunho acreditável da indissolubilidade matrimonial não dependem apenas da estabilidade da relação, mas da unidade do casal, a qual, além disso, a partir do Concílio Vaticano II, foi mais bem qualificada como 'íntima comunidade de vida e de amor conjugal' (GS 48). Privada de tal unidade existencial amorosa, como é que se configura a indissolubilidade do matrimônio? Acaso não arriscaria transformar-se numa embalagem externa que, embora evitando o divórcio, acaba sendo uma lei formal em relação à vivência interpessoal dos dois? A patologia do matrimônio não compreende somente o capítulo das separações e dos divórcios, mas também aquele não tão raro dos que continuam a convivência profundamente desunidos, infligindo a si mesmos e sofrendo formais mais ou menos massacradas de violência intraconjugal e de traições extraconjugais. A esse respeito, deve-se considerar que a disciplina pastoral da Igreja não exige a convivência a qualquer custo, admitindo, como remédio extremo não somente a separação, mas também o divórcio".[67]

Aqui, não está em jogo o valor da indissolubilidade do matrimônio. Fumagalli levanta questões interessantes a serem con-

[67] FUMAGALLI, Aristide. Disciplina da Igreja Católica e perspectivas de reflexão. In: FUMAGALLI, Aristide; CONCI, Alberto; PALEARI, Marco. *O coração ferido. Perder um amor, permanecer no amor. Três perspectivas cristãs acerca ds matrimônios falidos.* São Paulo: Paulus, 2011, p. 29.

sideradas, pois dão um justo enfoque ao problema abordado: "a doutrina da indissolubilidade matrimonial é incompatível com o reconhecimento de uma nova convivência conjugal? O reconhecimento de uma nova relação conjugal, após o fim irreversível da primeira convivência matrimonial, comporta necessariamente o descrédito do matrimônio indissolúvel? Reconhecer a possibilidade de uma nova conjugalidade, dada a falência da primeira, se traduz inevitavelmente na declaração de dissolubilidade do matrimônio? Onde, do ponto de vista propriamente conjugal, não existisse mais qualquer exercício do dom de si, as únicas formas de testemunho da indissolubilidade do matrimônio seriam as de permanecer a sós e de abster-se de relações conjugais, ou seria possível pensar que a vocação de doar-se para sempre a outro(a), irremediavelmente falida num caso, possa ser vivida em relação a outra pessoa? O drama da história da salvação, em tensão entre o 'já' e o 'ainda não' do Reino, não é um contexto suficiente para admitir uma nova relação conjugal sem violar o anúncio do matrimônio indissolúvel?"[68]

A abordagem da intimidade sexual de um casal envolvido numa situação considerada 'irregular' por meio da ética das virtudes requer que se situe essa intimidade no conjunto da sacramentalidade significada pela totalidade de seu relacionamento.[69] Na prática, é preciso dar prioridade ao esforço que as pessoas fazem para elevar a qualidade dos seus relacionamen-

[68] FUMAGALLI. Disciplina da Igreja Católica, p. 31. Ver também: GRILLO, Andrea. *Indissolubile?* Contributto al dibattito sui divorziati risposati. Assisi: Cittadella, 2015; VESCO, Jean-Paul. *Ogni amore vero è indissolubile*. Brescia: Queriniana, 2015 (Giornale di Telogia 374); SCHOCKENHOFF, Eberhard. *La chiesa e i divorziati risposati*. Questioni aperte. Brescia: Queriniana, 2014 (Giornale di Teologia 372).

[69] Deveríamos desconfiar de uma noção de casamento e sexualidade que exige que as pessoas respeitem todas as dimensões de sua união, exceto a sexual.

tos, se realizarem na reciprocidade e na solidariedade, construírem relacionamentos de doação pessoal e comunhão amorosa, cuidarem e serem cuidadas, amarem e serem amadas, pois tal esforço exprime maneiras concretas de viver virtudes tais quais justiça, fidelidade e cuidado mútuo.

Tudo indica que uma nova conjugalidade seja compatível com a indissolubilidade matrimonial. Permanece, segundo Fumagalli, uma questão fundamental: "*qual* eventual reconhecimento é admissível, sacramental ou não".[70] Para responder a esta questão, precisamos admitir alguns pressupostos, ainda na esteira de Fumagalli: a ruptura da conjugalidade com o primeiro cônjuge deve ser irreversível; o empenho para viver de forma indissolúvel a segunda conjugalidade deve ser assumido com honestidade; o dom de si ao outro na segunda conjugalidade deve ser o mais possível total, fiel e fecundo; a misericórdia deve ser compreendida também como possibilidade de um novo começo para aqueles que fracassaram na vivência do amor. O fato de a situação dos casais em segunda união não ser expressão de todas as características do amor de Cristo pela Igreja não significa que não haja, na história de amor vivida por eles, motivos de bondade que admitem a comunhão plena com Ele. E, para sermos honestos, devemos admitir que, se a Igreja acredita na possibilidade de os casais em segunda união participarem da graça de Cristo, por que essa participação não pode ser admitida na forma sacramental?[71]

Uma afirmação de Francisco – fora do Capítulo VIII – pode servir para dirimir grande parte dos conflitos apresentados

[70] FUMAGALLI. Disciplina da Igreja Católica, p. 31.

[71] FUMAGALLI. Disciplina da Igreja Católica, p. 34.

até agora. Por isso vale a pena prestar atenção a ela. Depois de descrever o sacramento do matrimônio,[72] o Papa aborda a relação entre "sementes do Verbo e situações irregulares"[73] e propõe que "o discernimento da presença dos *semina Verbi* nas outras culturas (cf. Ag 11) pode ser aplicado inclusive à realidade matrimonial e familiar".[74] Isso nos levará a reconhecer – em sintonia com Matteo Ometto – que nas situações 'irregulares' podem estar presentes as sementes do Verbo, que tais relações "são habitadas pelo Senhor e, portanto, têm relevância teológica e eclesial", que cabe à Igreja "encontrar palavras e ações para indicar a Sua presença. Embora com o devido cuidado, é possível sustentar essa perspectiva também por meio de uma ampliação da categoria 'sacramento': a realidade sacramental não se exaure numa visão pontual e estática dos sete sacramentos; a própria Igreja define-se sacramento (cf. LG 1). E se é 'sacramento' toda realidade eclesial que permite o encontro com Cristo, então poderemos dizer o mesmo de um casal de divorciados que vive uma nova união, sempre quando nessa relação puderem ser observados os Seus traços".[75]

Considerações finais

A recepção da *Amoris laetitia*, mesmo após cinco anos da sua publicação, tem sido ainda bastante problemática. Se pensarmos nas resistências e incompreensões – visíveis ou submersas, mas sempre dolorosas – provocadas a seu tempo pela *Hu-*

[72] AL 71-75.

[73] AL 76-79.

[74] AL 77.

[75] OMETTO. *Divorziati che vivono una nuova unione nella chiesa cattolica*, p. 259.

manae vitae ou pela *Veritatis splendor*, por exemplo, teremos mais condições de não superestimar o que está acontecendo hoje nem subestimar a ação do Espírito que, soprando onde e como quer, é capaz de conduzir a Igreja a uma fidelidade maior à sua missão. Nesse contexto, é mais do que justo reconhecer também o que está acontecendo de inédito: Francisco confia às Conferências Episcopais a tarefa de "buscar soluções mais inculturadas, atentas às tradições e aos desafios locais",[76] prolongando o caminho sinodal que resultou na *Amoris laetitia*.[77] O Papa sabe que a sinodalidade não se manifesta imediatamente como um coro sinfônico, porque, nesse processo, temos de lidar e priorizar não tanto questões teóricas, mas experiências e vivências de pessoas que sofrem e, no nosso caso, de casais e famílias reais, que têm uma infinidade de rostos e vozes que não querem e não podem simplesmente ser postas à margem.

Para Meiattini, um risco corrente na Igreja é "usar as vestes da pastoral como cavalo de Troia" e, quem afirma ser a *Amoris laetitia* apenas um documento pastoral "não compreende o *alcance teológico da práxis*"[78] e, consequentemente, não percebe o estrago que tal cavalo poderia provocar na Igreja. Talvez essa seja a chave de leitura para tentar compreender o porquê, após cinco anos da sua publicação, a Exortação Apostólica Pós-Si-

[76] AL 3.

[77] É importante considerar, aqui, a excelente reflexão proposta por Ivone Gebara para reconhecermos os limites que ainda devem ser superados no enfrentamento eclesial de questões importantes e compreendermos que os desafios nesse sentido constituem a oportunidade de a Igreja ser, de fato, profética. SANTOS, João Vitor Santos. A Igreja solteira, masculina e hierárquica que fala à família. Entrevista com Ivone Gebara. *Revista IHU On-Line* 16/483 (2016): 35-39. Disponível em: http://www.ihuonline.unisinos.br/media/pdf/IHUOnlineEdicao483.pdf. Acesso em: 16 jul. 2021.

[78] MEIATTINI. *Amoris laetitia?* I sacramenti ridotti a morale, p. 48, final da nota n. 6.

nodal de Francisco sofre tantas incompreensões e resistências. Para seus críticos, a *Amoris laetitia* mudou, sim, aspectos da doutrina e não apenas a disciplina; ela não é um texto "meramente" pastoral e, mesmo que pretendesse sê-lo, não deixaria de conter no seu bojo uma "bomba atômica teológica" capaz de destruir todo o edifício da moral católica.[79] Para Francisco, a atitude pastoral nunca pode ser reduzida à aplicação de doutrinas imutáveis a realidades concretas, como se – no dizer de Alessandro Cortesi – ela fosse "uma espécie de movimento derivado e segundo" quanto à teologia; deve ser compreendida, entretanto, "como assunção da história e da vida como lugares teológicos de uma comunicação contínua de Deus".[80] Afirmar a pastoralidade da *Amoris laetitia* é mais do que legítimo.[81] Classificá-la como "pastoral" para diminuir o seu valor magisterial não tem o menor sentido, a não ser camuflar o desejo de emudecê-la. Não me parece que sejam as vestes da pastoral que estão sendo usadas como cavalo de Troia na Igreja, mas, sim, as de um "magistério paralelo" que se infiltrou na Igreja como verdadeiro cavalo de Troia, insistindo em chamar de fidelidade o que há tempo está muito distante do Evangelho de Jesus Cristo e – por que não? – do Jesus dos Evangelhos.

---

[79] SEIFERT, Josef. Does pure logic threaten to destroy the entire moral doctrine of the Catholic Church? *Aemaet* 6/2 (2017): 5. Disponível em: https://www.aemaet.de/wp-content/uploads/2018/09/oes-pure-Logic-threaten-to-destroy.pdf. Acesso em: 16 jul. 2021.

[80] CORTESI, Alessandro. Prefazione. In: OLIVA. *L'amicizia più grande*, p. 34.

[81] Ver: ZACHARIAS, Ronaldo. *Amoris Laetitia:* um "sim" radical à pastoralidade da teologia moral. In: *Perspectiva Teológica* 53/1 (2021): 17-39. Disponível em: https://doi.org/10.20911/21768757v53n1p17/2021. Acesso em: 16 jul. 2021.

Referências bibliográficas

ALMEIDA, Miguel (Coord.). *Alegria e misericórdia.* A teologia do Papa Francisco para as famílias. Braga, Portugal: Frente e Verso, 2020.

BOLLETTINO SALA STAMPA DELLA SANTA SEDE. Conferenza Stampa per la presentazione dell'Esortazione Apostolica post-sinodale del Santo Padre Francesco "Amoris laetitia", sull'amore nella famiglia (08.04.2016). Disponível em: https://press.vatican.va/content/salastampa/it/bollettino/pubblico/2016/04/08/0241/00531.html#bal. Acesso em: 16 jul.2021.

BUNDERSON, Carl. Carta dos bispos argentinos sobre *Amoris laetitia* muda algo da doutrina? *ACIDIGITAL* (13.12.2017). Disponível em: https://www.acidigital.com/noticias/carta-dos-bispos-argentinos-sobre-amoris-laetitia-muda-algo-da-doutrina-76381. Acesso em: 16 jul. 2021.

COOKE, Bernard. Sacramentality of Second Marriages. In: ROBERTS, William P. (Ed.). *Divorce and Remarriage:* Religious and Psychological Perspectives. Kansas City: Sheed & Ward, 1990, p. 70-77.

CORTESI, Alessandro. Prefazione. In: OLIVA, Adriano. *L'amicizia più grande.* Un contributo teologico alle questioni sui divorziati risposati e sulle coppie omosessuali. Firenze: Nerbini, 2015, p. 5-37.

FRANCISCO, Papa. *Amoris laetitia.* Exortação Apostólica Pós-Sindodal sobre o amor na família. São Paulo: Loyola, 2016.

FRANCISCO, Papa. Epistula Apostolica. *Acta Apostolicae Sedis* CVIII/10 (2016): 1041-1042.

FUMAGALLI, Aristide; CONCI, Alberto; PALEARI, Marco. *O coração ferido.* Perder um amor, permanecer no amor. Três perspectivas cristãs acerca ds matrimônios falidos. São Paulo: Paulus, 2011.

FUMAGALLI, Aristide. Disciplina da Igreja Católica e perspectivas de reflexão. In: FUMAGALLI, Aristide; CONCI, Alberto; PALEARI, Marco. *O coração ferido.* Perder um amor, permanecer no amor. Três perspectivas cristãs acerca ds matrimônios falidos. São Paulo: Paulus, 2011, p. 13-36.

GRILLO, Andrea. Francisco e a *Rerum novarum* do matrimônio. O modelo doutrinal do século XIX e a sua superação na *Amoris laetitia.* In: ALMEIDA, Miguel (Coord.). *Alegria e misericórdia.* A teologia do Papa Francisco para as famílias. Braga, Portugal: Frente e Verso, 2020, p. 209-230.

GALLO, Marco. Una medicina o un veleno? Giulio Meiattini: *Amoris laetitia,* una manomissione dei sacramenti. *Come se non* – Andrea Grillo (26.03.2018). Disponível em: http://www.cittadellaeditrice.com/munera/una-medicina-o-un-veleno-un-libro-su-amoris-laetitia-di-g-meiattini-recensione-di-marco-gallo/. Acesso em: 16 jul. 2021.

GRILLO, Andrea. Uma comunhão espiritual para os irregulares? *Instituto Humanitas Unisinos* (22.07.2015). Disponível em: http://www.ihu.unisinos.br/noticias/544863-uma-comunhao-espiritual-para-os-irregulares-artigo-de-andrea-grillo. Acesso em: 16 jul. 2021.

GRILLO, Andrea. O magistério é um rio, não uma pedra: das frágeis "dubia" à triste "confessio romana". *Instituto Humanitas Unisinos* (13.04.2018). Disponível em: http://www.ihu.unisinos.br/78-noticias/577750-o-magisterio-e-um-rio-nao-uma-pedra-das-frageis-dubia-a-triste-confessio-romana-artigo-de-andrea-grillo. Acesso em: 16 jul. 2021.

GRILLO, Andrea. *Indissolubile?* Contributto al dibattito sui divorziati risposati. Assisi: Cittadella, 2015.

HÄRING, Bernhard. *Existe saída? Para uma pastoral dos divorciados*. São Paulo: Loyola, 1990.

MEIATTINI, Giulio. *Amoris laetitia?* I sacramenti ridotti a morale. Torino: La Fontana di Siloe, 2018.

KASPER, Walter. *A mensagem de Amoris laetitia:* um debate amigável. São Paulo: Loyola, 2019.

LORETAN, Adrian. Marriage Endings, New Beginnings, Sin and Grace. Reflections in Honor of Eberhard Schockenhoff. *Marriage, Families & Spirituality* 27/1 (2021): 82-91.

MAGISTER, Sandro. *Amoris laetitia*, Spaemann: È il caos eretto a principio con un tratto di penna. Una rottura con il magistero. Intervista con Robert Spaemann. *Il Timone* (29.04.2016). Disponível em: https://www.iltimone.org/news-timone/amoris-laetitia-spaemann-il-caos-eretto-a-principi/. Acesso em: 16 jul. 2021.

OLIVA, Adriano. *L'amicizia più grande.* Un contributo teologico alle questioni sui divorziati risposati e sulle coppie omosessuali. Firenze: Nerbini, 2015.

OMETTO, Matteo. *Divorziati che vivono una nuova unione nella chiesa cattolica.* Da *Familiaris consortio* ad *Amoris laetitia*. Dissertazione per il Dottorato in Teologia. Padova: Facoltà Teologica del Triveneto, 2018.

PENTIN, Edward. *Amoris laetitia:* Congresso discute a "confusão" na Igreja. A íntegra da Declaração final. *Instituto Humanitas Unisinos* (09.04.2018). Disponível em: http://www.ihu.unisinos.br/577749. Acesso em: 16 jul. 2021.

PETERS, Edward. On the appearance of the pope's letter to the Argentine bishops in the Acta Apostolicae Sedis. *In the Light of the Law* (04.12.2017). Disponível em: https://canonlawblog.wordpress.com/2017/12/04/on-the-appearance-of-the-popes--letter-to-the-argentine-bishops-in-the-acta-apostolicae-sedis/. Acesso em: 16 jul. 2021.

PETERS, Edward. Disregarding the divinely-rooted Canon 915 portends serious consequences. *The Catholic World Report* (09.10.2017). Disponível em: https://www.catholicworldreport.com/2017/10/09/disregarding-the-divinely-rooted-canon-915--portends-serious-consequences/. Acesso em: 16 jul. 2021.

PONTIFÍCO CONSELHO PARA OS TEXTOS LEGISLATIVOS. Sobre a admissão à Santa Comunhão dos fiéis divorciados que contraíram novas núpcias (24.06.2000), n. 2. Disponível em: https://www.vatican.va/roman_curia/pontifical_councils/intrptxt/documents/rc_pc_intrptxt_doc_20000706_declaration_po.html. Acesso em: 16 jul. 2021.

SALZMAN, Todd A.; LAWLER, Michael G. *Amoris laetitia:* aspectos antropológicos e metodológicos e suas implicações para a teologia moral. Cadernos Teologia Pública, 15/136 (2018): 3-19. São Leopoldo: UNISINOS, 2018. Disponível em: http://www.ihu.unisinos.br/images/stories/cadernos/teopublica/136cadernosteologiapublica.pdf. Acesso em: 16 jul. 2021.

SANTOS, João Vitor Santos. A preocupação pastoral no tratamento das diferenças. Entrevista com Giannino Piana. *Revista IHU On-Line* 16/483 (2016): 33. Disponível em: http://www.ihuonline.unisinos.br/media/pdf/IHUOnlineEdicao483.pdf. Acesso em: 16 jul. 2021.

SANTOS, João Vitor Santos. A Igreja solteira, masculina e hierárquica que fala à família. Entrevista com Ivone Gebara. *Revista IHU On-Line* 16/483 (2016): 35-39. Disponível em:

http://www.ihuonline.unisinos.br/media/pdf/IHUOnlineEdicao483.pdf. Acesso em: 16 jul. 2021.

SCHOCKENHOFF, Eberhard. The Church as a Community of Reconciliation. In Favor of Allowing Divorced and Remarried Persons to Receive Communion. *Marriage, Families & Spirituality* 27/1 (2021): 71-81.

SCHOCKENHOFF, Eberhard. *La chiesa e i divorziati risposati.* Questioni aperte. Brescia: Queriniana, 2014 (Giornale di Teologia 372).

SEIFERT, Josef. Does pure logic threaten to destroy the entire moral doctrine of the Catholic Church? *Aemaet* 6/2 (2017): 5. Disponível em: https://www.aemaet.de/wp-content/uploads/2018/09/oes-pure-Logic-threaten-to-destroy.pdf. Acesso em: 16 jul. 2021.

THURSTON, Anne. Living with Ambiguity. *Doctrine and Life* 44 (1994): 537-542.

VESCO, Jean-Paul. *Ogni amore vero è indissolubile.* Brescia: Queriniana, 2015 (Giornale di Telogia 374).

VIDAL, Jose Manuel. Bispos da Região de Buenos Aires dão orientações, com o aval do Papa, sobre os 'divorciados em nova união'. *Instituto Humanitas Unisinos* (13.09.2016). Disponível em: http://www.ihu.unisinos.br/78-noticias/559972-bispos-da-regiao-de-buenos-aires-dao-orientacoes-com-o-aval-do-papa-sobre-os-divorciados-em-nova-uniao. Acesso em: 16 jul. 2021.

ZACHARIAS, Ronaldo. "Quando o amor fracassa...": perspectivas de uma salutar teologia moral para os divorciados recasados. In: LIMA, Luis Corrêa (Org.). *Teologia e Sexualidade*: portas abertas pelo Papa Francisco. São Paulo: Reflexão, 2015, p. 13-43.

ZACHARIAS, Ronaldo. *Amoris Laetitia:* um "sim" radical à pastoralidade da teologia moral. In: *Perspectiva Teológica* 53/1 (2021): 17-39. Disponível em: https://doi.org/10.20911/21768757v53n1p17/2021. Acesso em: 16 jul. 2021.

ZACHARIAS, Ronaldo. Fundamentalismo ético-moral: *Amoris laetitia*, um "não" radical à pretensão fundamentalista. In: ZACHARIAS, Ronaldo; MILLEN, Maria Inês de C. (Orgs.). *Fundamentalismo*: desafios à ética teológica. Aparecida/São Paulo: Santuário/Sociedade Brasileira de Teologia Moral, 2017, p. 223-269.

4

A alegria do amor em família:

para uma renovada experiência de Igreja

Solange Aparecida Novaes[1]

Introdução

Com o "Ano Família *Amoris laetitia*",[2] toda a Igreja tem a oportunidade de aproximar-se deste importante documento, publicado em 2016, que fez brotar entusiasmos e adesões, mas também perplexidades, resistências e incompreensões.[3] A partir da Exortação Apostólica Pós-Sinodal *Amoris laetitia*, o Papa Francisco abriu novas perspectivas na abordagem de realidades importantes, mas frágeis, que são as relações conjugais dos casais cristãos. O texto coloca-se em continuidade com o ensinamento teológico e espiritual do magistério precedente, por exemplo, com amplo espaço às Catequeses de João Paulo II,

---

[1] Solange Aparecida Novaes é Doutora em Teologia Moral (Accademia Alfonsiana – Roma) e Professora do Centro Universitário Salesiano de São Paulo (*Campus* Pio XI – São Paulo).

[2] No 5º aniversário de publicação da Exortação Apostólica *Amoris laetitia* sobre a beleza e a alegria do amor familiar (19.03.2021), o Papa Francisco inaugurou o Ano "Família *Amoris Laetitia*", que terminará em 26 de junho de 2022, por ocasião do X Encontro Mundial das Famílias, em Roma.

[3] FRANCISCO, Papa. *Amoris laetitia.* Exortação Apostólica Pós-Sinodal sobre o amor na família. São Paulo: Loyola, 2016. Daqui em diante = AL.

mas também à *Gaudium et spes*, do Concílio Vaticano II, à *Humanae vitae,* de Paulo VI, à *Familiaris consortio*, de João Paulo II, e à *Deus caritas est,* de Bento XVI. Para o Cardeal Christoph Schönborn, de Viena, a "*Amoris laetitia* é o grande texto de teologia moral que esperamos desde os dias do Concílio Vaticano II".[4] Apresenta-se como um desenvolvimento orgânico da doutrina eclesial, ininterrupta, mas também nova.

Como os discípulos que, depois de terem trabalhado a noite toda, sem conseguir pescar nada, recebem o convite de Jesus para lançar de novo as redes, a *Amoris laetitia* apresenta-se como um novo convite para "ir mais a fundo", "ir para onde as águas são mais fundas", e "lançar as redes para a pesca" (Lc 5,4).[5] Mas a originalidade do documento papal, como podemos apreender do estilo da *Evangelii gaudium* e da *Laudato si'*, nasce da escuta e do discernimento do Papa, que recolhe as contribuições dos debates dos padres sinodais num diálogo fraterno. Francisco repropõe a importância do processo sinodal e eclesial de reflexão sobre a família: "O caminho da sinodalidade é o caminho que Deus espera da Igreja do Terceiro Milênio".[6]

---

[4] WOODEN, Cindy. 'Amoris Laetitia' at Three Months: Communion Question Still Debated. *National Catholic Reporter* (07.07.2016). Disponível em: https://bit.ly/3w28D0W. Acesso em: 12 jul. 2021.

[5] "Ir mais a fundo" é um convite constante no magistério do Papa Francisco. A Exortação Apostólica *Evangelii gaudium*, sobre o anúncio do Evangelho no mundo atual, apresenta a Igreja em sua "transformação missionária", como "Igreja em saída"; a Carta Encíclica *Fratelli tutti* também é um convite constante à abertura, a "pensar e gerar um mundo aberto".

[6] FRANCISCO, Papa. Discurso proferido por ocasião da Comemoração do Cinquentenário da Instituição do Sínodo dos Bispos (17.10.2015). Disponível em: https://www.vatican.va/content/francesco/pt/speeches/2015/october/documents/papa-francesco_20151017_50-anniversario-sinodo.html. Acesso em: 12 jul. 2021.

A quem pretendia respostas definidas aos desafios complexos encontrados pelas famílias em nosso tempo, o Papa Francisco expressa com muita clareza a complexidade das situações concretas que vivem os cristãos: "é compreensível que não se devia esperar do Sínodo ou desta Exortação uma nova normativa geral de tipo canônico, aplicável a todos os casos", e valoriza o empenho pastoral incentivando "um novo encorajamento a um responsável discernimento pessoal e pastoral dos casos particulares".[7] Essa escolha coloca ao centro a pessoa e a sua responsabilidade na condução da sua vida cristã e a complexidade dos itinerários que fazem os povos na busca da humanização de seus percursos, considerando também a diversidade das diferentes áreas culturais. A maioria do povo de Deus acolheu com alegria e reconhecimento a *Amoris laetitia* e se sente confirmada em sua fé e adesão numa *Ecclesia semper reformanda*.

Não há dúvidas de que se trata de um documento destinado a marcar profundamente a Igreja, porque delineia com clareza um método e uma visão, característicos do estilo do Papa Francisco. A Igreja, como povo que caminha com o povo, está ciente do anúncio que deve transmitir, paciente com o tempo de maturação da imensa variedade das concretas situações humanas. Basta abrirmos os olhos para perceber o fermentar desta humanidade grandiosa e frágil que somos todos nós individualmente, mas também as famílias em suas inúmeras expressões.

A Exortação Apostólica encontra todo o seu significado em Jesus e no seu amor salvador, como narrado nos Evangelhos; não se deixa capturar a favor de uma posição ou outra, mas faz da misericórdia o caminho da verdade. É o amor como cami-

[7] AL 300.

nho a ser percorrido que permite colher os apelos do Espírito e mostra seus sinais na história.[8] Só assim podemos ser fiéis à verdade. Percorrendo esse caminho, com os pés bem no chão, experienciamos como a fé vai se realizando e buscando sempre mais num dinamismo de abertura, atentos aos desafios de hoje, mas, sobretudo, confiantes no amor salvífico de Deus Pai. O objetivo desta reflexão é contribuir com uma leitura das preciosas conquistas alcançadas pela *Amoris laetitia*, como forma de dialogar com incompreensões que surgiram depois da sua publicação e evidenciar toda a riqueza que resulta de um caminho sinodal.

A reflexão se desenvolve em três partes, cada uma oferecendo uma perspectiva complementar. Iniciaremos apresentando algumas incompreensões que, com um olhar mais atento, revelam-se como explicitações do caminho sinodal de uma Igreja em busca da eclesiologia de comunhão, cujo caminho, a exemplo do seu Mestre Jesus, não pode ser outro senão a "misericórdia pastoral". Em seguida, concentraremos a atenção na mudança de paradigma em ato no mundo e na Igreja, o que aponta, sempre mais claramente, a importância do anúncio da boa notícia para uma renovada experiência de Igreja. Na última parte, procuraremos ler as indicações pastorais que evidenciam a proximidade pastoral da Igreja indicada pela *Amoris laetitia* através do olhar às pessoas na singularidade de suas histórias e da acolhida humanizadora e, portanto, evangélica, de cada um de seus filhos.

---

[8] AL 5.

1. Para uns, incompreensões, mas, na realidade, explicitações de um caminho

Uma intuição fundamental – que coloca a *Amoris laetitia* como um marco entre os documentos papais sobre a família – é o fato de não apresentar uma visão idealizada sobre a vida da família. Logo no início, a Exortação deixa bem claro que, às vezes, "apresentamos um ideal teológico do matrimônio demasiado abstrato, construído quase artificialmente, distante da situação concreta e das possibilidades efetivas das famílias tais como são. Esta excessiva idealização, sobretudo quando não despertamos a confiança na graça, não fez com que o matrimônio fosse mais desejável e atraente, muito pelo contrário".[9]

Essa convicção aponta a beleza do ideal apresentado pela Igreja sobre o matrimônio e a família, a sua importância para o mundo de hoje e para o futuro da humanidade. "Todo o amor que Deus tem em si, toda a beleza que Deus tem em si, toda a verdade que Deus tem em si mesmo, entrega-a para a família. E uma família é verdadeiramente família quando ela é capaz de abrir os braços e receber todo esse amor... A família tem uma carta de cidadania divina... A carta de cidadania que a família tem foi Deus que lhe deu para que no seu seio crescessem cada vez mais a verdade, o amor e a beleza".[10]

Apesar de a grande maioria das pessoas, dentro e fora da Igreja, ter aguardado e a acolhido com entusiasmo, no período

[9] AL 36.

[10] FRANCISCO, Papa. Vigília de oração com as famílias. Viagem apostólica do Papa Francisco a Cuba, aos Estados Unidos da América e visita à sede da Organização das Nações Unidas (Filadélfia, 26.09.2015). Disponível em: https://www.vatican.va/content/francesco/pt/speeches/2015/september/documents/papa-francesco_20150926_usa-festa-famiglie.html. Acesso em: 12 jul. 2021.

imediatamente sucessivo à publicação da *Amoris laetitia*, foram diversas as reações *intra* e *extra* eclesiais que puseram o magistério do Papa Francisco – quanto aos temas do matrimônio e da família – em contraposição ao dos seus predecessores.

Foram muitas as incompreensões: algumas delas, em parte esclarecidas; outras tomaram rumos ainda mais ambíguos; outras permanecem ainda em aberto. Não faltaram acusações de subjetivismo e relativismo moral presentes na Exortação, de incentivo à lógica do caso por caso, derivante da ética da situação.[11] Muitas incompreensões e duras críticas foram feitas, também, a partir de extrapolações de expressões fora do contexto da *Amoris laetitia*.

Um posicionamento muito crítico partiu de um grupo de cardeais na forma de *dúbia*,[12] mas também de pessoas que se colocam em posição de rejeição ao Capítulo VIII, em especial ao número 305, que explicita os condicionamentos que podem atenuar uma situação objetiva de pecado e, sobretudo, à nota 41/351, que fala da "ajuda dos sacramentos" em certos casos.

Muitos dos que se opõem às afirmações da *Amoris laetitia* pretendem afirmar que a *traditio ecclesiae* teria sido depreciada e, assim, justificam os muros em defesa da ortodoxia. Com isso, esquecem-se de que a tradição não é um *corpus* doutrinal rígido e inflexível, mas inserido no mundo atual, tanto nos seus desafios quanto nas suas oportunidades. Trata-se de uma

[11] EGUIGUREMS, Karla M. F. Recezione e prime attuazioni: un panorama globale poliedrico. In: DEL MISSIER, Giovanni; FIDALGO, Antonio G. *Amoris laetitia. Il Vangelo dell'amore:* un cammino da intraprendere. Padova: Edizioni Messaggero Padova, 2018, p. 31 (tradução nossa).

[12] Em 19 de setembro de 2016, quatro cardeais enviaram uma carta ao Papa Francisco a respeito de algumas passagens consideradas por eles ambíguas da Exortação Apostólica *Amoris laetitia*, em especial aquelas relativas à questão dos divorciados recasados e do seu acesso aos sacramentos.

tradição atenta ao evoluir das situações e capaz de responder adequadamente aos novos desafios que, constantemente, vão surgindo, tais como a necessidade de diálogo, confronto com a complexidade, conciliação de perspectivas e óticas diferentes, atenção aos elementos que sugerem a atualização da verdade da fé e da moral; uma tradição que busca a reconstrução de unilateralidades.

Afirma o Papa Francisco no Discurso do V Congresso da Igreja Italiana: "A doutrina cristã não é um sistema fechado incapaz de gerar perguntas, dúvidas, interrogações, mas é viva, sabe inquietar, animar. Tem uma face não rígida, um corpo que se move e se desenvolve, tem a carne macia: a doutrina cristã chama-se Jesus Cristo".[13] Chama a atenção a expressão "carne macia" – condizente com o estilo pedagógico do Papa – para dizer que é viva, não está imóvel, atravessa a vida humana e seus dramas, é sensível.

Em 2016, no México, Francisco reafirmou uma constatação: as famílias estão "sob ataque".[14] Porque o indivíduo isolado se torna mais vulnerável aos condicionamentos, a família é uma base de proteção. Mas, ao mesmo tempo, ela não pode fechar-se na defensiva. O Capítulo II da Exortação, voltado para "a realidade e os desafios das famílias", responde a diversas críticas e expectativas colocadas à *Amoris laetitia*. É delineada uma leitura que não culpa o mundo pela crise da família, mas

[13] FRANCISCO, Papa. Discurso proferido no Encontro com os participantes do V Congresso da Igreja Italiana (10.11.2015). Disponível em: https://www.vatican.va/content/francesco/pt/speeches/2015/november/documents/papa-francesco_20151110_firenze-convegno-chiesa-italiana.html. Acesso em: 12 jul. 2021.

[14] ANSA BRASIL. Papa Francisco afirma que famílias estão 'sob ataque' (10.07.2021). Disponível em: https://ansabrasil.com.br/brasil/noticias/vaticano/noticias/2016/02/16/Papa-Francisco-afirma-familias-estao-sob-ataque-_8926368.html. Acesso em: 12 jul. 2021.

aproveita a ocasião para recuperar um valor, geralmente mal compreendido: "muitas vezes agimos na defensiva e gastamos as energias pastorais multiplicando os ataques ao mundo decadente, com pouca capacidade de propor e indicar caminhos de felicidade".[15]

Para a Exortação Apostólica, a família é uma herança e uma tarefa; como ama dizer o Papa Francisco, "uma tarefa 'artesanal'".[16] A família é como "um interpelante mosaico formado por muitas realidades diferentes, cheias de alegrias, dramas e sonhos".[17] É o lugar onde as relações entre as pessoas se exercitam e amadurecem. "O casal que ama e gera a vida é a verdadeira 'escultura' viva [...] capaz de manifestar Deus criador e salvador. [...] De fato, a capacidade que o casal humano tem de gerar é o caminho por onde se desenrola a história da salvação".[18]

Para essa família que é herança e tarefa, a *Amoris laetitia* é um referencial a ser lido e interpretado dentro do caminho eclesial. O próprio Pontífice explicita dois importantes critérios para a sua correta compreensão: antes de tudo, deve-se evitar uma leitura geral e apressada do texto e empenhar-se num aprofundamento paciente;[19] depois, levar em consideração um importante princípio já enunciado na *Evangelii gaudium*, "o tempo é superior ao espaço",[20] porque "indica que é necessário

[15] AL 38.

[16] AL 16.

[17] AL 57.

[18] AL 11.

[19] AL 7.

[20] FRANCISCO, Papa. *Evangelii gaudium*. Exortação Apostólica sobre o anúncio do Evangelho no mundo atual. São Paulo: Paulus/Loyola, 2013, n. 222-225. Princípio retomado na AL 3; 261.

tempo para encontrar as modalidades melhores de estudo e de realização das orientações presentes na Exortação. A leitura da *Amoris laetitia* não pode ser redutiva, concentrada em questões de observância ou não das leis, já que o objetivo do documento não é mudar a normativa vigente, mas encorajar a um responsável discernimento pessoal e pastoral dos casos particulares (AL 300)".[21] A realidade atual, com a sua complexidade, é o lugar onde as famílias estão inseridas, e é para essa realidade que a *Amoris laetitia* lança o olhar, não para uma "família ideal", que, por sinal, não existe.

Para muitos críticos da *Amoris laetitia*, a atenção ficou polarizada no Capítulo VIII, sobre os casais e/ou as famílias marcados por "situações de fragilidade ou imperfeição".[22] É o caso daqueles "fiéis que simplesmente convivem, ou que só contraíram o casamento civil, ou então são divorciados recasados".[23] Nessa questão pastoral tão presente hoje, o "Papa Francisco moveu-se entre as duas rochas do imobilismo e da intransigência, de quem não admitia nenhuma inovação; e do transformismo e do permissivismo, de quem pretendia mudar tudo. Na *Amoris laetitia,* o Papa evidenciou uma e outra rocha, assumindo como articulação e critério o paradigma da misericórdia, que é 'o coração pulsante do Evangelho' e 'a arquitrave que sustenta a vida da Igreja'".[24]

[21] EGUIGUREMS. Recezione e prime attuazioni: un panorama globale poliedrico, p. 32 (tradução nossa).

[22] AL 296.

[23] AL 78.

[24] COZZOLI, Mario. Dall'*Humanae vitae* all'*Amoris laetitia*. Parte seconda. Questioni etiche e pastorali. *Studia moralia*, Roma: Editiones Academiae Alfonsianae, 56/1 (2018): 12 (tradução nossa).

Um outro importante critério e elemento imprescindível para uma correta leitura da *Amoris laetitia* é "a lógica da misericórdia pastoral".[25] A origem da misericórdia é a incompreensível misericórdia do Pai como retratada nos ensinamentos de Jesus: "ninguém pode ser condenado para sempre, porque esta não é a lógica do Evangelho".[26] Agir com misericórdia para reconstruir relações cotidianas: "saber perdoar e sentir-se perdoado é uma experiência fundamental na vida familiar".[27] Apoiando-se na *Familiaris consortio*, Francisco afirma que "a comunhão familiar só pode ser conservada e aperfeiçoada com grande espírito de sacrifício. Exige, de fato, de todos e de cada um, pronta e generosa disponibilidade à compreensão, à tolerância, ao perdão, à reconciliação".[28] Francisco nunca questionou princípios e fundamentos, porque não são outros senão aqueles apresentados pela Sagrada Escritura, especialmente a vida e os ensinamentos de Jesus. Os princípios e os fundamentos devem ser aplicados a cada caso e situação individual por meio do discernimento moral.

2. Mudança de paradigma para uma experiência renovada de Igreja

As incompreensões reveladas logo depois da publicação da Exortação Apostólica – e aquelas que ainda perduram – podem se revelar como impulso para um mergulho mais profundo e uma renovada leitura da boa notícia evangélica sobre o matri-

[25] AL 307-312.

[26] AL 297.

[27] AL 236.

[28] AL 106. Francisco cita, aqui, a *Familiaris consortio*, n. 21.

mônio e a família na atual experiência eclesial. Uma primeira pergunta a ser feita é se a Exortação introduziu alguma mudança substancial na doutrina do sacramento do matrimônio. O Cardeal Walter Kasper, profundo conhecedor da Exortação, assim como da doutrina católica do sacramento do matrimônio, ao tentar um debate amigável com todos aqueles que têm opiniões divergentes, afirma que a "*Amoris laetitia* não está propondo uma nova doutrina, senão que corresponde perfeitamente à renovação criativa da tradição fundamentada no Evangelho, bem como à visão apurada do Concílio Vaticano II e dos dois pontificados precedentes em relação ao matrimônio e à família; ao mesmo tempo que lhes dá um prosseguimento cuidadoso".[29]

Como resultado de um consenso sinodal que aconteceu progressivamente na Igreja, a *Amoris laetitia* é a forma concreta da leitura da Palavra de Deus para o matrimônio e a família hoje. Caminho, história de amor e outras imagens de dinamismo[30] são usadas pelo Papa para falar da família e de seu processo jamais acabado[31] e sempre chamado a renovar-se,[32] permanecendo íntegra nos seus princípios e fundamentos.

Assim sendo, "a posição de *Amoris laetitia* só pode ser entendida quando se apreende que ela se afasta de uma antropologia abstrata para adotar uma antropologia concreta que não se baseia no ser humano em geral, e sim nos seres humanos em sua situação concreta externa e interna, respeitando a sua

---

[29] KASPER, Walter. *A mensagem de Amoris laetitia*. Um debate amigável. São Paulo: Loyola, 2018, p. 8.

[30] AL 9; 18; 163; 133; 221; 136.

[31] AL 211; 218; 232.

[32] AL 164.

dignidade singular".[33] A *Amoris laetitia* – se lida a partir de outra perspectiva –, representa uma evolução, principalmente naquelas passagens sobre o acompanhamento das pessoas em situações de fragilidade ou 'irregulares'. Com essa mudança de perspectiva e de paradigma,[34] ao invés da justiça abstrata aplicada sem distinção, o critério passa a ser o agir misericordioso, único que pode considerar o ser humano na sua singularidade e na situação específica em que vive. No dizer do Cardeal Kasper, "uma troca dos paradigmas, quando entendida corretamente, não muda nada nas leis existentes; antes, coloca as leis num horizonte novo e mais amplo, o que significa, em nosso caso, no horizonte bíblico e tomista, aplicando as leis misericordiosamente dentro do horizonte da mensagem bíblica de tal modo que correspondam à situação concreta da vida e ao caminho concreto do ser humano concreto, aconselhando-o e ajudando-o nos próximos passos da caminhada".[35]

Renovação, e não inovação da teologia moral. Essa mudança de paradigma teológico desafia a olhar atentamente para a realidade concreta da vida de cada família, repleta de percalços e mudanças. Na busca da origem das tensões ou incompreensões em torno da *Amoris laetitia*, pode ser que esteja a dificuldade de compreensão da mudança de paradigma. O pontificado de Francisco – desde a sua primeira aparição na sacada central da Basílica Vaticana – tem deixado muito claro o paradigma proposto e atuado por ele com sabedoria e paciência: "Bispo

---

[33] KASPER. *A mensagem de Amoris laetitia*, p. 65.

[34] O termo "mudança de paradigma" ficou conhecido em língua inglesa nos anos 60 graças ao físico e filósofo Thomas Kuhn, significando "uma mudança fundamental nos conceitos e práticas subjacentes a um determinado ramo da ciência". O paradigma seria como uma lente através da qual se enxerga o mundo.

[35] KASPER. *A mensagem de Amoris laetitia*, p. 66.

e povo... este caminho da Igreja... para que haja uma grande fraternidade".[36] Como afirmou o Secretário de Estado do Vaticano, Cardeal Pietro Parolin, "provavelmente, as dificuldades que vieram [com o documento] e que ainda existem na Igreja, para além de certos aspectos do conteúdo, devem-se justamente a esta mudança de atitude que o Papa está nos pedindo".[37]

Qual seria essa mudança desejada pelo Papa com a *Amoris laetitia*? Começamos afirmando que "grande parte das controvérsias girou em torno de uma abertura cautelosa que permite que pessoas que se divorciaram ou se casaram novamente no civil participem da Comunhão em determinadas circunstâncias. Alguns analistas têm sugerido que o movimento é parte de uma 'conversão pastoral' mais ampla, que acentua uma abordagem pastoral em situações concretas em detrimento de um quadro mais doutrinário ou legal".[38]

Parece que o Papa está nos pedindo uma mudança de atitude, um agir cristão rico em sensibilidade pela história de vida do outro, de compreensão das feridas e de sua narrativa existencial. Seu olhar nunca é condenatório; ao invés de distinguir os cristãos entre fiéis e infiéis, ele prefere recordar que todos somos chamados à conversão e devemos sempre nos examinar. É assim que o discernimento abre uma nova perspectiva para a Igreja. "O *ethos* subjacente em toda a *Amoris laetitia*

[36] FRANCISCO, Papa. Primeira saudação (13.03.2013). Disponível em: https://www.vatican.va/content/francesco/pt/speeches/2013/march/documents/papa-francesco_20130313_benedizione-urbi-et-orbi.html. Acesso em: 12 jul. 2021.

[37] VATICAN NEWS. Card. Parolin: il 2018 di Francesco all'insegna di giovani e famiglia (2018). Disponível em: https://www.vaticannews.va/it/vaticano/news/2018-01/card--parolin--il-2018-di-francesco-allinsegna-di-giovani-e-fami.html. Acesso em: 12 jul. 2021 (tradução nossa).

[38] VATICAN NEWS. Card. Parolin: il 2018 di Francesco all'insegna di giovani e famiglia.

é uma ética de discernimento",[39] um discernimento dos casos concretos. Acolhendo a proposta sinodal, Francisco propõe um "itinerário de acompanhamento e discernimento que 'orienta estes fiéis para a tomada de consciência da sua situação perante Deus. O diálogo com o sacerdote, no foro interno, concorre para a formação de um juízo reto sobre aquilo que impede a possibilidade de uma participação mais plena na vida da Igreja e sobre os passos que podem favorecê-la e levá-la a crescer'".[40]

Discernir é ser capaz de avaliar a condição humana na sua unicidade. A palavra "discernimento" tem uma presença muito significativa (30 vezes) na Exortação Apostólica. Destaco apenas uma das afirmações do Papa a respeito: "É mesquinho deter-se a considerar apenas se o agir de uma pessoa corresponde ou não a uma lei ou norma geral, porque isto não basta para discernir e assegurar uma plena fidelidade a Deus na existência concreta de um ser humano".[41] É necessário colocar-se na perspectiva do sentido que as indicações eclesiais têm para o caminho pessoal, e não reduzi-las a meras normas a serem obedecidas. Além do mais, a consciência pessoal e de casal tem uma dignidade inviolável, nunca deve ser deixada de lado ou substituída. Torna-se óbvio que muitas incompreensões desse importante documento magisterial nascem exatamente da incapacidade de compreender o que seja o discernimento e vivê-lo. E esse é um desafio fundamental para a teologia moral e para a pastoral.

---

[39] MIFSUD, Tony. *Amoris laetitia*: un *ethos* pastoral. *Perspectiva Teológica*, Belo Horizonte, 53/1 (2021): 94 (tradução nossa).

[40] AL 300. Francisco cita, aqui, a *Relatio Finalis* 2015, n. 85.

[41] AL 304.

No Capítulo VIII da *Amoris laetitia*, o Papa aprofunda as exigências e características do caminho de acompanhamento e discernimento no diálogo entre fiéis e pastores. Retoma e estimula a reflexão sobre os "fatores atenuantes" no discernimento pastoral com relação à responsabilidade das ações e, respaldando-se em Tomás de Aquino, detém-se na relação entre as normas e o discernimento afirmando: "É verdade que as normas gerais apresentam um bem que nunca se deve ignorar nem transcurar, mas, na sua formulação, não podem abarcar absolutamente todas as situações particulares. Ao mesmo tempo é preciso afirmar que, precisamente por esta razão, o que faz parte de um discernimento prático de uma situação particular não pode ser elevado à categoria de norma".[42]

Assim dizendo, o Papa se refere a uma "casuística insuportável" ao descrever a atitude de todos os que consideram a norma como única referência para o comportamento, sem levar em consideração a consciência e a história concreta da pessoa. Essa casuística valeria igualmente para a confissão, a comunhão das pessoas em segunda união e outras situações de maiores desafios e fragilidades. Mas é inequivocadamente colocada ao centro a consciência bem formada para a tomada de decisão moral. A *Amoris laetitia* chama a atenção para esse aspecto de acordo com séculos de tradição católica.

O ponto mais questionado a esse respeito é quando – dando ênfase ao discernimento em referência aos que se casaram novamente sem anular o casamento anterior – Francisco afirma: "a consciência das pessoas deve ser melhor incorporada na práxis da Igreja em algumas situações que não realizam objetiva-

[42] AL 304.

mente a nossa concepção de matrimônio",[43] pois "não se pode mais simplesmente dizer que todos aqueles em qualquer situação 'irregular' estão vivendo em um estado de pecado mortal e estão privados da graça santificadora".[44]

O Papa Francisco não perdeu a oportunidade de comentar a beleza do matrimônio e encorajar os católicos a viverem de acordo com os ideais de Igreja para o casamento, sem deixar de olhar atentamente para aqueles que vivem em relacionamentos considerados 'irregulares': casais que se divorciaram e se casaram novamente no civil sem ter o primeiro casamento declarado nulo, casais de gays e lésbicas e casais não casados que coabitam. "A Igreja possui uma sólida reflexão sobre os condicionamentos e as circunstâncias atenuantes. Por isso, já não é possível dizer que todos os que estão numa situação chamada 'irregular' vivem em estado de pecado mortal, privados da graça santificante".[45] O Papa instrui os pastores a ajudar os casais a examinar e discernir em consciência a resposta a ser dada a Deus.

A famosa e polêmica nota 351 (ou 41), do Capítulo VIII da Exortação, por exemplo, diz que os divorciados em segunda união podem, em certas circunstâncias, receber também "a ajuda dos sacramentos".[46] Mas, quando se isola uma afirmação, colocando-a em outro contexto, corre-se o risco das mais equivocadas conclusões. De fato, a afirmação da *Amoris lae-*

[43] AL 303.

[44] AL 301.

[45] AL 301.

[46] Anteriormente, os católicos divorciados e recasados civilmente que não receberam a nulidade do matrimônio eram considerados "em pecado grave manifesto" e eram impedidos de receber a comunhão.

titia fundamenta-se na doutrina da tradição eclesial,[47] assim como no ensinamento dos Pontífices precedentes,[48] de que, em determinados casos, ou seja, quando não existe nenhuma culpabilidade subjetiva grave, os sacramentos podem ser uma ajuda. Segundo Kasper, quem critica a *Amoris laetitia* erra por "objetivismo moral unilateral que subestima o significado da consciência pessoal no ato moral".[49] Tal reflexão é muito importante, porque enfatiza a importância da consciência; é uma aplicação responsável de um mandamento objetivo numa determinada situação concreta.

A *Amoris laetitia*, do início ao fim, é um convite para acolher a vida no seu dinamismo de "sempre mais" ou de "ir além", pois a vida não pode ser encaixada numa moldura, visto que sua natureza é de expandir-se, lançar raízes e florescer. Os filhos, que "não são uma propriedade da família",[50] são uma imagem de que a vida, no seio da família, é desejada, acolhida, protegida, estimulada a crescer e expandir-se. A Exortação constantemente tem presente que a família é a realidade mais dinâmica que existe, porque seus membros estão sempre em movimento: assim como o matrimônio, a família também pode ser considerada como "um caminho dinâmico de crescimento e realização".[51] A família é o berço e, portanto, o futuro da humanidade. Como lugar no qual a pessoa nasce, a família é a condição de possibilidade da novidade que cada uma traz dentro de si.

---

[47] Especialmente Tomás de Aquino (AL 304).

[48] Lembramos aqui a *Familiaris consortio,* do Papa João Paulo II.

[49] DALL'OSTO, Antonio. A *Amoris laetitia* segundo Walter Kasper. *Revista IHU On--Line* (14.12.2017). Disponível em: http://www.ihu.unisinos.br/574609-a-amoris--laetitia-segundo-walter-kasper. Acesso em: 12 jul. 2021.

[50] AL 18.

[51] AL 37.

A vida concreta, na sua tangibilidade, é valorizada pela Exortação, pois nela acontece a história da salvação que Deus realiza com seus filhos e filhas. "Nas famílias feridas, por exemplo, não existem somente direitos e deveres dos cônjuges, as suas necessidades e desejos, mas também o bem dos filhos. Existem as relações entre irmãos [...], preciosas, mas também delicadas e, entretanto, estágio de um movimento maior".[52] Para o Papa, "o estilo da fraternidade irradia-se como uma promessa sobre a sociedade inteira".[53] Com o Sínodo, que é um caminho aberto, Francisco convidou a Igreja a uma renovada conversão que, partindo da vida concreta, imprima o dinamismo da fé em Deus, Pai misericordioso.[54]

Na visão dinâmica da existência, o pensar é incompleto e dialogal e, por isso, aberto ao que pensa o outro e ao que pensamos nós; isso torna possível "caminhar juntos", característica essencial do sínodo (*syn-odòs*). O resultado é "uma Igreja que não se detém no pecado, mas que faz do desejo partilhado de salvação a própria bússola. [...] Uma Igreja, portanto, que se entende como caminho de povo (palavra que contém a ideia de movimento e de encontro, porque reproduz uma raiz que significa congregar, reunir), capaz de abaixar-se sobre quem é frágil e de acompanhar quem é mais lento, ou caiu. Que não vê só a presença da falta, mas a plenitude à qual pode aspirar, o caminho que pode percorrer um coração que deseja. Que aprende a amar o seu povo com a Misericórdia do Pai: não 'em nome da

[52] GIACCARDI, Chiara; MAGATI, Mauro. *Introduzione*. In: FRANCISCO, Papa. *Amoris laetitia*. Esortazione Apostolica Postsinodale sull'amore nella famiglia. Cinisello Balsamo: San Paolo, 2016, p. 12 (tradução nossa).

[53] AL 194.

[54] Convite já feito com a *Evangelii gaudium*, que aponta uma Igreja em "saída missionária".

Lei', mas daquele que abre os braços, num dinamismo em que a salvação do filho é o único verdadeiro bem".[55]

Com esse olhar, o Papa analisa as situações chamadas "irregulares", do Capítulo VIII. Não existem soluções ideais;[56] é preciso distinguir com cuidado cada uma delas para colher toda a sua complexidade.[57] Ao invés de responder com discussões casuísticas, o Papa fala de discernimento espiritual, que tem seu fundamento na Sagrada Escritura.

Essa Igreja mais inclusiva tem no coração o desejo de que ninguém se perca, porque cada pessoa é única e irrepetível. Esse caminho de inclusão requer o esforço de aceitação da diversidade, do diálogo com quem pensa diferente, do favorecimento da participação de quem tem capacidades diferentes, enfim, da certeza de que a maturação de cada pessoa, inclusive da fé, demanda a paciência da gradualidade.

O último parágrafo da Exortação expressa esse dinamismo de "sempre mais" quando fala do matrimônio e da família como caminho – por nada cômodo – de santificação, impulsionado pelo Espírito para ultrapassar limites e acolher sempre mais o Deus Trino: "Todos somos chamados a manter viva a tensão para algo mais além de nós mesmos e dos nossos limites, e cada família deve viver neste estímulo constante. Avancemos, famílias; continuemos a caminhar! O que nos é prometido é sempre mais. Não percamos a esperança por causa dos nossos

---

[55] GIACCARDI, Chiara; MAGATI, Mauro. *Introduzione*. In: Esortazione Apostolica Postsinodale AMORIS LAETITIA del Santo Padre FRANCESCO ao vescovi, ai presbiteri e ao diaconi, alle persone consacrte, agli sposi cristiani e atutti i fedeli laici sull'aore nella famiglia. Cinisello Balsamo: Edizioni San Paolo, 2016, p. 17-18 (tradução nossa).

[56] AL 298.

[57] Por exemplo, há uma grande diferença entre ter cometido adultério ativa e conscientemente ou ter sido abandonado pelo cônjuge (AL 296).

limites, mas também não renunciemos à procura da plenitude de amor e comunhão que nos foi prometida".[58]

A realidade é dinâmica e "o casal é sempre um 'projeto' de casal",[59] uma construção, um fazer-se. Muitos elementos podem colaborar ou não, em cada etapa da vida, para o seu amadurecimento. Nesse caminhar, o casal assume a gradualidade na vivência dos ideais cristãos, consciente de que as quedas não significam fechamento à vida cristã, mas fazem parte de um processo. À medida que o amor cresce e a comunhão entre o casal é maior, a vida matrimonial e a sacramentalidade vão se realizando.

3. Olhar as pessoas na singularidade de suas histórias

No pontificado de Francisco, tem grande relevância a insistência feita aos pastores e a todos os agentes pastorais para que olhem a pessoa na sua singularidade, na sua própria história e no seu contexto de vida. O Papa não se cansa de insistir que a ação pastoral deve ser atenta à vida concreta das pessoas, aos seus dilemas e às suas feridas: "é necessário prestar atenção ao modo como as pessoas vivem e sofrem por causa da sua condição".[60] O olhar é porta de ingresso para a relação com a outra pessoa.

O objetivo primordial desse magistério é acolher, escutar a narração de vida de cada um, acompanhando e ajudando a discernir, de modo que cada pessoa seja agente consciente e

[58] AL 325.

[59] BENNÀSSAR, Bartolomeu. *Ética civil* e *Moral cristã em diálogo*. São Paulo: Paulinas, 2002, p. 506.

[60] AL 79.

ativo, chegando a uma decisão livre e responsável de seu processo e da sua condição atual: "A abordagem dessas pessoas não pode ser de tipo moralista, mas deve visar desenvolver uma compreensão gradual dos valores em questão, através de uma ação educativa sábia que, à luz do Evangelho, visa fazer com que as pessoas entendam a riqueza do matrimônio sacramental, mas também sua beleza. Esse processo diz respeito a toda a vida moral, que deve ser fundada, como sugere o Papa, numa consciência prudencial, capaz de fazer um discernimento prático sobre o possível bem que pode ser alcançado numa determinada situação. Francisco argumenta que devemos promover uma liberdade responsável, para que eles possam escolher com bom senso e inteligência".[61]

Prestar atenção às situações concretas de vida das pessoas requer que saibamos dirigir-lhes um olhar como o de Jesus, que "olhou para as mulheres e os homens que encontrou com amor e ternura, acompanhando os seus passos com verdade, paciência e misericórdia, ao anunciar as exigências do Reino de Deus".[62] Várias passagens do Evangelho apresentam o olhar particular de Jesus sobre aqueles que encontrou, um olhar que penetrava os corações com delicadeza, respeito, misericórdia, consolação, encorajamento, iluminação... também no que diz respeito ao casamento ou à condição familiar de tais pessoas.

Matteo Zuppi, Arcebispo de Bologna, falando da necessidade de acompanhar as pessoas homossexuais, por exemplo, afirma que, "quando, em nossas comunidades, realmente começarmos a olhar as pessoas como Deus as olha, então também as

[61] CIPRESSA, Salvatore (A cura di). *La teologia morale dopo l'Amoris laetitia*. Assisi: Cittadella Editrice, p. 110 (tradução nossa).

[62] AL 60. Francisco cita, aqui, a *Relatio Synodi* 2014, n. 12.

pessoas homossexuais – e todas as outras – começarão a se sentir naturalmente parte da comunidade eclesial em caminho".[63] O olhar de Deus para cada pessoa humana é capaz de amá-la por aquilo que ela é, esperar pacientemente o seu tempo de amadurecimento. Quando perguntado sobre ter uma pastoral específica para as pessoas homossexuais, o Arcebispo responde: "não há necessidade de uma pastoral específica. É necessário um olhar específico para as pessoas; para cada pessoa, antes das categorias. Devemos tomar cuidado para não definir as pessoas a partir de uma sua característica – por mais profundamente ligada à sua identidade –, mas devemos olhar para a pessoa como tal; e, como cristãos, devemos olhá-la como filha de Deus, com pleno direito de receber, sentir e viver o amor de Deus como qualquer outro filho de Deus".

Assim, a condição homossexual, como uma realidade humana e um desafio com o qual as comunidades cristãs se deparam, pode servir-se do discernimento sapiente e iluminado, sugerido pelo Papa na Exortação Apostólica.[64] Como afirma José A. Pagola, "na Igreja temos de aprender a olhar as pessoas [em qualquer situação de fragilidade] como olhava Jesus: captando o sofrimento, a solidão, o desconcerto ou o abandono que sofrem muitos. A compaixão não brota da atenção às normas ou à recordação das nossas obrigações. Desperta-se em nós quando olhamos atentamente os que sofrem".[65] Olhar atentamente significa

---

[63] MOIA, Luciano. *Prefazione – Intervista al Cardinale Matteo M. Zuppi.* Omosessuali: non relativizzare la legge, ma renderla relativa alla persona. In: MOIA, Luciano. *Chiesa e omossessualità.* Un'inchiesta alla luce del magistero di Papa Francesco. Cinisello Balsamo: San Paolo, 2020, p. 10.

[64] AL 250.

[65] PAGOLA, José Antonio. *O olhar de Jesus.* In: *Revista IHU On-Line* (20.07.2018). Disponível em: http://www.ihu.unisinos.br/42-noticias/comentario-do-evangelho/581031-o-olhar-de-jesus-2. Acesso em: 12 jul. 2021.

olhar as circunstâncias em que as pessoas se encontram antes de analisar suas escolhas e comportamentos. Vale lembrar que a teologia moral ensina que os critérios de avaliação (as fontes da moralidade) de um ato são a bondade ou a malícia objetiva expressa pela lei (*finis operis*), as situações ou condições de vida das pessoas (*circumstantiae*) e a intenção do sujeito agente (*finis operantis*). A *Amoris laetitia* convida a alargar o olhar, para que se torne transversal, para que abrace a todos, de modo a incluir os cônjuges, os filhos, os jovens, os idosos e as situações de fragilidade familiar, não deixando ninguém de lado.

O amor do Pai por Jesus é um amor sem medida, e, da mesma forma, Jesus ama cada pessoa de forma particular e original, não de forma generalizada, mas pessoal e sem limites, acima de qualquer fronteira estabelecida. Jesus convida os discípulos a ampliar seu olhar para além do que está próximo: "Tenho também outras ovelhas que não são deste curral. Também a elas eu devo conduzir; elas ouvirão a minha voz, e haverá um só rebanho e um só pastor" (Jo 10,16). É difícil avaliar o que está mudando na Igreja e na pastoral familiar depois da *Amoris laetitia.* Por outro lado, a acolhida humanizadora e, portanto, evangélica, assim como o diálogo com quem pensa de modo diferente, é característica fundamental do ensinamento de Francisco. Até mesmo as vozes de dissenso são para ele oportunidade para dialogar sobre os fundamentos e estimular a prática pastoral.

Desde a publicação da *Amoris laetitia*, iniciou-se, nas comunidades eclesiais, um importante dinamismo na busca de aprofundamento do seu conteúdo. Muitas Conferências Episcopais promoveram iniciativas[66] dando corpo ao convite expresso na

[66] EGUIGUREMS. Recezione e prime attuazioni: un panorama globale poliedrico, p. 33-35 (tradução nossa).

Exortação: "em cada país ou região, é possível buscar soluções mais inculturadas, atentas às tradições e aos desafios locais".[67]

Dentre as diversas soluções inculturadas encontradas pelas Conferências Episcopais no mundo inteiro, como propostas pastorais em linha com a Encíclica, citamos a interpretação que os Bispos de Buenos Aires fazem do Capítulo VIII da *Amoris laetitia*, considerada pelo próprio Pontífice como "interpretação autêntica".[68] Nela, ocupam significativo espaço o discernimento moral e o bem possível. Escrevem os Bispos: "Quando as circunstâncias concretas do casal o tornam possível, especialmente quando ambos são cristãos com um caminho de fé, pode-se propor um compromisso para viver na continência".[69] Mas como a *Amoris laetitia* não ignora as dificuldades dessa escolha, conforme bem explicitado na nota 329 (ou 19), permanece sempre aberto o acesso ao sacramento da reconciliação.

Outro esclarecimento importante é reportado no 6º critério básico para a aplicação do Capítulo VIII da *Amoris laetitia* apresentado pelos Bispos da Região de Buenos Aires: "Em outras circunstâncias mais complexas, e quando não foi possível obter a declaração de nulidade, a opção que acabamos de referir pode, de fato, não ser viável. No entanto, um caminho de discernimento é igualmente possível. Se vier a ser reconhecido que, em determinado caso, existem limites pessoais que mitigam

[67] AL 3.

[68] LEONARDI, Mauro. Papa Francesco – Ai vescovi di Buenos Aires: la vostra interpretazione di Amoris Laetitia è eccellente ed è l'unica possibile. Disponível em: https://mauroleonardi.it/2016/09/09/il-papa-avvalla-come-lunica-possibile-linterpretazione-che-i-vescovi-argentini-danno-di-amoris-laetitia/. Acesso em: 12 jul. 2021 (tradução nossa). O site apresenta, também, a resposta do Papa em apoio aos critérios de aplicação do Capítulo VIII da *Amoris laetitia*.

[69] LEONARDI. Papa Francesco – Ai vescovi di Buenos Aires, 5° critério básico para a aplicação do Capítulo VIII da *Amoris laetitia*.

a responsabilidade e a culpa [cf. AL 301-302], especialmente quando uma pessoa considera que cairia em novas deficiências prejudicando os filhos da nova união, *Amoris laetitia* abre a possibilidade de acesso aos sacramentos da Reconciliação e da Eucaristia [cf. notas 336 e 351]. Estes, por sua vez, irão dispor a pessoa para continuar o processo de amadurecimento e crescer com a força da graça".[70]

Não menos importante é o artigo 9º, no qual afirmam os Bispos da Região de Buenos Aires: "Pode ser apropriado realizar em modo reservado o acesso aos sacramentos, especialmente quando há situações de conflito, mas ao mesmo tempo não se deve deixar de acompanhar a comunidade para que ela cresça no espírito de compreensão e aceitação, sem que isso implique criar confusão no ensinamento da Igreja sobre a indissolubilidade do matrimônio".[71]

Considerações finais

A Exortação Apostólica *Amoris laetitia* coloca-se no cenário da *Evangelii gaudium*. Esta última, em continuidade com os ensinamentos pontifícios anteriores, convoca a Igreja a pôr-se em constante atitude de "saída missionária", para ir ao encontro do povo e da família, e a *Amoris laetitia*, com sua finalidade pastoral, pede uma superação da interpretação puramente objetiva ou dedutiva das situações concretas relacionadas ao amor em família, mas sem cair no subjetivismo ou indutivismo.

[70] LEONARDI. Papa Francesco – Ai vescovi di Buenos Aires, 6° critério básico para a aplicação do Capítulo VIII da *Amoris laetitia*.

[71] LEONARDI. Papa Francesco – Ai vescovi di Buenos Aires, 9° critério básico para a aplicação do Capítulo VIII da *Amoris laetitia*.

Com a humildade do seu realismo, a *Amoris laetitia* pertence à tradição de uma Igreja misericordiosa: "Nenhuma família é uma realidade perfeita e confeccionada de uma vez para sempre, mas requer um progressivo amadurecimento da sua capacidade de amar".[72] Faz parte desse amadurecimento um diálogo honesto, capaz de reconhecer os valores e superar as barreiras que dificultam admitir a gradualidade tanto na compreensão quanto na vivência da verdade da família.

No matrimônio e na família, a prioridade é o amor cotidiano, real e concreto – conteúdo do Capítulo IV da Exortação –, e a rigidez das interpretações pode se transformar numa camisa de força para o amadurecimento da consciência moral. Sendo assim, a *Amoris laetitia* oportuniza, de fato, a concretização da mudança de paradigma que já se encontra em ato na Igreja, quer reconheçamos ou não.

Uma proposta pastoral imprescindível para um maior avanço na prática dos ensinamentos da *Amoris laetitia* é a centralidade com a consequente formação da consciência moral: "a partir do reconhecimento do peso dos condicionamentos concretos, podemos acrescentar que a consciência das pessoas deve ser melhor incorporada na práxis da Igreja em algumas situações que não realizam objetivamente a nossa concepção do matrimônio".[73] Dizer que a consciência deve ser melhor incorporada é dar-lhe o lugar insubstituível na avaliação do ato moral, como já havia feito a *Gaudium et spes*.

Além do mais, o discernimento plasmado pelas exigências "da verdade e da caridade do Evangelho propostas pela

[72] AL 325.

[73] AL 303.

Igreja"[74] deve tornar possível "o amadurecimento de uma consciência esclarecida, formada e acompanhada pelo discernimento responsável e sério do pastor, e propor uma confiança cada vez maior na graça".[75]

Assim, essa consciência "pode reconhecer não só que uma situação não corresponde objetivamente à proposta geral do Evangelho, mas reconhecer também, com sinceridade e honestidade, aquilo que, por agora, é a resposta generosa que se pode oferecer a Deus e descobrir, com certa segurança moral, que esta é a doação que o próprio Deus está a pedir no meio da complexidade concreta dos limites, embora não seja ainda plenamente o ideal objetivo".[76]

Dessa forma, a lei da gradualidade, isto é, a progressividade em conhecer, desejar e fazer o bem reportada pela Exortação Apostólica, abre as portas a uma pastoral positiva, acolhedora e plenamente católica (universal), fala a linguagem da experiência e da vida cotidiana, tornando possível conhecer e aderir à radicalidade do Evangelho nos dias de hoje.

Para muitos, as intuições evangélicas da *Amoris laetitia* foram causa de incompreensões, mas, na realidade, elas não fazem outra coisa senão reforçar não apenas o ideal da família, mas a sua realidade, rica e complexa, apontando para um retorno à lógica do Evangelho. "Não deveríamos permitir que uma discussão tacanha [...] estragasse a alegria causada por tantas boas propostas de *Amoris laetitia*. Em vez disso, deveríamos acolher com gratidão o desafio lançado por essa exortação apostólica, entendendo-a como um *kairós*, uma oportunidade,

[74] AL 300.

[75] AL 303.

[76] AL 303.

para transformar a época da misericórdia, iniciada pelo Papa Francisco em continuação à obra de seus antecessores, numa época de nova alegria (*laetitia*) na Igreja, e não de conflitos nefastos".[77]

Enfim, a Exortação Apostólica *Amoris laetitia* aponta para a maioridade na vivência da fé cristã e enriquece todo o patrimônio da tradição, porque, "sob a assistência do Espírito Santo, cresce, com efeito, a compreensão tanto das coisas como das palavras transmitidas", tendendo a Igreja "continuamente para a plenitude da verdade divina".[78] Essa maioridade, portanto, "em geral significa a coragem de responsavelmente tomar decisões [...] deduzidas de normas gerais, mesmo sem ignorá-las ou contradizê-las".[79] Isso tudo na amorosa comunhão com a Igreja.

Para o Bispo de Cassano (Itália), Nunzio Galantino, a grande novidade da *Amoris laetitia* é o Evangelho. Se, por um lado, essa afirmação parece óbvia, por outro, ela "constitui o eixo de um caminho pastoral mais inclusivo que, mesmo desenvolvendo a doutrina em coerência com o magistério, oferece novas chaves de leitura para um anúncio do matrimônio cheio de alegria, acolhedor e aberto à esperança".[80] Não podemos ignorar que uma das incompreensões em relação à *Amoris laetitia* é a

---

[77] KASPER, Walter. *A mensagem da Amoris laetitia*. Um debate amigável. São Paulo: Loyola, 2019, p. 71-72.

[78] CONCÍCLIO VATICANO II. *Dei Verbum*. Constituição Dogmática sobre a revelação humana, n. 8. In: COMPÊNDIO DO VATICANO II. Constituições, decretos, declarações. 31 ed. Petrópolis: Vozes, 2015.

[79] MIRANDA, Mário de França. A alegria do amor e a maioridade cristã. In: FERNANDES, Leonardo Agostini (Org.). *Amoris laetitia em questão*. Aspectos bíblicos, teológicos e pastorais. São Paulo: Paulinas, 2018, p. 83.

[80] NOI FAMIGLIA & VITA. Famiglie prese per mano. Il cuore di *Amoris laetitia*. *Avvenire*. Supplemento XXI/218 (2017): 1. Disponível em: http://www.mpv.org/wp-content/uploads/2017/10/NoiFamigliamaggio2017.pdf. Acesso em: 12 jul. 2021.

respeito de uma Igreja que deseja acompanhar a vida concreta das famílias, propondo-se colher, na aliança entre homem e mulher, novos caminhos de felicidade para o futuro do mundo. Se, para alguns, isso ainda é motivo de resistência, para tantos outros pode ser abertura de inúmeras possibilidades de fidelidade ao Evangelho de Jesus Cristo e ao Jesus Cristo dos Evangelhos.

Referências bibliográficas

ANSA BRASIL. Papa Francisco afirma que famílias estão 'sob ataque' (10.07.2021). Disponível em: https://ansabrasil.com.br/brasil/noticias/vaticano/noticias/2016/02/16/Papa-Francisco--afirma-familias-estao-sob-ataque-_8926368.html. Acesso em: 12 jul. 2021.

BENNÀSSAR, Bartolomeu. Ética civil e Moral cristã em diálogo. São Paulo: Paulinas, 2002.

CIPRESSA, S. (a cura), *La teologia morale dopo l'Amoris Laetitia*, Cittadella Editrice, Assisi 2018.

COMPÊNDIO DO VATICANO II. *Constituições, decretos, declarações.* 31. ed. Petrópolis: Vozes, 2015.

COZZOLI, Mario. Dall'*Humanae vitae* all'*Amoris laetitia.* Parte seconda. Questioni etiche e pastorali. *Studia moralia.* Roma: Editiones Academiae Alfonsianae, 56/1 (2018): 7-24.

DALL'OSTO, Antonio. A *Amoris laetitia* segundo Walter Kasper. *Revista IHU On-Line* (14.12.2017). Disponível em: http://www.ihu.unisinos.br/574609-a-amoris-laetitia-segundo-walter-kasper. Acesso em: 12 jul. 2021.

EGUIGUREMS, Karla M. F. Recezione e prime attuazioni: un panorama globale poliedrico. In: DEL MISSIER, Giovanni; FIDALGO, Antonio G. *Amoris laetitia. Il Vangelo dell'amore:*

un cammino da intraprendere. Padova: Edizioni Messaggero Padova, 2018, p. 29-40.

FRANCISCO, Papa. *Amoris laetitia.* Exortação Apostólica Pós-Sinodal sobre o amor na família. São Paulo: Loyola, 2016.

FRANCISCO, Papa. Vigília de oração com as famílias. Viagem apostólica do Papa Francisco a Cuba, aos Estados Unidos da América e visita à sede da Organização das Nações Unidas (Filadélfia, 26.09.2015). Disponível em: https://www.vatican.va/content/francesco/pt/speeches/2015/september/documents/papa-francesco_20150926_usa-festa-famiglie.html. Acesso em: 12 jul. 2021.

FRANCISCO, Papa. Discurso proferido no Encontro com os participantes do V Congresso da Igreja Italiana (10.11.2015). Disponível em: https://www.vatican.va/content/francesco/pt/speeches/2015/november/documents/papa-francesco_20151110_firenze-convegno-chiesa-italiana.html. Acesso em: 12 jul. 2021.

FRANCISCO. Discurso proferido por ocasião da Comemoração do Cinquentenário da Instituição do Sínodo dos Bispos (17.10.2015). Disponível em: https://www.vatican.va/content/francesco/pt/speeches/2015/october/documents/papa-francesco_20151017_50-anniversario-sinodo.html. Acesso em: 12 jul. 2021.

FRANCISCO, Papa. Primeira saudação (13.03.2013). Disponível em: https://www.vatican.va/content/francesco/pt/speeches/2013/march/documents/papa-francesco_20130313_benedizione-urbi-et-orbi.html. Acesso em: 12 jul. 2021.

GIACCARDI, Chiara; MAGATI, Mauro. *Introduzione*. In: FRANCISCO, Papa. *Amoris laetitia.* Esortazione Apostolica Postsinodale sull'amore nella famiglia. Cinisello Balsamo: San Paolo, 2016.

LEONARDI, Mauro. Papa Francesco – Ai vescovi di Buenos Aires: la vostra interpretazione di Amoris Laetitia è eccellente ed è l'unica possibile. Disponível em: https://mauroleonardi.it/2016/09/09/il-papa-avvalla-come-lunica-possibile-linterpretazione-che-i-vescovi-argentini-danno-di-amoris-laetitia/. Acesso em: 12 jul. 2021.

MIFSUD, Tony. *Amoris laetitia*: un *ethos* pastoral. *Perspectiva Teológica*, Belo Horizonte 53/1 (2021): 79-97.

MIRANDA, Mário de França. A alegria do amor e a maioridade cristã. In: FERNANDES, Leonardo Agostini (Org.). *Amoris laetitia em questão.* Aspectos bíblicos, teológicos e pastorais. São Paulo: Paulinas, 2018.

MOIA, Luciano. *Prefazione – Intervista al Cardinale Matteo M. Zuppi*. Omosessuali: non relativizzare la legge, ma renderla relativa alla persona. In: MOIA, Luciano. *Chiesa e omossessualità.* Un'inchiesta alla luce del magistero di Papa Francesco. Cinisello Balsamo: San Paolo, 2020, p. 9-12.

NOI FAMIGLIA & VITA. Famiglie prese per mano. Il cuore di *Amoris laetitia*. *Avvenire*. Supplemento XXI/218 (2017): 1-40. Disponível em: http://www.mpv.org/wp-content/uploads/2017/10/NoiFamigliamaggio2017.pdf. Acesso em: 12 jul. 2021.

PAGOLA, José Antonio. *O olhar de Jesus*. In: *Revista IHU On-Line* (20.07.2018). Disponível em: http://www.ihu.unisinos.br/42-noticias/comentario-do-evangelho/581031-o-olhar-de-jesus-2. Acesso em: 12 jul. 2021.

VATICAN NEWS. Card. Parolin: il 2018 di Francesco all'insegna di giovani e famiglia (2018). Disponível em: https://www.vaticannews.va/it/vaticano/news/2018-01/card--parolin--

-il-2018-di-francesco-allinsegna-di-giovani-e-fami.html. Acesso em: 12 jul. 2021.

WOODEN, Cindy, 'Amoris Laetitia' at Three Months: Communion Question Still Debated. *National Catholic Reporter* (07.07.2016). Disponível em: https://bit.ly/3w28D0W. Acesso em: 12 jul. 2021.

5

Resistências à *Amoris laetitia*:

uma visão crítica

Antonio Autiero[1]

Introdução

Quando o Papa Francisco, em 19 de março de 2016, promulgava a Exortação Apostólica *Amoris laetitia*,[2] certamente uma sensação de exultação atravessava tantas pessoas que, na Igreja e fora dela, tinham seguido os trabalhos dos dois Sínodos sobre a família, vendo confluir no escrito papal todas as esperanças de renovação que tinham animado a dinâmica sinodal. Era claro que nada seria como antes: um marco importante tinha sido alcançado e uma nova página na consciência eclesial tinha sido inexoravelmente aberta.

No entanto, não foram somente sensações positivas e certezas novas a aflorar, mas também alguns questionamentos, algumas questões abertas expressas em forma de dúvidas ou como posicionamentos opostos, espelho de uma situação por vezes

[1] Antonio Autiero é Doutor em Teologia (Accademia Alfonsiana – Roma) e em Filosofia (Università degli Studi di Napoli – Istituto Orientale – Napoli/Itália) e Professor Emérito da Universidade de Münster – Berlim/Alemanha. Tradução do italiano: Felipe Sardinha Bueno.

[2] FRANCISCO, Papa. *Amoris laetitia*. Exortação Apostólica Pós-Sinodal sobre o amor na família. São Paulo: Loyola, 2016. Daqui em diante = AL.

controversa e contrastante, já experimentada antes e durante as discussões sinodais sobre a família.[3]

A cinco anos de distância, o quadro não mudou tanto. A *Amoris laetitia* conhece adesões sinceras, como também reações cautelosas. Assim como ela amplia o horizonte, tanto da cultura teológica quanto da práxis pastoral, continua a suscitar resistências de diversas intensidades e de diferentes significados. Ocupar-se desse panorama composto dos "sins", dos "nãos" e dos "talvez", referidos à *Amoris laetitia*, evidenciando de modo especial as resistências, é uma tarefa importante à qual desejamos nos dedicar. Antes de assumi-la, é preciso clarificar algumas premissas.

Começamos restringindo o campo das nossas considerações. As resistências ou as reações negativas à *Amoris laetitia* podem ter significado prático e teórico. As primeiras referem-se a uma espécie de pobre consideração do documento papal e do inteiro processo sinodal para o encaminhamento e o desenvolvimento de novas práticas pastorais no interior das Igrejas locais. Em um recente e bem documentado artigo sobre a recepção da *Amoris laetitia*, James Keenan,[4] além de chamar a aten-

[3] Bastante conhecida é a carta de 19.09.2016 dos cardeais Brandmüller, Burke, Caffarra, Meisner ao Papa Francisco, na qual foram expressas cinco perguntas sobre os pontos da *Amoris laetitia* que seriam fonte de confusão: In: MAGISTER, Sandro. Criar clareza. Alguns nós por resolver em "Amoris laetitia" – Um apelo (14.11.2016). Disponível em: http://chiesa.espresso.repubblica.it/articolo/1351410.html. Acesso em: 10 jul. 2021. Um aprofundamento dos conteúdos encontra-se em AUTIERO, Antonio; GOERTZ, Stephan. A proposito di dubbi, errori e distinzioni. Una postfazione. In: GOERTZ, Stephan; WITTING, Caroline (A cura di). *Amoris laetitia. Un punto di svolta per la teologia morale?* Cinisello Balsamo: San Paolo, 2017, p. 257-269. Para uma perspectiva mais ampla das posições críticas, ver: DODARO, Robert (Ed.). *Permanere nella verità di Cristo:* Matrimonio e comunione nella chiesa cattolica. Siena: Cantagalli, 2015 (com as contribuições dos cinco cardeais da Igreja Católica – Brandmüller, Müller, Caffarra, De Paolis e Burke – e de outros quatro estudiosos – Mankowski, Rist, Vasil' e o editor); MELINA, Livio (Ed.). *Conversione pastorale per la famiglia: sì, ma quale?* Contributo del Pontificio Istituto Giovanni Paolo II al Sinodo. Siena: Cantagalli, Siena 2015.

[4] KEENAN, James F. Regarding *Amoris laetitia*: Its Language, its Reception, some

ção para ao léxico com o qual *Amoris laetitia* se exprime e que pode e deve servir de fundamento para uma renovada abordagem teológico-pastoral sobre a família e o matrimônio, oferece-nos conhecimentos pertinentes sobre a situação de não poucas dioceses – ele indaga paradigmaticamente aquelas dos EUA – nas quais tanto os bispos quanto as estruturas diocesanas têm mostrado resistência à *Amoris laetitia*, sobretudo em termos de indiferença e desatenção. Esse tipo de resistência prática corrói a *Amoris laetitia* em suas bases e ameaça torná-la irrelevante. Uma atitude desse tipo tem de ser questionada para que melhor se compreendam todas as suas implicações e alcances, embora ela não esteja de forma explícita no centro dessa contribuição. Aqui vou me deter, sobretudo, nas resistências "teóricas".

Uma segunda premissa: a consideração das resistências à *Amoris laetitia* pode ter diferentes finalidades e intenções e ser feita de vários modos. Podemos nos deixar levar por uma via polêmica que, em obediência a um impulso apologético suscitado pelo documento papal, considera as resistências emergentes como facilmente reconhecíveis pelo seu grau de incompetência ou incompletude. Isso nos levaria a nos afastarmos de tais resistências em nome de um julgamento apressado que assume o que é novo – pelo simples fato de ser novo – como algo melhor. Trata-se de um posicionamento ideológico que seria prejudicial para a compreensão do significado das questões envolvidas.

Procuraremos nos distanciar dessa perspectiva ideológica e vontade polêmica e abordar a as resistências à *Amoris laetitia* no esforço dialógico de confronto com os níveis emergentes e ocultos sobre os quais os argumentos são apresentados. Nesse

Challenges, and Agnosticism of some of the Hierarchy. *Perspectiva Teológica, Belo Horizonte* 53/1 (2021): 41-60.

sentido, abordar as resistências com sensibilidade heurística e hermenêutica faz emergir um quadro muito mais multifacetado, confirmando a natureza complexa das questões. Tudo isso é expresso numa atitude crítica de tipo circular, cujo sucesso é, em última análise, confiado também à capacidade de autocrítica. Por essa razão, enfrentar as resistências implica enfrentar também os potenciais conteúdos da *Amoris laetitia* que requerem ulterior desenvolvimento. Trata-se de um trabalho que, à distância do primeiro quinquênio da *Amoris laetitia,* resulta vantajoso para a sua vitalidade e para mostrar a sua energia generativa em vista de um novo horizonte de pensamento teológico e prática eclesial.

1. Doutrina e verdade: um primeiro bloco

É surpreendente constatar um sinal recorrente no início de cada novo pontificado: a vontade de renovação da vida da Igreja. No que se refere às últimas décadas, para João XXIII, tratava-se de um "*aggiornamento*", do qual o Vaticano II seria somente a aurora; para Paulo VI, de enfrentar dialogicamente o desafio do avanço do mundo moderno; para João Paulo II, de sedimentar o humano como caminho da Igreja: todas essas são perspectivas que ajudam a compreender a irreprimível novidade do Evangelho, que exige desconstrução e remodelação, renovação e novos começos. Tudo isso gera, sem dúvida alguma, novos impulsos, suscita novas adesões e acende entusiasmos que, de outra forma, estariam adormecidos, mas levanta, contudo, a questão da manutenção das doutrinas ligadas à fé e à salvaguarda da verdade, como fato indispensável para ser fiel ao Evangelho.

Neste contexto deve ser posto o início do pontificado de Francisco e a decisão de se convocar em sessão extraordinária e, depois, ordinária um Sínodo sobre a família, precedido por um amplo movimento de consulta da comunidade dos fiéis sobre sua vivência, a respeito dos tempos a serem enfrentados. Isso incomoda quem possui uma compreensão funcional e limitada a respeito do valor da experiência de vida e não reconhece a suma importância da experiência refletida como fator significativo para a elaboração de verdades práticas, ligadas ao campo moral.

O evento sinodal e a Exortação Apostólica dele derivada exprimem uma mudança de rota sobre a gênesis do conhecimento moral a respeito da família e do matrimônio. Existe uma vontade de colocar-se em escuta do vivido e de acompanhar o seu caminho; há um anseio de aproximar-se da fragilidade da existência familiar e das relações afetivas, não primariamente como um código de verdades a serem defendidas ou de normas a serem impostas, mas com a consciência de dever interrogar essas verdades práticas, a fim de entender a sua fundamentação, de compreender o seu alcance e de verificar a sua eficácia. O ponto de viragem para a origem das visões éticas a serem propostas no mundo de hoje resulta irritante e perturbador (no sentido, sobretudo, negativo) para quem não tem familiaridade e não considera com adequada estima uma abordagem indutiva do saber prático. A tradição dedutiva sobre a qual largamente se baseava a tradição da moral católica é posta à dura prova com essa visível mudança de perspectiva.

Certamente não faltaram, nos anos precedentes à *Amoris laetitia*, elementos que questionavam as soluções tradicionais para os problemas morais, também e sobretudo os relacionados à esfera da ética familiar e sexual. Mas a prevalência da abordagem dedutiva, forte também por sua dependência de uma visão antropológica de clara referência metafísica e com frágil consideração dos conhecimentos científicos das disciplinas biológicas,[5] tinha, por assim dizer, mantido inalterado o esquema de referência. As décadas de magistério moral de João Paulo II são emblemáticas nesse sentido e marcam a consolidação da espinha dorsal de uma moral dedutiva e do primado da verdade, cuja expressão mais enfática se encontra na encíclica *Veritatis splendor* (1993).[6] Pretendendo encarnar-se nas reais condições das famílias e das relações conjugais, o Sínodo e *Amoris laetitia* movem a "pedra de vedação" daquilo que, no ensinamento moral das décadas anteriores, era considerado até então esclarecido e definido de uma vez por todas. Nessa virada, não apenas emerge uma nova linguagem, mas, sobretudo, se equilibra diferentemente a relação entre doutrina e práxis, verdade e liberdade.

As resistências à *Amoris laetitia* nesse campo são consideráveis. Elas são expressas de maneiras diferentes, mas imputáveis à mesma raiz, isto é, ao valor da doutrina para a vida da Igreja. É bem verdade que aqui não se trata imediatamente de níveis dogmáticos de doutrina, mas, de certa forma, não se está muito distante deles. A *Amoris laetitia* não desconstrói o fundamento doutrinal sobre o matrimônio e a família; pelo contrário,

---

[5] Uma boa reconstrução histórica de uma moral sexual semelhante pode ser encontrada em: SCHOCKENHOFF, Eberhard. *Die Kunst zu lieben. Unterwegs zu einer neuen Sexualethik*. Freiburg: Herder, 2021.

[6] STRIET, Magnus. Johannes Paul II, und das Ende einer Lehramtsepoche. In: GOERTZ, Stephan; STRIET, Magnus. (Eds.). *Johannes Paul II – Vermächtnis und Hypothek eines Pontifikats*. Freiburg: Herder, 2020, p. 61-84. É relevante notar que a referência à *Veritatis splendor* ocupa um lugar importante nos *Dubia* dos quatro cardeais, colocando o problema da continuidade/descontinuidade entre *Veritatis splendor* e *Amoris laetitia*. Ver: PEREZ-LOPEZ, Angel. *Veritatis splendor* and *Amoris laetitia*: Neither Lamented nor Celebrated Discontinuity. *Nova et vetera* 16 (2018): 1183-1214.

ela reafirma o seu sentido e valor com base nos ensinamentos bíblicos e no chamado ao Evangelho do amor. A Exortação Apostólica não toma o rumo fácil de um atalho superficial de tipo genericamente pastoral, negociando a verdade e apenas invocando a compreensão misericordiosa de situações difíceis. Ela faz viver, numa "osmose criativa", o apelo do Evangelho à autenticidade de vida e das relações afetivas e o olhar sobre a *conditio humana*, à qual o próprio Evangelho se dirige com promessa de salvação. Quem lamenta na *Amoris laetitia* uma deturpação da doutrina, em favor de adaptações factuais de tipo pastoral, promove uma dicotomia entre doutrina e práxis, sempre que o primado da primeira decide sobre a subordinação da segunda. A relação ortodoxia-ortopráxis é estilizada pelos críticos da *Amoris laetitia* de modo enfático, a ponto de produzir uma dialética alterada, não circular e dinâmica, mas linear e descendente, fazendo com que a práxis derive da doutrina.

Mas há mais em jogo, algo não visto com adequada clareza por aqueles que exprimem resistência à *Amoris laetitia*, a ponto de argumentar a partir de uma visão fechada. A própria ideia de doutrina está passando, e não de hoje, por uma grande evolução, e, mesmo assim, é ignorada. Na metade dos anos de 1980, o teólogo americano George A. Lindbeck suscitou um amplo debate com o seu livro "The Nature of Doctrine".[7] Para ele, há um tríplice modelo ideal-típico para entender o conceito de doutrina. O primeiro é de tipo "cognitivo-proposicional", difundido prevalentemente na abordagem da tradição ocidental de caráter racionalista sobre o tema da religião. O foco é posto sobre as locuções proposicionais que servem de vetor das verdades doutrinais. Es-

[7] LINDBECK, George A. *The Nature of Doctrine:* Religion and Theology in a Postliberal Age. London: SPCK, 1984.

sas são percebidas e organizadas num sistema de conhecimento e de crença a ser recebido e transmitido, criando-se, assim, aquele núcleo de tradição que vincula o presente e o futuro. A natureza estática desse modelo é evidente; essa vem temperada e superada no segundo modelo, que ele define de tipo "experiencial-expressivo", próximo à teologia liberal da época pós-iluminista e em boa sintonia com as abordagens teológicas como as de Paul Tillich, Karl Rahner e Bernard Lonergan. Na esteira de uma recuperação do sujeito e da sua história, procura-se uma aliança entre verdade a ser acreditada, enunciados doutrinais e expressões de existência aberta à salvação. No entanto, nesse modelo, permanecem sem solução os nós para se explicar a continuidade e a mudança no ordenamento doutrinal do saber religioso.

Por isso, Lindbeck propõe, como tentativa de síntese, um terceiro modelo, que denomina "cultural-linguístico", considerando-o "capacitado a lidar de modo mais completo do que os dois primeiros com os aspectos mutáveis e imutáveis das tradições religiosas".[8] O horizonte de compreensão desse modelo cultural-linguístico, para entender a natureza da doutrina, alimenta-se de referências de outros saberes (antropologia, filosofia, sociologia[9]) e considera o fundamento daquilo que definimos cultura e linguagem como a estrutura paradigmática para se compreender a doutrina das tradições religiosas. Tal doutrina, "como uma cultura ou uma língua, é um fenômeno comunitário que modela as subjetividades dos indivíduos mais do que uma manifestação de

[8] LINDBECK. *The Nature of Doctrine*, p. 17.

[9] A sociologia nos remete à consciência do entrelaçamento entre persistência e mudança; como num jogo pendular, uma não pode ser pensada sem a outra. PATTERSON, Orlando. The Mechanisms of Cultural Reproduction: Explaining the Puzzle of Persistence. In: GRINDSTAFF, Laura; LO, Ming-Cheng M.; HALL, John R. (Eds.). *The Handbook of Cultural Sociology*, 2nd ed. London: Routledge, 2020, p. 122-132.

tais subjetividades. Ela compreende um vocabulário de símbolos discursivos e não discursivos e uma lógica ou gramática distinta, em cujos termos tal vocabulário pode ser utilizado de modo significativo. Enfim, como uma língua (ou 'jogo linguístico', para usar a expressão de Wittgenstein) está relacionada a uma forma de vida, e como uma cultura possui dimensões tanto cognitivas quanto comportamentais, o mesmo se dá com uma tradição religiosa".[10]

A referência a Lindbeck, para além do valor provocativo da sua abordagem,[11] vale como instrumento hermenêutico para entender a tensão que os críticos da *Amoris laetitia* enfatizam, considerando a doutrina como uma espécie de imutabilidade, e a mudança, como uma espécie de traição; uma tensão que, em última instância, empobrece a própria doutrina. O teólogo sistemático Michael Seewald – muito próximo do pensamento de Walter Kasper – acentua a relação entre Evangelho e dogma para reivindicar a dinamicidade das proposições doutrinais, expressões históricas do Evangelho: "o dogma é, portanto, um meio em vista de um fim, não um fim em si mesmo. Enquanto meio, ele é absolutamente necessário; ao mesmo tempo, porém, deve questionar-se se, conforme mudam os tempos, ele é capaz de corresponder ao próprio fim, ou seja, à exposição do Evangelho em forma propositiva".[12] As formulações doutrinais exprimem a riqueza do Evangelho, mas nunca o contêm exaustivamente. Elas constituem uma ordem de verdade de segundo

[10] LINDBECK. *The Nature of Doctrine*, p. 33.

[11] FORD, David F. The Nature of Doctrine: Religion and Theology in a Postliberal Age by George A. Lindbeck. *The Journal of Theological Studies* 37/11 (1986): 277-282. Para uma apresentação precisa da origem e do alcance do pensamento de Lindbeck, ver: TAMBOUR, Hans-Joachim. *Theologischer Pragmatismus. Semiotische Überlegungen zu Georg A. Lindbecks kulturell-sprachlichem Ansatz*. Münster: LIT Verlag, 2002.

[12] SEEWALD, Michael. *Il dogma in divenire*. Equilibrio dinamico di continuità e discontinuità. Brescia: Queriniana, 2020, p. 12.

nível, quase – na esteira de Lindbeck – uma gramática das regras expressivas, enquanto o primeiro nível de verdade enfatiza a "conformidade performativa de si com Deus".[13]

A *Amoris laetitia* expressa o reconhecimento do primado do Evangelho sobre as expressões doutrinais e normativas – e sobre como a tradição as compreendeu e transmitiu –, pois essas requerem continuamente ser repensadas à luz do Evangelho. Nesse sentido, a *Amoris laetitia* não destrói a doutrina, mas lhe doa vitalidade; não a coloca sob a denunciada "ditadura do relativismo", mas a libera da tentação do imobilismo. Essa é palavra aberta, isto é, por um lado, é gerada pelo Evangelho para o homem de hoje e, por outro, é estimulada a questionar-se sobre a sua proximidade com o Evangelho também no tempo futuro.

2. A grandeza do amor e as suas fragilidades

As tensões que emergiram em reação à *Amoris laetitia* quanto à mutabilidade/ imutabilidade da doutrina e as consequências que aqui e ali foram extremadas – até com a acusação de heresia dirigida ao Papa[14] – estão em relação estreita com um segundo bloco temático que aqui desejamos recordar. Tal bloco se desloca prevalentemente para o âmbito antropológico-moral, considerado com uma certa amplitude de distância, das afirmações mais básicas até as implicações mais concretas.

A atenção da Igreja para com a família e o matrimônio não é nova. O seu ensinamento a propósito tem sido constante e

[13] LINDBECK. *The Nature of Doctrine*, p. 66.

[14] Ver: Carta de 16.07.2017. *Correctio filialis de haeresibus propagates*. Disponível em: http://www.correctiofilialis.org/wp-content/uploads/2017/08/Correctio-filialis_English_1.pdf. Acesso em: 10 jul. 2021.

incisivo.[15] No entanto, duas visões do matrimônio e da família foram se consolidando na tradição,[16] às quais a *Amoris laetitia* se dirige com um olhar crítico e uma intenção renovadora.

Como primeiro fator, deve ser mencionado o fato de que a tradição, por muito tempo, privilegiou uma leitura institucional-jurídica do matrimônio e da família. No entrelaçamento entre direito civil e canônico, o ato institutivo e a conduta conjugal foram regulados pelo instrumento jurídico. A forma do matrimônio e a sua conexão com a realidade do sacramento – como também os deveres dos cônjuges em relação às finalidades do vínculo conjugal – foram por muito tempo objeto da ótica jurídica, com pouca consideração da relevância dos sujeitos implicados. O primado do jurídico sobre o antropológico é, sem dúvida, o aspecto determinante da visão tradicional que influenciou a instituição conjugal. Também os esforços derivados do complexo processo de definição e reconhecimento do matrimônio como sacramento, não obstante todos os possíveis recursos de sentido (do simbolismo nupcial na Bíblia à semântica da teologia dos sacramentos e à elaboração de uma espiritualidade conjugal), não conseguiram deslocar o eixo de atenção para os sujeitos da relação conjugal, e mantiveram inalterado o primado do matrimônio como instituição jurídica.

Algo que emerge desse quadro é o modo como sobretudo a mulher – nas culturas fortemente patriarcais – entra na dinâmica

[15] Ver: PONTIFICIO CONSIGLIO PER LA FAMIGLIA (Ed.). *Enchiridion della famiglia e della vita.* Documenti magisteriali e pastorali dal Concilio di Firenze (1439) a Papa Francesco. Roma: Libreria Editrice Vaticana, 2014; MARENGO, Gilfredo. *Generare nell'amore.* La missione della famiglia cristiana nell'insegnamento ecclesiale dal Vaticano II a oggi. Assisi: Cittadella, 2014.

[16] Ver: AUTIERO, Antonio. Rapporti, legami, famiglie. Forme di vita in transizione. In: PICENARDI, Gianni (Ed.). *Persona, psiche e società.* Sulle tracce dell'umano. Atti del XVI Corso dei Simposi Rosminiani 24-27 agosto 2015. Stresa: Edizioni Rosminiane, 2016, p. 45-64.

conjugal e vive as modulações que lhe são próprias. A finalidade procriativa, ligada à instituição familiar – aqui se recorda também a figura da "família como célula da sociedade"! –, condicionou ulteriormente a percepção da mulher, esposa e mãe, como lugar natural do processo gerador e do dever educativo. Isso levou também a atribuir ao homem características de guia e tutela da família, não sempre colocadas ao abrigo dos desvios de domínio e ambições de posse. Em outros termos, as funções e os papéis prevaleceram sobre as identidades das pessoas e das relações entre elas.

Para quem vê na *Amoris laetitia* a tentativa de superação dessa ordem das coisas, a resistência não é secundária nem incompreensível. Da abstrata ordem jurídico-institucional derivava um modelo ideal de família e matrimônio, cuja perda é considerada o efeito de uma mudança em direção ao universo das pessoas e das suas relações, e isso é percebido como um desvio, cuja responsabilidade é devida à *Amoris laetitia.* Há que perguntar se tal resistência não pagaria um débito desproporcional às supostas garantias de estabilidade da instituição matrimonial asseguradas pelo direito e, consequentemente, não mortificaria o significado antropológico do projeto de vida das pessoas e das suas decisões concretas de torná-lo possível. Em outras palavras, é preciso questionar se as resistências à *Amoris laetitia* nesse ponto não são, sobretudo, sinais de erosão de uma confiança na capacidade das pessoas de assumir responsabilidade no que corresponde aos seus próprios projetos de vida em comum. Quem recorre à certeza do direito – compreendendo isso não apenas como direito positivo, mas, sobretudo, como direito natural –, reduz a ele também a realidade do amor entre as pessoas e expõe até mesmo a visão de matrimônio e família à retórica de uma estabilidade que não encontra a vida, mas apenas as estruturas reguladoras dos sistemas jurídicos. Para a *Amoris laetitia* existe um percurso de encarnação da vivência conjugal que não ignora as instâncias jurídicas, mas as submete ao crivo das instâncias antropológicas expressas mediante as intenções, a vontade e a responsabilidade das pessoas. O primado do amor – bastante evidente na *Amoris laetitia* – associa à manutenção do sistema jurídico também a fonte interior das escolhas de vida feitas por pessoas capazes de se abrir ao horizonte factível e desafiador do amor.

Um segundo fator: o cenário acentuadamente jusnaturalista do matrimônio na visão tradicional levou a enfatizar sempre mais o ser da pessoa, com a consequente consideração do matrimônio e da família em perspectiva fortemente idealizada. Uma moral conjugal, inclinada sobre esta corda de tipo ontológico, atenta à natureza do matrimônio e ao seu valor jurídico, não consegue aproximar-se das condições de existência e das histórias vividas dos indivíduos e de suas relações. A *Amoris laetitia* vai por outra direção. O seu conteúdo deixa transparecer toda a riqueza dos ideais – inspirados, sobretudo, pelo desígnio do Criador e pela graça salvífica do sacramento –, levando em conta as histórias de vida nas quais as relações conjugais acontecem. Ler a vivência e levar a sério as experiências concretas das histórias conjugais revela ser uma formidável fonte para entender a família e as relações afetivas que nela se realizam. A *Amoris laetitia* dirige um olhar desencantado, mas não simplista, à condição real da vida familiar e o faz considerando, embora de modo crítico, também aqueles fatores que na cultura contemporânea encontraram um peso específico, como a sensibilidade às questões de gênero e a compreensão dinâmica da construção de identidade e de papéis.[17]

[17] É notório o severo juízo – por mais sintético que seja – que a *Amoris laetitia* faz sobre "uma ideologia genericamente chamada *gender*" (56), o que gerou críticas à *Amo-*

Daqui emerge um conhecimento da centralidade das pessoas sobre a instituição, da concretude da experiência sobre a abstração de um quadro de referência idealizado. Família e matrimônio devem ser compreendidos num balanceamento calibrado entre natureza e cultura, ontologia e história, ideais e vivência.

As resistências à *Amoris laetitia* passam também através dessa difícil metabolização da mudança de ritmo e paradigma. A assunção da categoria de fragilidade – tão central na *Amoris laetitia* – incomoda aqueles que tiram da ideia de natureza humana um quadro idealizado e abstrato do matrimônio e da família e consideram os eventuais fracassos como destino adverso ao qual resistir ou como consequências de desordens morais das quais arrepender-se. A linguagem da misericórdia, o gesto de acolhida, o cuidado com as fragilidades do amor, tudo isso é considerado – por aqueles que resistem à novidade da *Amoris laetitia* – como uma perda de consistência ontológica da aliança conjugal e como desvio do sentido moral em vista de uma compreensão injustificadamente condescendente.

3. Consciência e atos morais

Dos dois fatores acima elencados derivam ao menos duas consequências a serem consideradas, que possuem a função de explicitar a referência a temas que sempre afloram nas resistências expressas quanto à *Amoris laetitia*.

ris laetitia de outra vertente, como aquela da IG Feministische Theologinnen. Kein Grund zur Freude: Das päpstliche Schreiben *Amoris laetitia* (15.04.2016). Disponível em: https://famabloggt.files.wordpress.com/2016/04/ig_stellungnahme_-zu-amoris-laetitia.pdf. Acesso em: 10 jul. 2021. No entanto, esse juízo deve ser compreendido no conjunto da abordagem que a *Amoris laetitia* faz da condição da pessoa como ser sexuado. Sobre os aspectos positivos e críticos, ver: CAHILL, Lisa S. *Amoris laetitia*: A New Approach to Sex and Gender Ethics. *Asian Horizons* 12/2 (2018): 296-314.

Em primeiro lugar, observamos o eixo de conexão entre centralidade da pessoa e valor da consciência. Na crítica feita à *Amoris laetitia* nota-se um recorrente recurso à *Veritatis splendor,* sobretudo para reforçar uma correta ideia de consciência moral que a *Amoris laetitia,* por sua vez, teria alterado. Diretamente, trata-se de reiterar a recusa daquilo que a *Veritatis splendor* chama de "interpretação 'criativa' da consciência moral",[18] considerada em oposição ao correto ensinamento da tradição.

Tomar as devidas distâncias da consciência criativa significaria afirmar a consciência apenas como órgão executivo de moralidade, cuja substância é decidida com base na natureza dos próprios atos. Por isso, a questão se resolve numa contraposição que coloca em alternativa o nível objetivo da moral – estabelecido com base nos atos realizados ou por realizar – e o nível subjetivo – que afirmaria o primado da pessoa, a sua densidade moral, que se exprime na intencionalidade e na responsabilidade da escolha das ações corretas em relação à concreta situação na qual o sujeito é chamado a agir.

Consciência e atos são duas vertentes correspondentes da mesma dinâmica do agir moral: a qualidade de sujeito da pessoa que age e o resultado concreto das ações que ela realiza. O teor objetivo do juízo moral – aquele que resulta da fundamentação deontológica das normas – considera as ações independentemente do mundo do sujeito, isolando-as e cristalizando-as numa consideração fechada da sua própria natureza, finalidade e modalidade. Tais ações teriam inscrito em si mesmas o valor do seu significado moral, significado ao qual o sujeito, por meio da sua consciência, deveria adequar-se. Esta via

---

[18] JOÃO PAULO II, Papa. *Veritatis splendor.* Carta Encíclica sobre algumas questões fundamentais do ensinamento moral da Igreja. São Paulo: Loyola, 1993, n. 54. Daqui em diante = VS.

de fundamentação das normas é considerada pela *Veritatis splendor* como aquela que, em fidelidade com a tradição da Igreja, é a única capaz de garantir a ordem moral.[19]

A posição da *Amoris laetitia*, seja sobre a consciência, seja sobre os atos morais, surpreende os seus críticos, que imediatamente a denunciam de romper com a tradição, entendendo por tradição explicitamente a *Veritatis splendor*.[20] Pouco relevante para tais críticos é o horizonte hermenêutico no qual a *Amoris laetitia* se situa, que reporta a consciência ao seu centro gravitacional de lugar de encontro do sujeito com Deus, como bem lembrou a *Gaudium et spes* (n. 16). Nessa perspectiva, o sujeito não é árbitro de moralidade – no sentido pouco crítico de uma autonomia mal compreendida –, mas, sobretudo, a instância moral que se constitui na relação dialogal com Deus, que o chama para o bem. Desse ponto fontal do caráter moral do sujeito, brotam as ações que ele realiza e que têm uma dimensão moral, uma vez que são a expressão da densidade moral do sujeito e, em última análise, da sua relação com Deus.

É precisamente a não atomização dos atos morais, a não separação de tais atos do sujeito que os executa que dá uma perspectiva diferente e nova à questão das chamadas ações "intrinsecamente más". Este outro nó foi veementemente assumido a fim de alimentar a adversidade em relação à *Amoris laetitia*, que teria utilizado abordagens não unívocas e não resolutivas para a questão do *intrinsece malum*.

[19] A esse respeito, a *Veritatis splendor* retoma e sanciona uma linha de pensamento da teologia moral reiterada por autores como John Finnis e Germain Grisez nos decênios anteriores, cujas posições são bem analisadas por MOMMSEN, Wolfgang. *Christliche Ethik und Teleologie. Eine Untersuchung der ethischen Normierungs-theorien von Germain Grisez, John Finnis und Alan Donagan*. Altenberge: Oros Verlag, 1993.

[20] DELICATA, Nadia. *Amoris laetitia* and *Veritatis splendor* on the Object of the Act. *Melita Theologica* 67 (2017): 237-265.

Mas os críticos da *Amoris laetitia* – em particular do n. 304 – não fizeram nenhum esforço para compreender o horizonte de significado da exortação apostólica ou para enquadrar o ensinamento da *Veritatis splendor* (n. 79) no contexto da elaboração dessa problemática, que, nos últimos anos, teve desenvolvimentos formidáveis, especialmente na tentativa de aproximar o mundo do sujeito do peso das suas ações.[21]

4. Do juízo ao cuidado

Uma segunda categoria de consequências vincula-se à natureza e à importância da vivência do casal. Em termos mais restritivos, poderíamos falar, aqui, do peso das circunstâncias na definição da qualidade moral da condição matrimonial. Quem considera as circunstâncias na ótica de uma moral que subjaz ao primado do jurídico, as considera como uma espécie de periferia acidental, de caráter marginal, que oferece uma certa imagem da ação moral, mas nunca a toca na sua substância.

No entanto, a história da teologia moral nos mostra claramente que, a partir da Idade Média, foi-se consolidando uma consciência de alcance muito mais amplo.[22] As circunstâncias falam a linguagem do contexto como fator substancial, porque expressivo da condição histórica do sujeito e do caráter incarnado das suas escolhas morais. Nessa perspectiva, a experiência assume um significado que vai além da sua estrita confor-

[21] POLGAR, Nenad; SELLING, Joseph A. (Eds.). *The Concept of Intrinsic Evil and Catholic Theological Ethics*. London: Lexington Books, 2019. Os autores apresentam interessantes reconstruções históricas e desenvolvimentos semânticos da categoria que a VS apresenta de modo estático.

[22] É um clássico o denso estudo de: GRÜNDEL, Johannes. *Die Lehre von den Umständen der menschlichen Handlung im Mittelalter*. Münster: Aschendorff, 1963.

midade com uma ordem jurídico-ética predefinida e pede para ser reconhecida na singularidade que caracteriza as histórias de vida e a tensão moral que dela fazem parte.

As resistências à abordagem feita pela *Amoris laetitia* sobre as "situações irregulares" situam-se na dinâmica da articulação teórico-prática. Elas se manifestam, num primeiro momento, pelo modo enfático de definir como não conformes à regra dada – "irregulares" – expressões de vida que são muito concretas – chamadas simplesmente e negativamente de "situações". Num segundo momento, insiste-se sobre um juízo de conformidade que – pelo fato de esta não existir – não deixa espaço a considerações mais flexíveis, mas se mantém no cânone rígido da avaliação irremediavelmente negativa.

Se, no parágrafo decisivo que se refere ao n. 305, a *Amoris laetitia* aborda de modo diferente esse complexo nó, isso se deve ao peso atribuído às circunstâncias, ou seja, ao reconhecimento do valor das histórias de vida.[23] O confronto com as posições de quem resiste a isso não isenta, mas obriga à clarificação dos horizontes de ambas as posições. Disso resulta a importância – não apenas retórica e muito menos cosmética – de uma atitude de cuidado com as histórias de vida das pessoas e com as suas relações na concretude das suas expressões.

A passagem do mero julgamento ao cuidado implica atenção ao acompanhamento, elemento substancial, típico da *Amoris laetitia,* mas, infelizmente, ignorado ou subestimado por aqueles que, com toda rigidez, se fecham em posturas de resistência a ela.

[23] O reconhecimento de níveis de autenticidade na qualidade das relações construídas depois do fracasso de um vínculo matrimonial precedente abre a estrada a formas de acolhida e de acompanhamento que podem também abrir a via de acesso aos sacramentos, como sugere a nota 351 (ou 41) da *Amoris laetitia*.

Os valores presentes nas condições conjugais, que muitas vezes emergem após uma relação fracassada, podem ter um alcance e uma densidade tão amplos, a ponto de até serem reconhecidos como "sinais de amor que refletem de algum modo o amor de Deus",[24] sem que seja preciso privá-las daquela intimidade e proximidade que se exprimem também na esfera da sexualidade.

Se a *Amoris laetitia* supera a rígida consideração feita no número 84 da *Familiaris consortio* – "viver como irmão e irmã" –, o faz justamente sobre a base de um sistema paradigmático de sinal antropológico mais equilibrado e construtivo. Não o reconhecer é, definitivamente, negligenciar a dimensão histórica das pessoas e de suas escolhas de vida; é uma absolutização da verdade objetiva dos atos morais, ignorando aquela "*veritas vitae*"[25] na qual consciência e história, sujeito e atos se encontram e se equilibram. Nessa verdade da/para a vida é que se manifesta, em última análise, a dimensão pastoral da teologia moral.[26]

Considerações finais

A nossa visão crítica sobre as resistências à *Amoris laetitia* evidenciou que, além da materialidade das questões emergentes

[24] AL 294.

[25] A expressão é do Papa Adriano VI. Ver: HEIN, Rudolf B. Gewissen im Spannungsfeld von Autonomie und Wahrheit. Denkanstöße durch das Konzept der *veritas vitae* bei Adrian von Utrecht. *Studia Moralia* 55/2 (2017): 243-269.

[26] Sobre o sentido e a densidade dessa dimensão pastoral, ver: ZACHARIAS, Ronaldo. *Amoris laetitia*: um 'sim' radical à pastoralidade da teologia moral. *Perspectiva Teológica, Belo Horizonte* 53/1 (2021): 17-39. Sobre a relação entre teologia pastoral e teologia moral, ver: AUTIERO, Antonio. *Amoris laetitia* tra teologia pastorale e teologia morale. In: AUTIERO, Antonio (Ed.). *Per una nuova cultura pastorale*. Il contributo di *Amoris laetitia*. San Paolo: Milano, 2019, p. 23-39.

na crítica à exortação apostólica, é também muito relevante a compreensão da abordagem tipológica e do sistema hermenêutico ao qual elas se referem. Sobre essa leitura de horizonte interpretativo é que quisemos nos deter, na convicção de que, a partir dela, é possível obter pistas de reflexão que permitam manter viva e dinâmica a atenção ao tema da família e das relações afetivas e compreender a evolução dos modelos, acompanhando suas fragilidades.

Fidelidade à tradição, de fato, não significa apenas o gesto repetitivo do que era próprio das origens, mas também a aproximação criativa a uma visão sempre aberta a novas perspectivas. Tudo isto gera uma sensibilidade que – em termos da teoria do conhecimento, mas também no horizonte do conhecimento da fé – recupera o contexto histórico-cultural de como as doutrinas foram e continuam a ser formadas e, ao investigá-lo, o liberta de visões rígidas e o confia à criatividade de inspiração para o futuro.[27] O esquecimento dessa consciência dinâmica acentua a tendência à estagnação das doutrinas e – o que é ainda mais grave – invoca um "dispositivo de bloqueio" que acaba por reduzir o espaço de vitalidade e de ação do Espírito.[28]

[27] Muito incisivas e decisivas a esse respeito são as palavras de Papa Francisco na audiência geral de 23.06.2021, num comentário feito à Carta aos Gálatas: "Não faltam, nem mesmo hoje, de fato, pregadores que [...] se apresentam não principalmente para anunciar o Evangelho de Deus que ama o homem em Jesus Crucificado e Ressuscitado, mas para reiterar com insistência, como verdadeiros e próprios 'guardiões da verdade' – assim se autodefinem –, qual seja o modo melhor para ser cristãos. E com força afirmam que o cristianismo verdadeiro é aquele [...] identificado com certas formas do passado. [...] Também hoje [...] existe a tentação de encerrar-se em algumas certezas adquiridas em tradições passadas [...]; uma das características do modo de proceder é a rigidez. [...] Aquela indicada do Apóstolo é a via libertadora e sempre nova de Jesus Crucificado e Ressuscitado; é a via do anúncio, que se realiza através da humildade e da fraternidade [...]. E esse caminho manso e obediente vai adiante na certeza de que o Espírito Santo opera em cada época da Igreja". Disponível em: https://press.vatican.va/content/salastampa/it/bollettino/pubblico/2021/06/23/0404/00886.html. Acesso em: 10 jul. 2021.

[28] Faço referência aqui aos aprofundamentos de GRILLO, Andrea. *Da museo a giardino*. La tradizione della Chiesa oltre il "dispositivo di blocco". Assisi: Cittadella, 2019.

A tensão temporal que move a elaboração e a afirmação das doutrinas completa-se também com a tensão espacial do seu dinamismo de relevância. Muito frequentemente, aqueles que defendem a verdade das doutrinas o fazem por meio do recurso exclusivo e vinculante às expressões do Magistério, entendido em sentido estrito. O que pouco importa para eles é o que Karl Rahner chamava de "*Lehrautorität der Gläubigen*"[29] (autoridade do magistério dos fiéis), expressão correlata à consideração substancial do *sensus fidelium*, que também, para as verdades práticas – portanto para a teologia moral –, é de uma importância imprescindível.[30]

As resistências à *Amoris laetitia* referem-se a preocupantes deficiências, tanto de caráter antropológico quanto teológico e eclesiológico. Prestar atenção a tais limitações não serve somente para melhor entender o alcance das resistências, mas também para colher, em sentido crítico e autocrítico, pistas decisivas que devem acompanhar a própria recepção da *Amoris laetitia*, não como documento fechado em si, mas como oportunidade de um processo aberto à família e ao matrimônio como realidades em movimento. Tudo isso no contexto construtivo de paixão pelo ser humano e suas capacidades relacionais e de serviço a uma Igreja fiel à novidade do Evangelho.

---

[29] RAHNER, Karl. Zum Verhältnis von Theologie und Volksreligion. *Schriften zur Theologie*, Benziger, Einsiedeln 16 (1984): 185-195.

[30] CURRAN, Charles E.; FULLAN, Lisa A. (Eds.). *The sensus Fidelium and Moral Theology*. New York: Paulist Press, 2017.

Referências bibliográficas

AUTIERO, Antonio; GOERTZ, Stephan. A proposito di dubbi, errori e distinzioni. Una postfazione. In: GOERTZ, Stephan; WITTING, Caroline (A cura di). *Amoris laetitia. Un punto di svolta per la teologia morale?* Cinisello Balsamo: San Paolo, 2017, p. 257-269.

AUTIERO, Antonio. Rapporti, legami, famiglie. Forme di vita in transizione. In: PICENARDI, Gianni (Ed.). *Persona, psiche e società.* Sulle tracce dell'umano. Atti del XVI corso dei Simposi rosminiani 24-27 agosto 2015. Stresa: Edizioni Rosminiane, 2016, p. 45-64.

AUTIERO, Antonio. *Amoris laetitia* tra teologia pastorale e teologia morale. In: AUTIERO, Antonio (Ed.). *Per una nuova cultura pastorale.* Il contributo di *Amoris laetitia.* San Paolo: Milano 2019, p. 23-39.

CAHILL, Lisa S. *Amoris laetitia*: A New Approach to Sex and Gender Ethics. *Asian Horizons* 12/2 (2018): 296-314.

CURRAN, Charles E.; FULLAN, Lisa A. (Eds.). *The sensus Fidelium and Moral Theology*. New York: Paulist Press, 2017.

DELICATA, Nadia. *Amoris laetitia* and *Veritatis splendor* on the Object of the Act. *Melita Theologica* 67 (2017): 237-265.

DODARO, Robert (Ed.). *Permanere nella verità di Cristo:* Matrimonio e comunione nella chiesa cattolica. Siena: Cantagalli, 2015.

FORD, David F. The Nature of Doctrine: Religion and Theology in a Postliberal Age by George A. Lindbeck. *The Journal of Theological Studies* 37/11 (1986): 277-282.

FRANCISCO, Papa. *Amoris laetitia.* Exortação Apostólica Pós-Sinodal sobre o amor na família. São Paulo: Loyola, 2016.

FRANCISCO, Papa. Catechesi sulla Lettera ai Galati. Udienza Generale (23.06.2021). Disponível em: https://press.vatican.va/content/salastampa/it/bollettino/pubblico/2021/06/23/0404/00886.html. Acesso em: 10 jul. 2021.

GRILLO, Andrea. *Da museo a giardino.* La tradizione della Chiesa oltre il "dispositivo di blocco". Assisi: Cittadella, 2019.

HEIN, Rudolf B. Gewissen im Spannungsfeld von Autonomie und Wahrheit. Denkanstöße durch das Konzept der *veritas vitae* bei Adrian von Utrecht. *Studia Moralia* 55/2 (2017): 243-269.

JOÃO PAULO II, Papa. *Veritatis splendor.* Carta Encíclica sobre algumas questões fundamentais do ensinamento moral da Igreja. São Paulo: Loyola, 1993.

KEENAN, James F. Regarding *Amoris laetitia*: Its Language, its Reception, some Challenges, and Agnosticism of some of the Hierarchy. *Perspectiva Teológica,* Belo Horizonte 53/1 (2021): 41-60.

LINDBECK, George A. *The Nature of Doctrine:* Religion and Theology in a Postliberal Age. London: SPCK, 1984.

MAGISTER, Sandro. Criar clareza. Alguns nós por resolver em "Amoris laetitia" – Um apelo (14.11.2016). Disponível em: http://chiesa.espresso.repubblica.it/articolo/1351410.html. Acesso em: 10 jul. 2021.

MARENGO, Gilfredo. *Generare nell'amore.* La missione della famiglia cristiana nell'insegnamento ecclesiale dal Vaticano II a oggi. Assisi: Cittadella, 2014.

MELINA, Livio (Ed.). *Conversione pastorale per la famiglia: sì, ma quale?* Contributo del Pontificio Istituto Giovanni Paolo II al Sinodo. Siena: Cantagalli, Siena 2015.

MOMMSEN, Wolfgang. *Christliche Ethik und Teleologie. Eine Untersuchung der ethischen Normierungs-theorien von*

Germain Grisez, John Finnis und Alan Donagan. Altenberge: Oros Verlag, 1993.

PEREZ-LOPEZ, Angel. *Veritatis splendor* and *Amoris laetitia*: Neither Lamented nor Celebrated Discontinuity. *Nova et vetera* 16 (2018): 1183-1214.

POLGAR, Nenad; SELLING, Joseph A. (Eds.). *The Concept of Intrinsic Evil and Catholic Theological Ethics*. London: Lexington Books, 2019.

PONTIFICIO CONSIGLIO PER LA FAMIGLIA (Ed.). *Enchiridion della famiglia e della vita.* Documenti magisteriali e pastorali dal Concilio di Firenze (1439) a Papa Francesco. Roma: Libreria Editrice Vaticana, 2014.

RAHNER, Karl. Zum Verhältnis von Theologie und Volksreligion. *Schriften zur Theologie,* Benziger, Einsiedeln 16 (1984): 185-195.

SCHOCKENHOFF, Eberhard. *Die Kunst zu lieben. Unterwegs zu einer neuen Sexualethik*. Freiburg: Herder, 2021.

SEEWALD, Michael. *Il dogma in divenire.* Equilibrio dinamico di continuità e discontinuità. Brescia: Queriniana, 2020.

STRIET, Magnus. Johannes Paul II, und das Ende einer Lehramtsepoche. In: GOERTZ, Stephan; STRIET, Magnus. (Eds.). *Johannes Paul II – Vermächtnis und Hypothek eines Pontifikats*. Freiburg: Herder, 2020, p. 61-84.

TAMBOUR, Hans-Joachim. *Theologischer Pragmatismus. Semiotische Überlegungen zu Georg A. Lindbecks kulturell--sprachlichem Ansatz*. Münster: LIT Verlag, 2002.

ZACHARIAS, Ronaldo. *Amoris laetitia*: um 'sim' radical à pastoralidade da teologia moral. *Perspectiva Teológica,* Belo Horizonte 53/1 (2021): 17-39.

6

Resistências à *Amoris laetitia*?

Ou uma questão de incongruência?

***Maria Teresa (MT) Dávila*[1]**

Introdução

A Exortação Apostólica *Amoris laetitia* oferece orientações para o acompanhamento pastoral das famílias católicas em todos os tipos de situações. Ela menciona, por exemplo, os desafios da sociedade moderna para as famílias, tais como as redes sociais, a tecnologia (especialmente porque impactam questões trabalhistas e o bem-estar das pessoas), a cultura do descarte, a pobreza, as condições que levam à falta de emprego e a migração. Expressando as discussões ocorridas durante as duas fases do Sínodo sobre a família, a Exortação tem como foco a bênção e o dom que as famílias significam para o contexto pessoal e social. Ao mesmo tempo, ela entende que cada época expõe as pessoas, individualmente e na sua unidade fa-

[1] Maria Teresa (MT) Dávila é Doutora em Ética Teológica e Social (Boston College – Chestnut Hill, MA – USA), Professora no Merrimack College (North Andover, MA – USA) e Consultora do Programa Ciências para os Seminários, a fim de facilitar o uso das ciências na educação teológica dos pastores e líderes da fé. Tradução do espanhol: Tarcísio dos Santos, sdb.

miliar, a desafios que ameaçam a vida em família, tornando-a uma realidade que experimenta tristezas e ansiedades.

Na ocasião do seu lançamento, em março de 2016, a *Amoris laetitia* chamou nossa atenção especialmente pela forma como elaborou uma postura pastoral acolhedora em relação às famílias com casamentos irregulares, visto que o divórcio e outras circunstâncias deixam tais famílias canonicamente isoladas da vida sacramental. A seção do documento que aborda esse assunto – especialmente o Capítulo VIII – suscitou reações adversas da parte dos participantes do Sínodo e pedidos de explicações de alguns setores da Igreja que consideraram que algumas posições pastorais oferecidas pelo documento estariam contra a norma canônica da Igreja no que diz respeito ao casamento e à vida familiar.

Embora o documento – um dos mais longos e abrangentes sobre o casamento e a família na história da Igreja – aborde uma série de questões relevantes, acredito que há algumas significativas omissões, tais como: o capitalismo, nesta era crucial em que vivemos; a crise da saúde mental, que tanto impacta as famílias hoje em dia; as conquistas da ciência atual em relação a gênero e sexualidade. É interessante perceber que, embora a longa história da Doutrina Social da Igreja[2] aborde com profundidade o tema da economia e as falhas e violência de diferentes sistemas, a *Amoris laetitia* fica muito aquém diante do indiscutível desafio do capitalismo tardio. Como veremos, não é a mesma coisa falar da pobreza como um desafio particular e mergulhar nos sistemas que se aproveitam da unidade familiar, dão-lhe forma específica para seu benefício, separando-a,

[2] Ver: PONTIFÍCIO CONSELHO "JUSTIÇA E PAZ". *Compêndio da Doutrina Social da Igreja*. 7. ed. São Paulo: Paulinas, 2011.

assim, do seu fim sacramental em Cristo para o bem comum da humanidade. O desafio da crise da saúde mental está intimamente ligado ao capitalismo desmedido, especificamente à produção de comportamentos patológicos centrados na corrupção espiritual do desejo natural nas pessoas e nos diversos tipos de violência a que isso nos leva, rompendo não apenas laços sacramentais e familiares, mas também o nosso próprio ser. Por fim, a discussão sobre gênero e sexualidade precisa ser entrelaçada com esses dois primeiros desafios não abordados pela *Amoris laetitia.*

Tanto as ciências médicas quanto as ciências sociais indicam que estamos vivenciando um estágio em que a violência histórica e contínua contra as mulheres está forjando uma mudança radical na compreensão de gênero e sexualidade. Embora alguns se lamentem e até levantem alarmes sobre um suposto contágio da cultura cuir,[3] é extremamente importante examinar por que estamos aqui. Ainda mais importante será refletir se a Igreja está ou não capacitada para acolher pastoralmente este momento na vida dos que constituem as famílias atuais. É por isso que não falo de uma resistência ao acolhimento e à aplicação do documento na vida das famílias e comunidades católicas, mas de uma *incongruência* entre os elementos descritivos e analíticos do documento na vida das famílias que estão intimamente incorporadas aos sistemas globais de conquista e aquisição. Cabe à Igreja responder de forma pastoral, fiel e caridosa às três "patologias" que as famílias modernas enfrentam: o capitalismo tardio, a crise da saúde mental, questões de gênero

[3] O termo "cuir" refere-se à Teoria Queer. A opção por ele é mais consoante com o pensamento que vem se desenvolvendo no contexto latino-americano sobre a necessidade de reformulação desse conceito.

e sexualidade. Chamo tais desafios de "patologias" porque sua presença na sociedade e seu impacto sobre as famílias representam a complicada relação das dinâmicas sociais, culturais, econômicas, religiosas, psicológicas e políticas que as famílias enfrentam de forma aguda e crônica ao mesmo tempo. Para essa tarefa, recorremos ao Cristo crucificado, símbolo fundamental de nossa fé, que representa a humanidade quebrada e que, por isso, não requer um "ideal" (como faz a Igreja, segundo a *Amoris laetitia,* ao abordar o matrimônio e a família), mas um acompanhamento fiel e solidário.

1. Patologias da família moderna: o capitalismo tardio

A unidade familiar sempre foi uma entidade econômica. Aqui consideramos por "unidade familiar" como ela foi construída durante a história da humanidade, incluindo clãs e tribos que estão organizadas em torno da função colaborativa de fomentar e salvaguardar o bem comum de um determinado grupo. O bem-estar material das pessoas (alimentação, abrigo, educação, saúde física, mental e espiritual) é garantido nesta unidade familiar. Essa identidade econômica não representa apenas colaboração, mas também concorrência com outras unidades pelos recursos materiais mais escassos numa região. As dinâmicas de colaboração e competição auxiliam no desenvolvimento natural de vínculos sentimentais estabelecidos pelas relações sanguíneas e pela continuidade da identidade, uma vez que houve períodos em que a humanidade considerou como unidade familiar pessoas não relacionadas por consanguinidade, mas por outros elementos de identidade, proximidade e cooperação.

Nessas unidades familiares em que, em primeiro lugar, o bem-estar material da humanidade está em jogo, também vemos expressões de distorção do desejo de compra, de inveja e de ganância. Quando a sociedade sistematiza essas distorções, as famílias são intimamente afetadas e envolvidas. Três exemplos – aqui brevemente mencionados – servem para ilustrar essa dinâmica. A vassalagem feudal representa uma relação político-econômica segundo a qual o senhor feudal concede certas proteções ao vassalo que estiver ligado a ele por meio de homenagens e tributos materiais. Essa relação social garantia a submissão da maioria das famílias de baixa renda a algumas famílias ricas. Havia também um importante elemento teológico: muitas vezes essa dinâmica foi revestida com um verniz sagrado, segundo o qual senhor feudal se impunha como uma figura moralmente mais nobre e divinizada do que a plebe vassala. O segundo exemplo é o da conquista europeia das nações e povos indígenas. Essa expressão histórica do impulso de compra – sistematizada e legitimada tanto política quanto religiosamente – destrói os sistemas familiares indígenas, uma vez que o plano econômico de bem-estar familiar (nas unidades de tribos e clãs que incluem o meio ambiente como membros da família) não correspondia ao plano econômico da conquista. Finalmente, esse impulso aquisitivo da conquista expande-se para a escravidão como um sistema de força de trabalho, imposto às unidades familiares da África e dos povos indígenas, em que nem o sangue nem a tribo foram respeitados quando se tratou de usar o ser humano como capital e mercadoria.

Esses exemplos têm em comum não apenas o pecado da aquisição desmesurada, mas também a sistematização e legitimação da violência econômica de forma totalizadora. Diante dessa violência, as unidades familiares transformam-se em agentes de reprodução desses sistemas, incorporando em si mesmas o choque econômico, social, político e religioso, ao mesmo tempo que são vitimadas por eles. Como consolidamos o lamento sobre a desintegração da família quando, até muito recentemente – cerca de 100 anos –, separamos famílias indígenas para o suposto bem-estar das crianças, que deviam crescer expostas à cultura – com seu consequente modo de vida – ocidental?

Atualmente, a unidade familiar, na sua forma atomizada e individualizada (composta apenas por pais e filhos, sem incluir parentes ou avós), continua sendo manipulada pelo sistema global de consumo capitalista. A violenta desigualdade, que gera dificuldade de trabalho e pobreza e leva tantos a arriscar suas vidas em processos migratórios (fatores mencionados na *Amoris laetitia*), é sintoma direto do capitalismo tardio das últimas décadas. Antes disso, o desenvolvimento econômico do Atlântico Norte, logo após a Primeira Guerra Mundial, dependeu muito do processo atomizador do ser humano como consumidor, cada um sendo dono dos seus desejos e bem-estar material.

Após a Segunda Guerra Mundial, o foco na família atomizada como agente de consumo e impulso econômico tornou-se um projeto nacional para nações que desejavam recuperar sua economia. Dentro dessa família atomizada, a mãe torna-se compradora de inúmeros produtos que o mercado – fortemente apoiado e estimulado pelo Estado – define como essencial para sua identidade e a identidade da família como membro da sociedade. Esse consumo não se limita aos artigos necessários para o bem-estar da família, mas inclui a manipulação do desejo para estabelecer "necessidades" que representam uma identidade de privilégio, participação nos sistemas sociais que ditam o que é infância, idade adulta e família, sempre com foco na definição de gênero de acordo com práticas específicas de consumo.

A Doutrina Social da Igreja entende o impacto do consumo excessivo na sociedade e no ambiente. Na *Laudato si'*, o Papa Francisco discute com profundidade a distorção do ser humano produzida pelo mercado sem limites.[4] No entanto, na *Amoris laetitia*, há uma incongruência entre a compreensão dos desafios enfrentados pela família e a visão mais ampla das distorções causadas pelo capitalismo ocidental moderno. Essa incongruência leva a assumir como normativa e sagrada a unidade familiar que mais convier ao mercado, aquela definida por meio do consumo, que isola a pessoa de seus laços familiares e fraternos, estendendo-se para além do círculo atomizado falsamente, criado pelas forças das políticas econômicas dos últimos dois séculos, e que é imposta como parte do projeto de Deus e como necessária para o bem viver. Necessariamente, isso leva a família moderna – nesta fase do capitalismo – a se sentir à deriva, sem os recursos pastorais que capacitam, guiam e celebram seus esforços por uma verdadeira resistência que lhes permita forjar uma economia doméstica integral, desencadeando, assim, o jugo do consumo patológico e suas consequências.

2. Patologias da família moderna: a crise da saúde mental

Em 2004, a Organização Mundial da Saúde (OMS) evidenciou uma das crises mais caras e profundas da família moderna:

[4] FRANCISCO, Papa. *Laudato Si'*. Carta Encíclica sobre o cuidado da casa comum. São Paulo: Paulus/Loyola, 2013.

> Uma em cada quatro famílias tem pelo menos um membro afetado por um transtorno mental. Os membros da família são frequentemente os principais cuidadores de pessoas com transtornos mentais. A magnitude do fardo sobre a família é difícil de ser apreciada e, por isso, é muitas vezes ignorada. No entanto, é seguro dizer que o impacto é significativo na qualidade da vida familiar.[5]

Estima-se que, nos últimos três anos, essa estatística tenha crescido significativamente, em particular devido ao impacto do isolamento e da instabilidade econômica causados pela pandemia da Covid-19.[6] No entanto, a maioria dos países destina menos de 2% de seu orçamento para programas de saúde mental, deixando mais de 75% da população com diagnósticos e problemas de saúde mental sem acesso a um tratamento eficaz. Some-se a isso o fato de que o suicídio mata aproximadamente 800.000 pessoas por ano, uma a cada 40 segundos. Essas estatísticas não incluem as incontáveis tentativas de suicídio que afetam tanto a pessoa quanto todo o ambiente familiar e social. Essas estatísticas também não incluem pessoas mais velhas que sofrem de demência, condição que normalmente não é incluída entre as doenças de saúde mental, mas que tem efeitos muito semelhantes nas estruturas familiares.

A afirmação da OMS diz tudo: "A magnitude do fardo sobre a família é difícil de ser apreciada". Em primeiro lugar, há

[5] ORGANIZACIÓN MUNDIAL DE LA SALUD. *Invertir en salud mental*. Ginebra: Departamento de Salud Mental y Abuso de Sustancias. Organización Mundial de la Salud, 2004, p. 12. Disponível em: https://www.who.int/mental_health/advocacy/en/spanish_final.pdf. Acesso em: 22 jul. 2021.

[6] Ver todos os relatórios da OMS, desde 2005 até 2021, em: WORLD HEALTH ORGANIZATION (WHO). The Global Health Observatory. Explore a World of Health Data. Disponível em: https://www.who.int/data/gho/publications/world-health-statistics. Acesso em: 22 jul. 2021.

um impacto econômico devido à perda de horas de trabalho (do adulto em crise ou do trabalhador que deixa de trabalhar para cuidar de algum familiar), ao custo da assistência médica intensiva e de longo prazo e ao desvio de recursos econômicos para outros setores da economia familiar, que interrompe planos previamente estabelecidos. Em segundo lugar, a unidade familiar registra uma série de traumas coletivos e individuais que causam efeitos a longo prazo. Isso pode causar uma queda na produtividade dos trabalhadores da família, incapacidade de prestar cuidados adequados aos familiares mais jovens e doenças secundárias causadas por trauma e estresse (como pressão alta, doenças oportunistas devido à baixa do sistema imunológico, obesidade ou perda excessiva de peso). Esse trauma também causa profundos desafios à saúde mental dos familiares que são difíceis de cuidar adequadamente devido à falta de tempo, ao baixo acesso aos provedores de terapia, ao estigma e ao isolamento. Em terceiro lugar, socialmente, a unidade familiar perde contatos e vínculos necessários devido ao estigma e ao isolamento social que ocorrem em decorrência de doenças mentais, incluindo o apoio da Igreja e da sua comunidade. Devido à falta de tempo, ao estigma e à vergonha, para prevenir certos comportamentos ou momentos de crise em público, a família está cada vez mais se isolando dos círculos sociais que normalmente proporcionam apoio, conforto e oração. Finalmente, os problemas de saúde mental nas famílias muitas vezes respondem pelo alto custo do divórcio. Esse rompimento do vínculo matrimonial é resultado do estresse emocional diretamente relacionado à carga de cuidado, trauma, cansaço, isolamento e outros impactos secundários da doença mental. Especificamente, torna-se muito difícil para os pais com filhos que sofrem de doença mental apegarem-se um ao outro emocionalmente, concordar com o tratamento e as formas de cuidado, estar de acordo sobre como lidar com o impacto da doença no resto da unidade familiar e com a ausência de intimidade devido ao cansaço e ao trauma da situação. Se somarmos os impactos à saúde mental dos pais, que muitas vezes não são sequer percebidos, encontraremos nessas situações a fórmula perfeita para um divórcio ou separação.

A *Amoris laetitia* não faz menção alguma às doenças mentais e seu impacto na família. Tenhamos presente que as estatísticas nos dizem que, mundialmente, uma em cada quatro famílias sofre o impacto de algum desafio ou crise de saúde mental. O silêncio das Igrejas sobre essa questão se transforma em injustiça estrutural. No entanto, na *Amoris laetitia,* indiretamente, aparece a presença desse fenômeno nas famílias:

> É compreensível que, nas famílias, haja muitas dificuldades, quando um dos seus membros não amadureceu a sua maneira de relacionar-se, porque não curou feridas de alguma etapa da sua vida. [...] Quando a relação entre os cônjuges não funciona bem, antes de tomar decisões importantes, convém assegurar-se de que cada um tenha feito este caminho de cura da própria história.[7]

Mas em nenhum momento o documento chama as Igrejas para acompanhar, de modo especial, famílias que enfrentam essa crise. A ausência de qualquer linguagem sobre saúde mental ou doença mental neste documento dedicado ao acompa-

[7] FRANCISCO, Papa. *Amoris laetitia.* Exortação Apostólica Pós-Sinodal sobre o amor na família. São Paulo: Loyola, 2016, n. 250-251. Daqui em diante = AL.

nhamento pastoral das famílias contribui muito para o estigma sofrido pelas famílias que lutam nessas situações de caos e dor.

Como dizemos em grupos de apoio às famílias, "quando nossos filhos estão em crise por sua saúde mental, não nos trazem nem pratos de comida nem flores. Apenas nos ignoram". Mais uma vez, vemos a incongruência do documento com a realidade de tantas famílias ao redor do mundo. O impulso pastoral que não admite abertamente essa realidade tão presente na vida das famílias falha, afasta e silencia. Em outras palavras, a pastoral familiar que não inclui explicitamente ou não educa sobre as necessidades de saúde mental das famílias produz uma violência espiritual muito difícil de ser curada.

3. Patologias da família moderna: questões de gênero e sexualidade

Estamos, definitivamente, vivendo numa época de mudanças e adaptações radicais quando se trata de definições e atitudes sobre sexualidade, gênero, orientação sexual e identidade. Muitos consideram uma crise para a família moderna, visto que tais mudanças e adaptações bagunçam papéis e sentimentos considerados normativos do que é a família, com um pai e uma mãe (entendidos como uma identidade de gênero essencializada em sua feminilidade e masculinidade), filhos e filhas (novamente, sob uma compreensão essencialista do que é gênero feminino e masculino). Embora as estatísticas promulgadas por Kinsey na década de 1940 – de que 10% da população é homossexual – tenham sido descartadas como exageradas, podemos dizer que hoje o número daqueles que se identificam de alguma forma no campo das identidades LGBTQIA+ aumentou significativamente.

Esse fenômeno é preocupante para muitas pessoas, mas acredito que é hora de tentar entender de que modo a violência de gênero – que não se limita à violência doméstica física, mas também psicológica e espiritual – e o sexismo estrutural têm como consequências a evolução dos papéis e a compreensão das identidades de gênero. As gerações mais jovens, em particular, descartam papéis marcados por identidades de gênero normativas, forjadas por atitudes machistas, sexistas e misóginas que pressupõem a fragilidade do feminino à prepotência do masculino. Essas reações, de certo modo, resultam também do abuso e do excesso desse espírito consumista que domina a economia e o capitalismo excessivo. A conquista das Américas não apenas destruiu comunidades e formas de viver em que o conceito de família estendia-se à mãe terra, mas também destruiu conceitos e práticas de gênero que não se limitavam ao modelo binário homem-mulher. Em muitas partes das Américas e em outras regiões do mundo, o impulso colonizador, muitas vezes revestido de cristianismo, impôs ideias europeias sobre família, sexualidade e identidade de gênero que violentavam de forma subjugante todos aqueles – e todas as culturas – que não se conformavam com a masculinidade conquistadora do senhor europeu.

Estamos agora num momento histórico em que as pessoas estão organizando unidades familiares que, embora não conformes à ideia normativa de família exposta pelo ensino católico e pelas culturas ocidentais, igualmente fomentam laços de caridade, fidelidade, compromisso e bem-estar material, psíquico e espiritual. Esse é o fenômeno das "famílias escolhidas".

É indiscutível que a tendência de expandir os laços familiares busca romper as barreiras estéreis das famílias atomizadas produzidas pelo consumo e o posicionamento social do século XX no Atlântico Norte, retornando, assim, às tradições familiares pré-coloniais. De certa forma, esse modelo mais amplo de ser família, provocado em muitos casos pelas tendências cuir (tanto culturais quanto médicas), resulta estar mais preparado para cuidar da "casa comum" e enfrentar a crise ambiental causada pelo desperdício e pelo consumo, resistindo ao estigma social e à opressão econômica e política que perseguem tais comunidades.

A forma como a *Amoris laetitia* aborda (muito brevemente) as pessoas cuir na família é preocupante. Embora reitere a postura de respeito ao bem pessoal (físico e psicológico) dessas pessoas,[8] o documento insiste que não há maneira possível de aceitar ou integrar o casamento entre pessoas do mesmo sexo na experiência da comunidade eclesial.[9] Especificamente, é irresponsável que um documento dedicado ao acompanhamento das famílias hoje em dia inclua a seguinte frase: "É totalmente inaceitável que as Igrejas locais sofram pressões nesta matéria [...]",[10] promovendo, assim, o falso espectro do "lobby gay". Tais posturas contribuem para o abuso das pessoas cuir na sociedade e em seus trabalhos, incluindo a prática de demitir de seus empregos pessoas cuir que trabalham para a Igreja em suas escolas, paróquias, hospitais etc.

Do mesmo modo que a Igreja levanta uma voz clara e desafiadora contra as opressões sociais, econômicas e políticas

[8] AL 250.
[9] AL 251.
[10] AL 251.

cobertas pela Doutrina Social da Igreja (como na área da migração, tráfico de pessoas, pena de morte e perseguição carcerária e política), temos de enfrentar as tendências machistas e misóginas que historicamente levaram à destruição da família (como unidade social expansiva responsável pelo bem material) e do meio ambiente. Esse processo não é possível se não olharmos honestamente para as fontes deste momento histórico cuir, ou se o usarmos para nos entrincheirarmos em posturas de gênero e sexualidade excludentes. É preciso ter em mente que a própria Igreja é cúmplice e produtora dos sistemas sexistas e patriarcais de dominação do corpo feminino e do meio ambiente, e que, portanto, sua visão essencialista do homem e da mulher apresenta uma incongruência com a visão integralista e expansiva daqueles que refletem sobre que tipo de arranjos comunitários e familiares promovem o bem da casa comum e do ser humano em sua plena expressão espiritual, psicológica, material e sexual.

Considerações finais

Devemos dizer que esses três desafios mencionados – capitalismo tardio, crises da saúde mental e questões de gênero e sexualidade – estão intimamente entrelaçados. Tais desafios correspondem fortemente à presença e ao impacto histórico da Igreja na sociedade, especialmente nas regiões mais atingidas pelo impulso de conquista e de compra que se seguiu à Idade Média. Como afirmei no início, chamo tais desafios de "patologias" porque tanto sua presença na sociedade quanto seu impacto sobre as famílias representam a complicada relação de dinâmicas sociais, culturais, econômicas, religiosas, psicológicas e políticas que as famílias enfrentam de forma aguda e crônica, gerando dor e sofrimento ao mesmo tempo.

A família e a sociedade não estão colocando nenhuma resistência às análises e recomendações da *Amoris laetitia*, mas simplesmente se encontram não representadas nem inclusas no documento. Como famílias modernas, desejamos nos libertar dos jugos do abuso do capitalismo e do consumo excessivo, forjando laços comunitários e ativistas que nos comprometam a proteger a casa comum desde a vida doméstica e como força social e política. Como famílias modernas, reconhecemos que as necessidades de saúde mental ao nosso redor são muito mais exigentes e destrutivas do que podemos enfrentar com os poucos recursos que a sociedade nos oferece, e o isolamento que isso causa. Como famílias modernas, vemos chegar o momento em que não poderemos estar mais sob o peso opressivo do sexismo estruturado, que há séculos vem pisando na visão de uma família ampla e acolhedora mais natural para o ser humano.

Como a Igreja nos prepara para enfrentar esses desafios? Quais são os recursos que ela oferece para que possamos promover a cura e a integridade humana e ambiental e desmantelar o patriarcado violento e arrogante nas estruturas patológicas nas quais nos encontramos? Como ela está educando e formando sua consciência para não ser acusada de cumplicidade com as forças que perseguem a família?

Resistência? Não! Acredito tratar-se mais de uma perigosa incongruência da visão eclesial da família contemporânea que nos deixa à deriva diante desses e de tantos outros desafios; e tudo isso já entrando no segundo quarto do século XXI. Sob um dilema tão marcante, só nos resta enraizarmo-nos no Cristo crucificado, o qual, enquanto representa o ser humano paradigmático, cai violentado pelos sistemas deste mundo, sistemas dos quais a Igreja não consegue se livrar e sobre os quais parece não estar muito bem-informada, no que diz respeito ao seu impacto nas famílias. A *Amoris laetitia* não consegue conectar temas centrais da Doutrina Social da Igreja com seu tratado sobre o acompanhamento pastoral das famílias. Isso a leva a ignorar a forma sistemática pela qual a vontade exclusivista, sexista e consumista, no mundo todo, impacta tão negativamente a família, muitas vezes por gerações. Para isso, teríamos que prestar atenção, por exemplo, ao modo como a conquista e a escravidão dos séculos XV-XIX continuam fazendo sangrar famílias latino-americanas e afro-americanas em todo o continente.

Devemos também prestar atenção ao modo como a falta de educação das mulheres em todo o mundo e a falta de educação de gênero e sexual impõem o sexismo no lar e na sociedade. Devemos prestar atenção, ainda, ao modo como as novas gerações recorrem a visões expansivas da unidade familiar, reunindo "famílias escolhidas" a partir das quais buscam forjar outro mundo. Para isso, precisamos da consciência histórica que Francisco menciona tanto na *Amoris laetitia*[11] quanto na *Fratelli tutti*,[12] aquela que exige que fiquemos firmemente com os crucificados da história, *desde* suas histórias e experiências, e a caminho para uma visão coordenada, ampla e colaborativa do que significa a liberdade e a plenitude para as famílias.

[11] AL 193.

[12] FRANCISCO, Papa. *Fratelli tutti*. Carta Encíclica sobre a fraternidade e a amizade social. São Paulo: Paulus, 2020, n. 226.

Referências bibliográficas

FRANCISCO, Papa. *Fratelli tutti.* Carta Encíclica sobre a fraternidade e a amizade social. São Paulo: Paulus, 2020.

FRANCISCO, Papa. *Amoris laetitia.* Exortação Apostólica Pós-Sinodal sobre o amor na família. São Paulo: Loyola, 2016.

FRANCISCO, Papa. *Laudato Si'.* Carta Encíclica sobre o cuidado da casa comum. São Paulo: Paulus/Loyola, 2013.

PONTIFÍCIO CONSELHO "JUSTIÇA E PAZ". *Compêndio da Doutrina Social da Igreja.* 7. ed. São Paulo: Paulinas, 2011.

WORLD HEALTH ORGANIZATION (WHO). The Global Health Observatory. Explore a World of Health Data. Disponível em: https://www.who.int/data/gho/publications/world-health-statistics. Acesso em: 22 jul. 2021.

7

Amoris laetitia e o senso da fé:

discernindo, acompanhando e superando resistências

Cesar Kuzma[1]

Introdução

A Exortação Apostólica *Amoris laetitia*, publicada pelo Papa Francisco em 2016,[2] é um documento exigente e que pede de nossa parte uma atenção e uma responsabilidade para com a sua proposta e conteúdo. Estamos celebrando cinco anos de sua publicação e, portanto, somos interpelados a novas reflexões e a novos desafios que surgem neste contexto. Muito já se avançou em dados reflexivos e em trabalhos apresentados, mas muita coisa ainda necessita ser tocada e levada a um bom termo, principalmente para que o documento se torne consequente para pessoas e famílias concretas, famílias e pessoas reais; que elas possam se sentir tocadas por ele e vejam nele um espaço de

[1] Cesar Augusto Kuzma é Doutor em Teologia (Pontifícia Universidade Católica do Rio de Janeiro), Professor e Pesquisador do Departamento de Teologia da PUC-Rio e Presidente da Sociedade de Teologia e Ciências da Religião (SOTER).

[2] FRANCISCO, Papa. *Amoris laetitia.* Exortação Apostólica Pós-Sinodal sobre o amor na família. São Paulo: Loyola, 2016. Daqui em diante = AL.

aproximação e avanço, até mesmo para superar os limites que o próprio documento apresenta.

Dentro da proposta do texto que aqui apresentamos, seguiremos com um método crítico-dialético, ressaltando aspectos do documento e dialogando com pontos que fazem transparecer desafios e resistências. Diante de tudo isso, entra a nossa tarefa teológica, numa recepção verdadeira, honesta, coerente e criativa, fiel à Igreja e disposta a aprofundar, com liberdade, algumas questões doutrinais, morais, espirituais e pastorais do documento,[3] a fim de melhor servir e contribuir para o entendimento presente e futuro. Acreditamos que o destino do documento se dará pelo processo de sua origem, isto é, na aproximação das realidades e no ouvir e sentir daqueles que estão inseridos e envolvidos na dinâmica das famílias. Este *sentir com o mundo* se torna um ponto fundamental para *sentir com a Igreja*, num *senso da fé* convidativo e criativo, disposto a avançar e a renovar na força do Espírito, que é quem conduz a Igreja nos passos de Jesus. O olhar atento a Jesus e à sua práxis libertadora,[4] carregada de ternura, amor e misericórdia, é que pode fazer novas todas as coisas.

1. *Amoris laetitia*: origem e recepção

A Exortação Apostólica Pós-Sinodal *Amoris laetitia* – A Alegria do Amor –, lançada e assinada pelo Papa Francisco em 19 de março de 2016, resulta das discussões e relatórios conclusivos de dois Sínodos dos Bispos sobre a Família, sendo uma Assembleia Geral Extraordinária (2014) e uma Assembleia Geral Ordinária

[3] AL 2.

[4] AL 58-59.

(2015).[5] Sobre esses eventos, é importante dizer que foram Sínodos disputados e com opiniões diversas e até conflituosas em alguns momentos. Poderíamos até perguntar se, em certas ocasiões, as assembleias sinodais estavam tratando sobre as famílias e as temáticas relativas a elas ou se estavam discorrendo sobre a Igreja e, mais especificamente, sobre a eclesiologia do Papa Francisco. Mais ainda: se a intenção era somar na chamada e na proposta de convocação do Papa para os Sínodos, em virtude das urgências do tema – os desafios e a missão da família na sociedade –, ou se seria a intenção derrubar e/ou questionar Francisco em sua forma de tratar com a doutrina ou o seu modo de pastorear e administrar a Igreja. Levantamos tais questões logo de início porque situações que se fizeram contrárias ao Papa ficaram amplamente conhecidas na época das assembleias sinodais; além disso, algumas inquietações ainda são recorrentes em certos grupos e em parte da estrutura hierárquica, os quais, fechados num modelo e sistema estrutural, dispõem-se e insistem mais em criticar – num tom de oposição ao Pontificado –,[6] do que abrir-se a um diálogo fraterno.

[5] Os relatórios sinodais, com as conclusões das assembleias e as propostas apresentadas ao Papa Francisco, podem ser consultados integralmente nos links abaixo: SÍNODO DOS BISPOS. III Assembleia Geral Extraordinária. Os desafios pastorais sobre a família no contexto da evangelização. *Relatio Synodi.* Cidade do Vaticano (18.10.2014). Disponível em: https://www.vatican.va/roman_curia/synod/documents/rc_synod_doc_20141018_relatio-synodi-familia_po.html. Acesso em: 15 ago. 2021. SÍNODO DOS BISPOS. XIV Assembleia Geral Ordinária. A vocação e a missão da família na Igreja e no mundo contemporâneo. *Relatio Finalis*. Cidade do Vaticano (24.10.2015). Disponível em: https://www.vatican.va/roman_curia/synod/documents/rc_synod_doc_20151026_relazione-finale-xiv-assemblea_po.html. Acesso em: 15 ago. 2021.

[6] É o caso das famosas *dubias*, de 2016, que foram levantadas pelos cardeais Carlo Caffarra, Walter Brandmüller, Raymond L. Burke e Joachim Meisner. Depois, de forma explícita (e agressiva), também temos as acusações dos cardeais Gerhard Müller e Robert Sarah, para ficarmos apenas nesta esfera de cardeais, pois as acusações seguem por várias partes da Cúria Romana, por diversos membros do episcopado, do clero em geral e dos leigos.

É importante esta alusão primeira, pois as reservas ao documento e certas resistências às suas propostas já se encontravam naquela época, passando a acontecer com mais força depois da publicação da Exortação, em especial por apontamentos do Capítulo VIII, que convida a Igreja a um olhar mais atento e pastoral a situações que se julgam difíceis e conflitivas. Com certeza, é a parte do documento em que se encontram questões mais explícitas e convidativas a um horizonte pastoral que se quer novo, que deve ser acompanhado, discernido e integrado, visando acolher as fragilidades num gesto de amor e misericórdia, que é o que aponta o próprio título do capítulo. Contudo, a *Amoris laetitia* é mais do que um capítulo apenas, e se faz necessário olhar o todo para perceber elementos que se complementam e que traduzem uma nova dinâmica no agir e entender ético-teológico-pastoral.

Essa intenção já ficou evidente na apresentação do documento, realizada pelo Arcebispo de Viena, o Cardeal Christoph Schönborn, em 8 de abril de 2016,[7] por ocasião do lançamento da Exortação, apresentação essa recomendada posteriormente pelo próprio Papa Francisco. Nela, Schönborn descreve elementos importantes e acrescenta que a Exortação nos coloca "a caminho" e que, para seguir esse caminho, é importante abertura e confiança, no amor e na alegria. Ele chega a referir-se à busca abrupta que somos tentados a fazer pelo Capítulo VIII, mas destaca que, para Francisco, não se deve esquecer da riqueza dos Capítulos IV e V, Capítulos que dão a base de leitura para o Capítulo VIII, no qual se encontram os grandes desafios.

[7] SCHÖNBORN, Christopher. Presentación de la Exhortación apostólica post-sinodal *Amoris laetitia*: la lógica de la misericordia pastoral (08.04.2016). Disponível em: https://press.vatican.va/content/salastampa/es/bollettino/pubblico/2016/04/08/presentacion.html. Acesso em: 15 ago. 2021.

Desde a sua publicação, a Exortação tem sido amplamente acolhida ou criticada, tanto por membros da hierarquia da Igreja quanto em espaços de debates teológicos, e isso revela a importância do documento e seu entendimento na dinâmica do Pontificado de Francisco. Outro cardeal que sempre se fez aberto e alinhado a Francisco foi Walter Kasper; depois de várias manifestações a respeito e com grande atenção ao conteúdo do documento, lança um livro, em 2019, convidando para um debate amigável,[8] afirmando que a *Amoris laetitia* é um *kairós*, uma oportunidade para avançarmos no âmbito da misericórdia.

Em março de 2021, para marcar os cinco anos da sua publicação, Francisco interrogou toda a Igreja sobre o ponto em que se encontra em relação à *Amoris laetitia* e a encorajou à encarnação na realidade histórica e real de tantas famílias, atenta à "franqueza do anúncio evangélico" e à "ternura do acompanhamento".[9] Para Francisco – na mesma perspectiva do que se propôs em 2016 –, faz-se urgente um olhar atento às muitas realidades existentes e que esse olhar seja resultado de um caminho sinodal,[10] pois, diante de tantas fragilidades, é importante caminharmos juntos, na abertura, na confiança e no amor.

Se voltarmos ainda o nosso olhar para as discussões que ocorreram nos dois Sínodos sobre a Família, encontraremos ali

---

[8] KASPER, Walter. *A mensagem de Amoris laetitia*: um debate amigável. São Paulo: Loyola, 2019.

[9] FRANCISCO, Papa. Mensagem aos participantes do Congresso online "O nosso amor cotidiano", por ocasião da abertura do ano "Família *Amoris laetitia*" (19.03.2021). Disponível em: https://www.vatican.va/content/francesco/pt/messages/pont-messages/2021/documents/papa-francesco_20210319_messaggio-corso-istituto-gp2.html. Acesso em: 15 ago. 2021.

[10] CONFERÊNCIA NACIONAL DOS BISPOS DO BRASIL. Fórum sobre a *Amoris laetitia*. Disponível em: https://www.cnbb.org.br/forum-amoris-laetitia-mensagem-papa-francisco/. Acesso em: 15 ago. 2021.

um Francisco que tentou encorajar mudanças pastorais em uma ótica de acolhida, de respeito, na misericórdia, no olhar concreto à pessoa e sua vulnerabilidade, mas que também fez respeitar a colegialidade dos bispos e o caminho da sinodalidade que se construía; aspectos importantes do Vaticano II que ele resgata em seu Pontificado. Tanto em 2014 quanto em 2015, houve consultas públicas, a partir de dois questionários que foram enviados às Igrejas locais e em atenção a realidades específicas. Todos tiveram liberdade de se expressar e manifestar suas convicções teológicas, pastorais e morais. Todo esse esforço contribuiu para um bom resultado; apesar dos avanços do documento final – que existem e são significativos –, há ainda alguns limites, que são aparentes e nos convidam a um caminhar constante e a uma reflexão que deve prosseguir para além do texto, na práxis pastoral e no acompanhamento pessoal e comunitário de situações concretas.

O texto da *Amoris laetitia* está sujeito a uma série de leituras, sobretudo crítico-propositivas. Isso significa que é possível avançar rumo a uma caminhada pastoral que implica compromisso, abertura e maturidade. O texto é bem estruturado e se percebe nele um jeito-Francisco-de-ser. Mas ele também expressa os conflitos presentes nos dois Sínodos, vindos de autoridades ou grupos que se mantiveram presos num horizonte eclesiológico distinto, ligados a estruturas e sistemas que hoje não dialogam mais e não respondem nem aos apelos humanos e sociais, nem às exigências do Evangelho, que se fazem sempre novas. Daí resultam os limites do documento ou as dificuldades de compreender a sua proposta em profundidade. Contudo, mesmo assim, Francisco soube tocar cada ponto com seriedade, profundidade, liberdade e ternura. Conforme já me expressei, numa outra ocasião, a *Amoris laetitia* é um ponto de partida, e não apenas de chegada.[11]

2. Caminhos e entendimentos

É importante destacar que a recepção e/ou a recusa da *Amoris laetitia* diz muito mais sobre a Igreja e o caminho que ela pretendeu percorrer a partir de sua publicação do que propriamente sobre o conteúdo de seu objeto. As resistências ao documento e à sua proposta devem ser lidas, pelo menos inicialmente, dentro deste contexto. A questão de fundo que Francisco aborda na *Amoris laetitia* e que gera reservas e desentendimentos com grupos mais conservadores – por isso as resistências – é que a Igreja tem um modo de compreender a si mesma que engloba a sua mensagem, a relação e a condição de seus membros e o modo como ela quer ser fonte e sinal de salvação para o mundo. Se sua mensagem é salvífica – conforme afirma toda a Tradição e o que está firmado no Concílio Vaticano II[12] –, a pergunta a se fazer é: a partir de qual horizonte e perspectiva

[11] Tive a graça e a oportunidade de responder à primeira entrevista sobre a *Amoris laetitia* no Brasil, publicada em 10 de abril de 2016, no Instituto Humanitas Unisinos. Nessa entrevista, apontei um primeiro olhar sobre o documento, o encontro da expectativa gerada pelos dois Sínodos e o documento recém-apresentado, expondo ali pontos que considerei importantes naquela leitura e alguns limites. Passados cinco anos, a recepção se fez criativa e nos fez perceber pontos novos, embora eu ainda sustente os elementos que apresentei, que servem como ponto de partida de uma compreensão. KUZMA, Cesar. Misericórdia e amor: *Amoris laetitia* como ponto de partida e não somente de chegada. Entrevista especial com Cesar Kuzma. Disponível em: http://www.ihu.unisinos.br/entrevistas/553438-misericordia-e-amor-amoris-laetitia-como-ponto-de-partida-e-nao-somente-de-chegada-entrevista-especial-com-cesar-kuzma.Acesso em: 15 ago. 2021.

[12] CONCÍLIO ECUMÊNICO VATICANO II. *Lumen gentium*. Constituição Dogmática sobre a Igreja, n. 1. In: COMPÊNDIO DO VATICANO II. 31. ed. *Constituições, decretos, declarações*. Petrópolis: Vozes, 2015. Daqui em diante = LG.

ela se entende e se deixa interpelar para essa finalidade, para ser sinal de amor e esperança no mundo? O ponto que gera questionamento é a maneira como Francisco avança nessa compreensão de Igreja, num modo mais aberto e dialogal, colocando em prática questões do próprio Vaticano II e o seu modo de entender a realidade. Por certo que a Igreja tem uma palavra e ela a oferece ao mundo. Porém, também é certo dizer que o mundo auxilia a Igreja.[13] Esse diálogo contextual é frutífero e deve ser valorizado. Há uma primeira resistência aí, de pessoas e grupos que querem impor uma visão unilateral, sem atenção aos sinais dos tempos e à escuta das novas realidades, nas quais o Espírito nos convida a estar. Francisco quer dialogar, quer avançar. Uma Igreja *em saída*, como ele propõe, é uma Igreja que se despoja e que vai ao encontro de todas as periferias,[14] pois só assim se tem uma renovação, um novo espaço, um *aggiornamento*.

É evidente que a *Amoris laetitia* se apresenta como uma reflexão profunda sobre o amor na família e que, por essa razão, toca em questões que se referem a relações interpessoais, sexualidade, práticas pastorais, situações conflitivas, filhos e cuidado, educação e fé, sacramento do matrimônio, novas situações e novas realidades familiares etc. No entanto, o entendimento dessas e de outras situações será mais ou menos aceito dependendo da visão de Igreja que se quer manter ou da proposta que se quer abrir frente aos novos horizontes que nos interpelam, e isso também em nível de fé. Mais ainda, tudo depende de uma apurada percepção do mundo em que a Igreja

[13] CONCÍLIO ECUMÊNICO VATICANO II. *Gaudium et spes*. Constituição Pastoral sobre a Igreja no mundo de hoje, n. 44. In: COMPÊNDIO DO VATICANO II. 31. ed. *Constituições, decretos, declarações*. Petrópolis: Vozes, 2015. Daqui em diante = GS.

[14] FRANCISCO, Papa. *Evangelii gaudium*. Exortação Apostólica sobre o anúncio do Evangelho no mundo atual. São Paulo: Paulus/Loyola, 2013, n. 24. Daqui em diante = EG.

se encontra, da sua disposição em falar, mas também de ouvir e colher "os sinais dos tempos e interpretá-los à luz do Evangelho, de tal modo que possa responder, de maneira adaptada a cada geração, às interrogações eternas sobre o significado da vida presente e futura",[15] conforme já afirmava o Vaticano II. Na perspectiva de Francisco, é isso que vai dizer se esta é uma Igreja *em saída* ou não; e mais, se ela sai, de que forma o faz, por quê, por quem e para onde;[16] com quem dialoga, o que oferece e de que forma se faz presente na vida concreta das pessoas. Se essas questões não forem bem respondidas, corremos o risco de sair com as estruturas nas costas, levando às pessoas um fardo pesado de se carregar, totalmente distante das urgências do nosso tempo, que afetam tantas famílias.

A *Amoris laetitia* é um documento exigente, que nos coloca à prova. Ela nos questiona se estamos dispostos a recuperar o frescor original do Evangelho para fazermos despontar novas estradas, métodos mais criativos, novas formas de expressão e renovado significado para o mundo atual – fazendo com que nossa prática seja autenticamente nova, como nos propôs a *Evangelii gaudium*, n. 11 –, ou se estamos parados e aprisionados numa estrutura incapaz de abertura e de diálogo com as novas realidades, sobretudo com as famílias. No entanto, a questão fundamental é se somos uma Igreja em saída, que arrisca e "primeireia", que se faz ousada e que se envolve e se abaixa à realidade concreta das pessoas, acompanhando a humanidade em todos os seus processos, por mais duros e demorados que

---

[15] GS 4.

[16] KUZMA, Cesar. Misión e identidad del Pueblo de Dios. Una Iglesia en salida y llamada al Reino. *Concilium* 378 (2018): 344.

sejam.[17] Se é correto dizer que Francisco inaugura um novo tempo eclesial, principalmente por resgatar aspectos de uma agenda inacabada ou interrompida do Vaticano II,[18] a *Amoris laetitia* constitui um passo importante nessa direção e pode ser entendida como um novo paradigma ético e moral que se realiza na esfera teológico-eclesial ou como uma nova percepção teológico-eclesial que nos insere numa nova perspectiva ética e moral. As duas percepções estão corretas, se complementam e nos ajudam a observar as formas de recepção e compreensão ou recusa e resistência ao documento, tanto em referência ao que a Igreja compreende de si mesma quanto ao que ela se dispõe a oferecer de sua compreensão e de sua mensagem ao mundo.

De acordo com o que defendem os teólogos Todd Salzman e Michael Lawler, encontramos na *Amoris laetitia* uma mudança de método e de abordagem.[19] Historicamente, o método da teologia moral era orientado por regras, focado em atos e, por

[17] EG 24.

[18] Foi o que defendeu Juan Carlos Scannone ao apresentar os fundamentos teológicos de Francisco: SCANNONE, Juan Carlos. *La teología del Pueblo*: raíces teológicas del Papa Francisco. Santander: Sal Terrae, 2017, p. 194-204. Também seguimos esta intenção, em um artigo de 2018, para o CEBITEPAL/CELAM: KUZMA, Cesar. La eclesiología del Papa Francisco: el rescate de la agenda inacabada del Vaticano II y su recepción en la Exhortación *Evangelii gaudium*. *Medellín*, v. XLIII, n. 168, mayo/agosto, Bogotá-Colombia, 2017, p. 339-342. Carlos Galli afirma que, em sua proposta de resgatar o Vaticano II, Francisco unifica a *Lumen gentium*, a *Gaudium et spes* e a *Ad gentes*, aludindo depois ao n. 111 da *Evangelii gaudium* e à proposta da América Latina, sobretudo com o *Documento de Aparecida*: GALLI, Carlos M. La riforma secondo Francesco: il popolo di Dio evangelizzatore. In: SPADARO, Antonio; GALLI, Carlos M. *La riforma e le riforme nella Chiesa*. Brescia: Queriniana, 2016, p. 51.

[19] SALZMAN, Todd A.; LAWLER, Michael G. *Amoris laetitia*: Towards a Methodological and Anthropological Integration of Catholic Social and Sexual Ethics. *Theological Studies* **79**/3 (2018): 634-652. Ainda sobre este assunto, indicamos este estudo oferecido pelos mesmos autores: SALZMAN, Todd A.; LAWLER, Michael G. Aspectos antropológicos e metodológicos e suas implicações na teologia moral. *Cadernos de Teologia Pública*, São Leopoldo 15/136 (2018).

isso, legalista, estático e dedutivo. Na *Amoris laetitia* é diferente: o método está orientado pelas virtudes e se concentra no caráter, e não em atos; no ser, e não no fazer. Francisco olha para a pessoa e vê nela a sua dignidade, a sua realidade, as suas possibilidades e condições e não se limita a propor ações pautadas num plano objetivo, que servem para todos porque aplicadas de baixo para cima.[20] Isso se faz perceptível na base eclesiológica do documento, que, seguindo a linha da *Evangelii gaudium* – para a qual não se deve esperar do magistério papal uma palavra definitiva ou completa sobre todas as questões,[21] já que o tempo presente nos coloca diante de uma nova etapa evangelizadora[22] –, reitera que "nem todas as discussões doutrinais, morais ou pastorais devem ser resolvidas através de intervenções magisteriais".[23] Isto é, para aqueles que esperavam respostas prontas, o documento convida a um processo de discernimento pastoral, a levar em conta a pessoa na sua situação concreta, a acolhê-la e acompanhá-la no seu processo de integração eclesial. Não existe apenas um "sim" e/ou um "não" que se fazem absolutos; o caráter objetivo deve abrir espaço para a subjetividade de cada realidade, para as experiências vividas; será por ela que se seguirá todo o entendimento. Diz o texto:

[20] Sobre este ponto específico, indicamos: KEENAN, James F.; GALLICHO, Grant. (Eds). *Amoris laetitia*: a new momentum for moral formation and pastoral practice. New York/Mahwah, NJ: Paulist Press, 2018; KEENAN, James F. Ler a *Amoris Laetitia* sob a nova luz da Páscoa. Disponível em: http://www.ihu.unisinos.br/78-noticias/566905-ler-amoris-laetitia-sob-a-nova-luz-da-pascoa. Acesso em: 15 ago. 2021. De modo mais recente e dentro das implicações que a *Amoris laetitia* oferece à teologia moral, indicamos o artigo de: ZACHARIAS, Ronaldo. *Amoris laetitia*: um "sim" radical à pastoralidade da Teologia Moral. *Perspectiva Teológica*, Belo Horizonte 53/1 (2021): 17-39.

[21] EG 16.

[22] EG 17.

[23] AL 3.

"Se se tiver em conta a variedade inumerável de situações concretas [...], é compreensível que se não devia esperar do Sínodo ou desta Exortação uma nova normativa geral de tipo canônico, aplicável a todos os casos".[24] Essa talvez seja a grande prova que o documento nos coloca, pois, seguindo uma das máximas de Francisco – de que "a realidade é mais importante do que a ideia"[25] –, as exigências do tempo presente vão nos desafiar em busca de novas, autênticas e criativas soluções pautadas pelo Evangelho, inculturadas e atentas aos desafios locais, com respostas diferentes, possivelmente, mas abertas ao caminho no qual o Espírito quer nos conduzir.[26] O Espírito é Espírito de unidade e verdade e, guiados por Ele, não se pode errar na fé, conforme ensinou o Vaticano II ao tratar do senso da fé.[27]

Sobre esse ponto, também temos um alerta de Ronaldo Zacharias: quando, na *Amoris laetitia*, Francisco propõe uma nova abordagem pastoral de situações que são moralmente conflitivas, ele está chamando "a atenção para o fato de que a realidade não pode ser ignorada; ou melhor, a prioridade no juízo moral deve sempre ser dada à pessoa inserida numa situação concreta, do que a uma doutrina, por mais 'constante' que seja".[28] O discernimento deve se dar pela caminhada pastoral da comunidade que se dispõe a acompanhar e a acolher, mas também pela própria pessoa que vive numa determinada situação, no exercício de sua consciência, que é uma voz que

[24] AL 300.

[25] EG 231-233.

[26] AL 3.

[27] LG 12.

[28] ZACHARIAS. *Amoris Laetitia*: um "sim" radical à pastoralidade da Teologia Moral, p. 30.

fala ao coração e que a convida a amar o bem e a praticar ações decorrentes dele. Conforme ensina a *Gaudium et Spes*, "a consciência é o núcleo secretíssimo e o sacrário do homem, onde ele está sozinho com Deus e onde ressoa sua voz".[29] Esse chamado à consciência – que também é feito pela *Amoris laetitia* – abre um novo espaço à compreensão moral da práxis cristã[30] e, com o devido acompanhamento e discernimento – realizado de forma aberta e séria pela pessoa e pela comunidade eclesial –, esta consciência é chamada a uma abertura e a um crescimento, mesmo diante dos limites presentes, mas de forma atenta ao ideal que nos corresponde na fé. Esta nova compreensão que é trazida pela *Amoris laetitia* sobre o papel da consciência na decisão moral é, como afirma Zacharias, um dos grandes motivos de resistência ao documento e suas implicações,[31] pois quem estava acostumado a normas de obediência e de autoridade não entenderá o momento novo que está sendo proposto, segundo o qual a condição da pessoa, as circunstâncias em que se encontra devem ser levadas em conta, pois a realidade concreta, muitas vezes, rompe com todos os esquemas preestabelecidos. Como diz Francisco, "somos chamados a formar as consciências, não a pretender substituí-las".[32]

Essa busca de novos caminhos e entendimentos não pode ser construída por determinação única, por mais autoridade que possa ter aquele que a profere, mas na caminhada coletiva, sinodal, que nos faz ser Igreja, dentro da qual o próprio exercício

---

[29] GS 16.

[30] AL 303.

[31] ZACHARIAS. *Amoris Laetitia*: um "sim" radical à pastoralidade da Teologia Moral, p. 20.

[32] AL 37.

da consciência (de cada pessoa e de todos) deve ser mais bem incorporado na práxis e missão eclesial.[33] A *Amoris laetitia* foi fiel às duas perguntas presentes nos Sínodos, que eram sobre os desafios que tocam as realidades das famílias e a missão das famílias na Igreja e na sociedade. Para tanto, ousou ao trazer para dentro de sua proposta os muitos questionamentos do tempo presente e evitou uma teorização abstrata da questão, rejeitando um estereótipo de família ideal. Ao contrário, ela nos faz perceber um mosaico de condições diferentes, que nos interpelam com dramas e sonhos.[34] A *Amoris laetitia* é resultado de um processo, e a sua recepção ou a resistência a ela se dará pela compreensão eclesial deste momento, pela maior ou menor abertura ou fechamento, condicionamento ou maturidade, rigorismo ou ternura. Passados cinco anos, alguns temas ainda permanecem e outros se fazem novos, exigindo de nós uma atenção especial.

3. Desafios e resistências: discernir, superar e integrar "a todos"

Em 2016, quando dei minha primeira entrevista sobre a *Amoris laetitia*, apontei que a realidade das famílias, o amor e as questões pastorais conflitivas eram, segundo o meu parecer naquele instante, as três questões mais importantes do documento.[35] Melhor dizendo, eram as ideias que chamavam mais a atenção e nos obrigavam a um debruçar teológico mais apurado, pois se faziam exigentes. Eram pontos que reclama-

[33] AL 303.

[34] AL 57.

[35] KUZMA. Misericordia e amor. "*Amoris Laetitia*" como ponto de partida e não somente de chegada.

vam um avanço maior, haja vista as expectativas e discussões sinodais, mas que, por sua vez, também apontavam possíveis limites. Esses limites decorrem de uma construção histórica do processo eclesial, que nem sempre acompanha o ritmo das intenções e das transformações da sociedade. Hoje, ao tratarmos de desafios ao documento, sentimos a necessidade de retornar a essas três questões e, a partir delas, discorrer sobre algumas das resistências que acompanham a discussão e quais seriam os possíveis entendimentos para que possamos discernir, superar e, na linha da *Amoris laetitia*, integrar a todos, de modo atento às diversas fragilidades que nos cercam e que tocam vidas concretas.

3.1 Discernindo: do ideal abstrato para a realidade no amor

O que gostaríamos de tratar aqui diz respeito à compreensão que se tem sobre família-casamento-matrimônio. Por certo, são três realidades que se complementam e se relacionam mutuamente, mas que, necessariamente, não significam e não atendem à mesma finalidade, especificamente (caso venham significar e atender, não se trata de uma regra em todos os casos e não se pode absolutizar a questão). Assim como toda compreensão de matrimônio, visto como sacramento, chama para si uma compreensão de casamento, de união no amor entre duas pessoas e, desta forma, constitui uma compreensão de família, não se quer dizer com isso que apenas uma relação que se abre à dimensão sacramental do matrimônio, entre homem e mulher, possa ser assim considerada. Ou seja, a realidade que constitui muitas famílias é mais ampla e complexa, e essas condições não são obstáculos para o amor, mas, sim, um convite para um aprofundamento gradual das exigências do Evangelho.[36] Um ponto que chama a atenção na *Amoris laetitia* é o fato de o documento romper com a intenção de impor, indiscutivelmente, um modelo ideal de família. Por certo, o documento aponta para o ideal a ser alcançado, pois trata-se de um caminho de realização e santidade, de uma busca possível para muitas famílias que desejam se realizar no amor e no crescimento da fé.[37] Uma riqueza. Contudo, o documento demonstra estar atento a novas realidades, a novas situações, próprias de famílias reais que, devido a diversas razões e circunstâncias, não se reconhecem nesse modelo. A "excessiva idealização" do matrimônio, critica Francisco, que muitas vezes se quer impor, não desperta a confiança na graça e impede que se perceba a riqueza do amor que se faz presente em muitas relações e, inclusive, afasta os jovens de um entendimento mais profundo.[38] Seguindo o relatório do Sínodo, Francisco diz que a força de uma família "reside essencialmente na sua capacidade de amar e de ensinar a amar".[39]

[36] AL 38.

[37] AL 35.

[38] AL 36.

[39] AL 53. No relatório final do Sínodo de 2015, encontramos a seguinte argumentação, no n. 10: "A família, comunidade humana fundamental, na atual crise cultural e social, sofre dolorosamente por causa da sua debilitação e fragilidade. De igual modo, demonstra que pode encontrar em si mesma a coragem para fazer face à insuficiência e à carência das instituições em relação à formação da pessoa, à qualidade do vínculo social e ao cuidado dos indivíduos mais vulneráveis. Portanto, é particularmente necessário apreciar de maneira adequada a força da família, para poder ir ao encontro das suas fragilidades. Esta força reside essencialmente na sua capacidade de amar e de ensinar a amar. Por mais ferida que uma família possa estar, ela pode sempre crescer a partir do amor". SÍNODO DOS BISPOS. XIV Assembleia Geral Ordinária. A vocação e a missão da família na Igreja e no mundo contemporâneo. *Relatio Finalis*. Cidade do Vaticano (24.10.2015). Disponível em: https://www.vatican.va/roman_curia/synod/documents/rc_synod_doc_20151026_relazione-finale-xiv-assemblea_po.html. Acesso em: 13 ago. 2021.

Assim, "não se chega a um estereótipo da família ideal, mas um interpelante mosaico formado por muitas realidades diferentes, cheias de alegrias, dramas e sonhos".[40] Essa maneira de apresentar a família-casamento-matrimônio atraiu críticas, como se Francisco estivesse recusando um modelo de família cristã, como se ele estivesse relativizando o conceito de sacramento dado ao matrimônio, uma definição que se constituiu histórica e teologicamente pela Tradição. Bem verdade, a crítica se faz frágil, pois não percebe que a compreensão que se tem do matrimônio como sacramento –igual a todos os outros sacramentos da Igreja – decorre de um desenvolvimento histórico e de um amadurecimento da comunidade de fé, ao longo dos anos/séculos.[41] Se olharmos por esse lado, o desenvolvimento da sociedade e uma nova compreensão antropológica levaram o Vaticano II, na *Gaudium et spes*, a dar passos consideráveis nessa orientação, definindo e qualificando o amor como ponto fundamental da realização desse sacramento.[42] Anos mais tarde, dentro do Jubileu do Concílio, Francisco apresenta em sua Exortação que o amor é um convite às famílias, numa alegria que envolve e se deixa envolver, que se realiza numa graça que pode ser acolhida em diversas realidades, nas quais o amor fortalece e se manifesta como misericórdia e caminho de santificação.[43] Por isso, a *Amoris laetitia* nos recorda de que "nenhuma família é uma realidade perfeita e confeccionada de uma vez para sempre, mas requer um progressivo amadurecimento da

[40] AL 57.

[41] FABER, Eva-Maria. *Doutrina católica dos sacramentos*. São Paulo: Loyola, 2008, p. 253-255. Ver também: NOCKE, Franz-Josef. Matrimônio. In: SCHNEIDER, Theodor (Org.). *Manual de dogmática*. Vol. II. 2. ed. Petrópolis: Vozes, 2002, p. 329-333.

[42] GS 47-52.

[43] AL 315-316.

sua capacidade de amar".[44] Desse modo, Francisco rompe com qualquer intenção abstrata para nos aproximar de uma nova realidade, no amor.

3.2 Superando: aberturas a novas realidades de um amor-misericórdia

Diante do discernimento que somos convidados a fazer constantemente, somos chamados a superar dificuldades e preconceitos. Somos convidados a aprender a ser para o outro e para os outros, fazendo com que a realidade se faça aberta, fecunda e nova. É o que nos leva também a ser com o outro, no outro. É importante trazer este dado à discussão, pois, ao tratar do amor vivido em família, a *Amoris laetitia* também se debruçou sobre outras questões que decorrem desta condição,[45] entre elas, a realidade vivida por muitas famílias, sendo algumas delas realidades de exclusão e de conflitos internos e externos, divórcios, machismos, violência contra a mulher e crianças, abusos sexuais e exploração infantil; questões sociopolíticas que tocam a vida familiar, como a falta de oportunidade de trabalho e a dificuldade na educação dos filhos; o drama de quem vive a migração forçada; entre outros. Frente a esses desafios, o documento convida a um olhar atento de toda a comunidade de fé, para que, de forma conjunta, se possa superar obstáculos e fecundar a esperança, sem lamentações autodefensivas, mas numa autêntica criatividade missionária.[46] Porém, entre os muitos desafios que somos chamados a tratar, existe a urgente

---

[44] AL 325.

[45] AL 50-56.

[46] AL 57.

necessidade de superar dificuldades internas às comunidades, quando muitas famílias, em realidades diversas, se veem excluídas da comunhão/participação comunitária/eclesial, sem espaço para participar e se envolver na dinâmica da fé. Isso ocorre pela rigidez de pastores e de membros da comunidade que rotulam as pessoas pela situação em que se encontram, classificando tais situações como "irregulares" ou "de pecado", não levando em consideração que são questões dolorosas e conflitivas, muitas vezes sem culpabilidade por parte da própria pessoa.[47] A falta de acolhimento e de sensibilidade em muitas de nossas comunidades cristãs fere a natureza do próprio Evangelho, que é para todos, disposto a todos, num extensivo ato de amor que se traduz em misericórdia.[48] Entre as muitas realidades presentes, destacamos a condição dos casais separados/recasados que pretendem ter acesso à prática eclesial/sacramental, em especial à Eucaristia. A recusa ao acolhimento dessas pessoas cria a imagem de que a Igreja é uma comunidade de "santos e perfeitos" e que, com isso, exclui os outros que dela se aproximam. Atitudes como essas demonstram a falta de sensibilidade, a rigidez da norma e a incapacidade de acolher o outro em sua fragilidade.[49] Esse foi um desafio que se fez presente nas discussões sinodais, que aparece na *Amoris laetitia* e que ainda continua na Igrejas locais, com interpretações variadas. Há, em alguns espaços, a dificuldade de superar uma normativa que classificava as pessoas pela situação em que se encontram, passando a Igreja a ser entendida como reguladora, e não faci-

[47] AL 301-302.

[48] FRANCISCO, Papa. *Misericordiae vultus*. O rosto da misericórdia. São Paulo: Paulus, Loyola, 2015.

[49] AL 304-305.

litadora da graça.[50] O passo que encontramos na *Amoris laetitia* visa olhar para cada situação em sua particularidade e ver a verdade que se faz presente em cada realidade. Essa condição nos obriga a superar um velho conceito de pecado, marcado pela transgressão da lei e da norma, "porque isto não basta para discernir e assegurar uma plena fidelidade a Deus na existência concreta de um ser humano".[51] Por essa razão, faz-se necessário o discernimento pastoral, abrindo espaço para o encontro concreto na vida das pessoas. Eis aí um ponto de resistência, pois os críticos de Francisco e da *Amoris laetitia* vão defender a norma, a lei e classificar quem está dentro ou fora dos critérios preestabelecidos. A superação dessa resistência exige a busca de uma maturidade eclesial, na disposição para acolher e integrar cada realidade, sobretudo a que está mais frágil, por mais difícil que seja. A pessoa está acima da lei – e essa é uma máxima que vem de Jesus (Lc 14,3-6) –, e o encontro com cada pessoa nos abre a possibilidade de uma conversão à nossa própria humanidade. No entanto, o documento nos convida a ir ao encontro dessas realidades e a agir com misericórdia, pois ela "é a plenitude da justiça e a manifestação mais luminosa da verdade de Deus".[52] Outro ponto que merece ser mencionado – e que necessita de uma superação – diz respeito à compreensão da sexualidade, que deve ser vista como algo constitutivo da pessoa, num primeiro aspecto, depois, como algo que se realiza no amor, no encontro com o outro. Mas queremos chamar a atenção ao que corresponde às pessoas homossexuais ou homoafetivas, que sofrem grande discriminação na sociedade e também na Igreja. O

[50] EG 46; AL 310.

[51] AL 304.

[52] AL 311.

que entendemos como urgente é a superação de uma linguagem preconceituosa e excludente, discriminatória, que chega a classificar as pessoas que vivem nessa condição como se estivessem em atitude constante de pecado, olhando, mais uma vez, os atos – como se fossem ações de pecado – e deixando de olhar a pessoa. É um ponto em que a *Amoris laetitia* se vê num limite, numa certa dubialidade, digamos assim. Se, por um lado, há uma tentativa – desde a preparação para o Sínodo – de acolher essas realidades e de ter para com elas um olhar pastoral e inclusivo, por outro, o documento ainda se refere a questões classificadas como "ideologia de gênero",[53] que hoje carecem de fundamentação e expressam um preconceito com relação a vida de muitas pessoas. Apesar de o documento reafirmar que o matrimônio cristão se dá entre um homem e uma mulher, a maneira como trata as regulamentações civis das relações homoafetivas se torna um tanto agressiva, ainda mais porque faz referência a um documento da Congregação para a Doutrina da Fé, de 2003, que diz que a união de pessoas do mesmo sexo não encontra fundamento no plano de Deus e que é entendida pela Tradição cristã como algo "depravado" e "desordenado".[54] Essa questão consiste num grande desafio e, além de evidenciar

[53] AL 56.

[54] A *Amoris laetitia* faz referência ao número 4 deste documento, que fala da equiparação da união de pessoas de mesmo sexo ao matrimônio cristão, e, neste parágrafo, encontram-se as expressões "depravadas" e "desordenadas", atribuídas às pessoas homossexuais, ao mesmo tempo que afirma que todas as pessoas devem ser tratadas com dignidade. CONGREGAÇÃO PARA A DOUTRINA DA FÉ. Considerações sobre os projetos de reconhecimento legal das uniões entre pessoas homossexuais (03.06.2003). Disponível em: https://www.vatican.va/roman_curia/congregations/cfaith/documents/rc_con_cfaith_doc_20030731_homosexual-unions_po.html. Acesso em: 15 ago. 2021. Entendo que aqui se acolheu algo do Sínodo, embora a superação desta mentalidade no meio hierárquico/eclesial seja uma tarefa urgente e necessária.

um limite da *Amoris laetitia*, infelizmente se traduz em práticas existentes na sociedade e na Igreja. Práticas que se expressam em violência contra tais pessoas, nas diversas situações em que se encontram, deixando muitas delas na marginalidade. Recentemente, uma *Resposta* da mesma Congregação sobre "bênçãos" a esses casais provocou indignação e mostrou que há muito para se avançar teológica, moral e pastoralmente.[55] De modo prático e diferente do que fez a Congregação para a Doutrina da Fé, Francisco demonstra sempre acolher essas pessoas na condição em que se encontram. Mesmo não tendo a intenção de equiparar a realidade das uniões homossexuais ao sacramento do matrimônio, ele quer assegurar que essas pessoas possam viver em família, com garantias legais, a fim de que possam ter sua dignidade e seus direitos respeitados e protegidos. É o que dizem Salzman e Lawler ao se referirem aos "novos métodos pastorais"[56] do Papa Francisco, especificamente o que ele apresenta nos números 301, 304 e 305 da *Amoris laetitia*, sobre as assim chamadas situações "irregulares", que merecem uma atenção especial e abrem para outras possibilidades. Estamos aqui diante de resistências e limites que devem ser acompanhados e discernidos numa prática de amor-misericórdia, em vista da superação da discriminação, do preconceito, da exclusão.

---

[55] CONGREGAÇÃO PARA A DOUTRINA DA FÉ. *Responsum da Congregação para a Doutrina da fé a um dubium sobre a bênção de uniões de pessoas do mesmo sexo* (22.02.2021). Disponível em: https://www.vatican.va/roman_curia/congregations/cfaith/documents/rc_con_cfaith_doc_20210222_responsum-dubium-unioni_po.html. Acesso em: 15 ago. 2021.

[56] SALZMAN, Todd A.; LAWLER, Michael G. Pastores corajosos para escancarar a porta deixada entreaberta pela *Amoris laetitia* (15.04.2021). Disponível em: http://www.ihu.unisinos.br/78-noticias/608399-pastores-corajosos-para-escancarar-a-porta-deixada-entreaberta-pela-amoris-laetita-artigo-de-michael-g-lawler-e-todd-salzman. Acesso em: 15 ago. 2021.

Eis um grande desafio para a teologia e para a moral, para que o primado da caridade, como resposta à iniciativa do amor de Deus, se faça presente.[57]

3.3 Integrando: o que era "irregular" agora é acolhido e integrado no amor

Este é um ponto fundamental da *Amoris laetitia*, pois, ao tratar de situações complexas e conflitivas, difíceis para a pastoral, Francisco convida a um novo horizonte, dizendo que a Igreja só tem dois caminhos: o da misericórdia e o da integração.[58] É desta maneira que Francisco nos convida a olhar estas novas realidades, propondo o discernimento das situações "chamadas irregulares". Isto é, ele não as classifica dessa maneira, mas entende que a dinâmica eclesial, por muito tempo, entendeu que elas assim o são, e que, portanto, se faz necessário um novo caminho em vista de acompanhar, discernir e integrar as diversas fragilidades que encontramos em nosso meio. É o amor que se compreende como misericórdia, "porque a caridade verdadeira é sempre imerecida, incondicional e gratuita".[59] Logo, trata-se de "integrar a todos"[60] – a todos, diz o Papa –, "a todos, seja qual for a situação em que se encontrem",[61] numa lógica que permita que façam a experiência feliz e fecunda da fé.[62] Esse modo de tratar essas situações, ditas "irregulares", gera inquietação em parte da estrutura eclesial,

[57] AL 311.

[58] AL 296.

[59] AL 296.

[60] AL 297.

[61] AL 297.

[62] AL 299.

acostumada a outra forma de abordar tais realidades. A resistência de alguns deve-se ao fato de que pode se dar a impressão de que agora tudo pode e tudo é permitido, e que a *Amoris laetitia* não leva em consideração aspectos fundamentais da Tradição, o que não deixa de ser uma transgressão à prática da fé. Entramos aqui naquilo que se compreende como pecado, ou situações de pecado, inclusão e exclusão, comunhão e excomunhão de pessoas no seio eclesial. Para os críticos de Francisco, o acesso aos sacramentos da Penitência e da Eucaristia, por exemplo, por parte de pessoas que, objetivamente, se encontram numa situação "irregular" – e, portanto, pecaminosa – não é uma possibilidade. Francisco, por sua vez, entende que existe, sim, uma situação objetiva de pecado – uma vez que a pessoa rompeu com determinada situação sacramental ou está vivendo em uma nova relação (no caso de um casal divorciado e recasado) –, contudo, ele insiste que tais pessoas podem não estar em uma situação subjetiva de pecado ou que não sejam culpáveis ou culpáveis plenamente pela condição em que se encontram. O Papa nos convida a olhar a realidade em sua especificidade, de modo profundo, aberto e acolhedor. Mesmo em tais situações, as pessoas são chamadas a viver na graça com Deus; elas podem amar e crescer na vida de graça e de caridade, recebendo, inclusive, a ajuda da Igreja[63] e até mesmo da Eucaristia, partindo do pressuposto de que a Eucaristia "não é um prêmio para os perfeitos, mas um remédio generoso e um alimento para os fracos".[64] A resistência de cardeais como Raymond Burke, Gerhard Müller, Robert Sarah e outros segue nesse tom, numa visão exclusivista da Eucaristia e daquilo que garante a permanência da pessoa

[63] AL 305.

[64] AL 305, nota n. 41. Francisco refere-se, aqui, à *Evangelii gaudium*, n. 47.

na comunidade de fé. Para eles, a inclusão é escândalo, pois se aprisionam numa estrutura que não permite a ação e a experiência da graça. É importante dizer que a lógica do Evangelho se faz diferente, se faz na acolhida de quem está caído e fragilizado pelo caminho (Lc 10,34). O caminho da *Amoris laetitia* nos convida a entrar "no contexto de um discernimento pastoral cheio de amor misericordioso, que sempre se inclina para compreender, perdoar, acompanhar, esperar e sobretudo integrar".[65] Esta é a lógica: o que era tido como "irregular" agora é integrado no amor, no amor-misericórdia.

4. Um caminho sinodal

No início desta reflexão, afirmei que a resposta aos desafios da *Amoris laetitia,* assim como às resistências em relação a ela, deve ser resultado do esforço para sentir as questões que surgem na Igreja e na sociedade e da busca por um caminho comum, aberto e convidativo, em vista de um novo horizonte, em que o amor se faça presente e esteja em cada um e em todos. Acredito que, assim, encontraremos a resposta para muitas perguntas e disporemos de uma chave hermenêutica para entendermos o espírito com que Francisco tem conduzido a Igreja até o presente momento: aquele que se expressa por meio de um caminho sinodal.

A palavra *Syn-odos* significa *caminhar juntos*, e nisso engloba a Igreja toda, desde os leigos e os diversos ministros e ministérios até o bispo de Roma. É a busca de um caminhar comum, que não deve ser uniforme, pois a diversidade enriquece e abre a novas visões do todo. Mas a ideia do Sínodo tem a ver com a grande novidade do

[65] AL 312.

Vaticano II, a de definir a Igreja como Povo de Deus e, ao fazer isso, valorizar o batismo como condição fundamental e mais importante e o senso da fé de toda a Igreja, que, guiada pelo Espírito, jamais pode errar no que se refere à fé.[66] Essa perspectiva sinodal ficou evidente nas assembleias do Sínodo da Família, em 2014 e em 2015, e passou a ser uma característica importante para entender o pontificado de Francisco. Na *Evangelii gaudium* – que é o documento que abre a proposta eclesiológica de Francisco –, é resgatada a categoria Povo de Deus, própria do Vaticano II, ao dizer que a Igreja "é mais do que uma instituição orgânica e hierárquica; é, antes de tudo, um povo que peregrina para Deus".[67] Na Igreja, cada fiel se torna um discípulo missionário, quer dizer, um sujeito ativo na evangelização, "que deve implicar um novo protagonismo de cada um dos batizados".[68] Nas palavras de Gilles Routhier, se a perspectiva sinodal pressupõe uma compreensão da Igreja como Povo de Deus, é porque antes se favorece a emergência de uma Igreja-sujeito e uma Igreja de sujeitos,[69] no exercício da autonomia própria de cada um, na participação ativa de todos os membros na missão da Igreja.

Entrando mais a fundo na discussão, para falar de um caminho ou via sinodal, é necessário que se aprofunde uma reflexão sobre a laicidade na Igreja, a qual, para Bruno Forte, deve ser compreendida em três dimensões: a laicidade *na* Igreja, a laicidade *da* Igreja e a laicidade *do* mundo, que deve ser respeitada e acolhida pela Igreja.[70] Quando se fala em laicidade *na* Igreja, a atenção que se deve ter é

[66] LG 12.

[67] EG 111.

[68] EG 120.

[69] ROUTHIER, Gilles. Il rinnovamento della vita sinodale nelle chiese locali. In: SPADARO; GALLI. *La riforma e le riforme nella chiesa*, p. 239.

[70] FORTE, Bruno. *A Igreja*: ícone da Trindade. 2. ed. São Paulo: Loyola, 2005, p. 42.

com relação a cada pessoa congregada no seu interior, em respeito à dignidade e responsabilidade de cada fiel. As pessoas devem ser reconhecidas e promovidas; isso tem a ver com o direito à liberdade, o primado da consciência e a responsabilidade para com o crescimento da comunidade, rumo à plenitude da verdade.[71] É o que vai garantir o senso da fé e, conforme Routhier, uma Igreja-sujeito e uma Igreja de sujeitos. Falamos de uma comunidade com membros ativos, que buscam, em consciência, a maturidade da sua condição e o discernimento pastoral. Depois, ao abordar a laicidade *da* Igreja, Forte refere-se à responsabilidade de todos os batizados, de toda a estrutura eclesial para com a ordem temporal. Uma vez que a Igreja está inserida no mundo, ela tem parte com ele. Nessa relação, todos são corresponsáveis e assumem um papel de serviço, numa relação articulada e dinâmica dos vários ministérios e carismas.[72] Por fim, essa concepção de laicidade *na* e *da* Igreja é que vai garantir o respeito e o acolhimento pela autonomia das coisas temporais, da realidade que está no mundo.[73] É o que vai nos permitir *sentir com a Igreja* e *sentir com o mundo*, não como duas estruturas antagônicas, mas que se correspondem. As urgências sentidas no mundo interpelam a dinâmica da vida de fé, e o caminhar da fé, guiado pelo Espírito de Cristo, atento às causas do Evangelho, nos faz ser sensíveis a essas condições, a ponto de responder de forma adequada às interpelações do mundo atual.[74] Toda esta discussão pode ser aplicada às situações e aos desafios sobre a família, próprios da *Amoris laetitia*.

Essa lógica de laicidade trata da autonomia dos membros que compõem a Igreja e da autonomia da ordem temporal, na qual a

[71] FORTE. *A Igreja*: ícone da Trindade, p. 42-43.

[72] FORTE. *A Igreja*: ícone da Trindade, p. 43.

[73] FORTE. *A Igreja*: ícone da Trindade, p. 44.

[74] GS 4.

Igreja está inserida. Se isso é acolhido na prática pastoral, não há mais espaço para uma determinação absoluta, autoritária, numa espécie de Igreja-docente que fala e de uma Igreja-discente que deve ouvir e obedecer cegamente. Essa condição, por mais que seja esperada por alguns, não permite o crescimento de cada pessoa, no avançar de seus limites e no acolhimento da graça de Deus que se derrama em amor e misericórdia. A Igreja deve estar atenta ao bem que o Espírito derrama no meio da fragilidade.[75] Somos chamados a um crescimento constante, ao encontro de um Deus que nos convida a um espaço sempre novo, para o qual não caminhamos sozinhos, mas na comunhão e de mãos dadas com quem está ao nosso lado. Se há resistências ao documento e nele se percebem alguns limites, "todos somos chamados a manter viva a tensão para algo além de nós mesmos e dos nossos limites".[76] Dessa forma, as resistências e os desafios podem ser debatidos e trabalhados em vista do bem comum e no atendimento às muitas fragilidades do nosso tempo. Como já fiz notar no início, o começo das resistências se dá pela compreensão de Igreja que se tem, marcadamente autorreferencial, voltada a si mesma. A proposta de Francisco é de uma Igreja *em saída*, que se despoja, que vai ao encontro do outro, na realidade onde ele se encontra, e ali faz a sua morada e marca a sua presença.

Voltando à experiência dos dois Sínodos sobre a família – porque foi por este processo que nós chegamos à *Amoris laetitia* e, por conseguinte, a algumas das críticas e resistências relativas a ela –, devemos dizer que eles se realizaram numa profunda dinâmica sinodal, que permitiu avançar e até mesmo não avançar em alguns temas,[77] respeitando o momento de cada parte da Igreja. Uma Igre-

[75] AL 308.

[76] AL 325.

[77] AL 2-4.

ja sinodal não é uma Igreja que se impõe, mas que propõe e se abre a novas realidades, disposta a ouvir e a caminhar em conjunto. Francisco afirmou que no Sínodo não houve limites ou censuras ao que cada um gostaria de dizer, que todos tiveram voz e vez.[78] As comunidades foram consultadas, e temas nunca antes discutidos foram colocados em pauta e abordados com o devido respeito. Até mesmo as críticas e as resistências encontram aqui o seu espaço, pois nos obrigam a olhar com mais profundidade e a abrir novos processos de entendimento dos fatos apresentados. Nessa intenção sinodal, ninguém se eleva, mas todos devem se rebaixar para servir e elevar o irmão, de quem devemos nos fazer próximos. Essa é uma prática fundamental para o ser cristão. Na Igreja, em perspectiva sinodal, todos são convidados a uma escuta recíproca e constante. Todos se escutam e todos escutam o Espírito, pois apenas Ele nos aponta o caminho de Jesus e do seu Reino. Esse é o sentido de uma prática sinodal e é nesse sentido que o senso da fé corrobora para um amadurecimento do que buscamos compreender na história, na Igreja e em família, onde Deus se faz presente na alegria do amor, onde o próprio Deus se faz *Amoris laetitia*.

Considerações finais

Na celebração desses cinco anos da publicação da *Amoris laetitia*, muita coisa se pode dizer a partir dela, tanto naquilo que ela nos encoraja quanto naquilo que ela nos conduz, como prática, entendimento e discernimento em âmbito teológico, moral e

[78] FRANCISCO, Papa. Discurso proferido na Conclusão da XIV Assembleia Geral Ordinária do Sínodo dos Bispos. Cidade do Vaticano (24.10.2015). Disponível em: https://www.vatican.va/content/francesco/pt/speeches/2015/october/documents/papa-francesco_20151024_sinodo-conclusione-lavori.html. Acesso em: 15 ago. 2021.

pastoral. Acredito que as questões suscitadas pela *Amoris laetitia* – seja nos pontos em que ela avança, seja em seus limites e nas resistências que provoca – só serão respondidas se forem acolhidas e integradas no caminhar da comunidade eclesial, em vista de uma dinâmica sinodal. Por sua vez, a integração dessas intenções no seio da comunidade só será possível se houver uma interação com aquilo que se vive em sociedade. No fundo, somos chamados a sentir com a Igreja e a sentir com o mundo, de forma atenta aos sinais dos tempos e para a direção que o Espírito quer nos orientar. O mundo tem mudado constantemente, sobretudo as experiências em família. Esse mosaico de realidades,[79] como diz o Papa, deve ser visto em sua beleza e profundidade, mas com audácia, para que possamos avançar na resposta aos desafios.

O tempo é superior ao espaço.[80] Há pontos em que podemos avançar e que merecem um melhor discernimento. Isso deve ser vivido e acolhido em comunidade, e somente nela, no conjunto de pessoas que se reúnem e creem, é que se pode achar uma resposta. Nós não nos reunimos ao redor de uma lei escrita, abstrata e fria, mas ao redor de uma Palavra viva, que se fez carne e habitou entre nós (Jo 1,14), que nos deu vida para vivermos plenamente. Na experiência que colhemos desses cinco anos, devemos ainda afirmar, juntos, com o Papa Francisco: "Avancemos, famílias; continuemos a caminhar! O que nos é prometido é sempre mais. Não percamos a esperança por causa dos nossos limites, mas também não renunciemos à procura da plenitude de amor e comunhão que nos foi prometida".[81]

---

[79] AL 57.

[80] EG 222.

[81] AL 325.

Que a família de Nazaré, que viveu em vulnerabilidade, enfrentou resistências e superou fragilidades, se abrindo ao amor, nos abençoe, sempre!

Referências bibliográficas

COMPÊNDIO DO VATICANO II. 31. ed. *Constituições, decretos, declarações*. Petrópolis: Vozes, 2015.

CONFERÊNCIA NACIONAL DOS BISPOS DO BRASIL. Fórum sobre a *Amoris laetitia*. Disponível em: https://www.cnbb.org.br/forum-amoris-laetitia-mensagem-papa-francisco/. Acesso em: 15 ago. 2021.

CONGREGAÇÃO PARA A DOUTRINA DA FÉ. *Responsum da Congregação para a Doutrina da fé a um dubium sobre a bênção de uniões de pessoas do mesmo sexo* (22.02.2021). Disponível em: https://www.vatican.va/roman_curia/congregations/cfaith/documents/rc_con_cfaith_doc_20210222_responsum-dubium-unioni_po.html. Acesso em: 15 ago. 2021.

CONGREGAÇÃO PARA A DOUTRINA DA FÉ. Considerações sobre os projetos de reconhecimento legal das uniões entre pessoas homossexuais (03.06.2003). Disponível em: https://www.vatican.va/roman_curia/congregations/cfaith/documents/rc_con_cfaith_doc_20030731_homosexual-unions_po.html. Acesso em: 15 ago. 2021.

FABER, Eva-Maria. *Doutrina católica dos sacramentos*. São Paulo: Loyola, 2008.

FORTE, Bruno. *A Igreja:* ícone da Trindade. 2. ed. São Paulo: Loyola, 2005.

FRANCISCO, Papa. *Amoris laetitia*. Exortação Apostólica Pós-Sinodal sobre o amor na família. São Paulo: Loyola, 2016.

FRANCISCO, Papa. *Evangelii gaudium.* Exortação Apostólica sobre o anúncio do Evangelho no mundo atual. São Paulo: Paulus/Loyola, 2013.

FRANCISCO, Papa. Mensagem aos participantes do Congresso online "O nosso amor cotidiano", por ocasião da abertura do ano "Família *Amoris laetitia*" (19.03.2021). Disponível em: https://www.vatican.va/content/francesco/pt/messages/pont-messages/2021/documents/papa-francesco_20210319_messaggio-corso-istituto-gp2.html. Acesso em: 15 ago. 2021.

FRANCISCO, Papa. *Misericordiae vultus.* O rosto da misericórdia. São Paulo: Paulus, Loyola, 2015.

FRANCISCO, Papa. Discurso proferido na Conclusão da XIV Assembleia Geral Ordinária do Sínodo dos Bispos. Cidade do Vaticano (24.10.2015). Disponível em: https://www.vatican.va/content/francesco/pt/speeches/2015/october/documents/papa-francesco_20151024_sinodo-conclusione-lavori.html. Acesso em: 15 ago. 2021.

GALLI, Carlos M. La riforma secondo Francesco: il popolo di Dio evangelizzatore. In: SPADARO, Antonio; GALLI, Carlos M. *La riforma e le riforme nella Chiesa.* Brescia: Queriniana, 2016, p. 37-65.

KASPER, Walter. *A mensagem de Amoris laetitia*: um debate amigável. São Paulo: Loyola, 2019.

KEENAN, James F.; GALLICHO, Grant. (Eds). *Amoris laetitia*: a new momentum for moral formation and pastoral practice. New York/Mahwah, NJ: Paulist Press, 2018.

KEENAN, James F. Ler a *Amoris Laetitia* sob a nova luz da Páscoa. Disponível em: http://www.ihu.unisinos.br/78-noticias/566905-ler-amoris-laetitia-sob-a-nova-luz-da-pascoa. Acesso em: 15 ago. 2021.

KUZMA, Cesar. Misericórdia e amor: *Amoris laetitia* como ponto de partida e não somente de chegada. Entrevista especial com Cesar Kuzma. Disponível em: http://www.ihu.unisinos.br/entrevistas/553438-misericordia-e-amor-amoris-laetitia-como-ponto-de-partida-e-nao-somente-de-chegada-entrevista-especial-com-cesar-kuzma. Acesso em: 15 ago. 2021.

KUZMA, Cesar. Misión e identidad del Pueblo de Dios. Una Iglesia en salida y llamada al Reino. *Concilium* 378 (2018): 343-351.

KUZMA, Cesar. La eclesiología del Papa Francisco: el rescate de la agenda inacabada del Vaticano II y su recepción en la Exhortación *Evangelii gaudium*. *Medellín*, v. XLIII, n. 168, mayo/agosto, Bogotá-Colombia, 2017, p. 339-342.

NOCKE, Franz-Josef. Matrimônio. In: SCHNEIDER, Theodor (Org.). *Manual de dogmática.* Vol. II. 2. ed. Petrópolis: Vozes, 2002.

ROUTHIER, Gilles. Il rinnovamento della vita sinodale nelle chiese locali. In: SPADARO, Antonio; GALLI, Carlos M. *La riforma e le riforme nella Chiesa.* Brescia: Queriniana, 2016, p. 233-247.

SALZMAN, Todd A.; LAWLER, Michael G. *Amoris laetitia*: Towards a Methodological and Anthropological Integration of Catholic Social and Sexual Ethics. *Theological Studies* **79**/3 (2018): 634-652.

SALZMAN, Todd A.; LAWLER, Michael G. Aspectos antropológicos e metodológicos e suas implicações na teologia moral. *Cadernos de Teologia Pública*, São Leopoldo 15/136 (2018).

SALZMAN, Todd A.; LAWLER, Michael G. Pastores corajosos para escancarar a porta deixada entreaberta pela *Amoris laetitia* (15.04.2021). Disponível em: http://www.ihu.unisinos.

br/78-noticias/608399-pastores-corajosos-para-escancarar-a--porta-deixada-entreaberta-pela-amoris-laetita-artigo-de-michael-g-lawler-e-todd-salzman. Acesso em: 15 ago. 2021.

SCANNONE, Juan Carlos. *La teología del Pueblo*: raíces teológicas del Papa Francisco. Santander: Sal Terrae, 2017.

SCHÖNBORN, Christopher. Presentación de la Exhortación apostólica post-sinodal *Amoris laetitia*: la lógica de la misericordia pastoral (08.04.2016). Disponível em: https://press.vatican.va/content/salastampa/es/bollettino/pubblico/2016/04/08/presentacion.html. Acesso em: 15 ago. 2021.

SÍNODO DOS BISPOS. III Assembleia Geral Extraordinária. Os desafios pastorais sobre a família no contexto da evangelização. *Relatio Synodi.* Cidade do Vaticano (18.10.2014). Disponível em: https://www.vatican.va/roman_curia/synod/documents/rc_synod_doc_20141018_relatio-synodi-familia_po.html. Acesso em: 15 ago. 2021.

SÍNODO DOS BISPOS. XIV Assembleia Geral Ordinária. A vocação e a missão da família na Igreja e no mundo contemporâneo. *Relatio Finalis*. Cidade do Vaticano (24.10.2015). Disponível em: https://www.vatican.va/roman_curia/synod/documents/rc_synod_doc_20151026_relazione-finale-xiv-assemblea_po.html. Acesso em: 15 ago. 2021.

ZACHARIAS, Ronaldo. *Amoris laetitia:* um "sim" radical à pastoralidade da Teologia Moral. *Perspectiva Teológica*, Belo Horizonte 53/1 (2021): 17-39.

8

Por uma espiritualidade familiar "em saída":

notas para um discernimento

Claudia Leal Luna[1]

> *"Hoje, a pastoral familiar deve ser fundamentalmente missionária, em saída, por aproximação."*
> *(Amoris laetitia, 230)*

Introdução

Falar de *Amoris laetitia*[2] é falar de família, de discipulado, de cultura, de sinodalidade e de discernimento. O sujeito do discernimento, neste caso, é duplo: de um lado, temos a própria Igreja, chamada a dar conteúdo a um anúncio evangelizador dirigido às famílias do mundo inteiro, e, do outro, as famílias cristãs, chamadas a cultivar uma forma de ser família que res-

[1] Claudia Leal Luna é Doutora em Teologia Moral (Accademia Alfonsiana – Roma), Diretora de Formação Geral e Professora da Faculdade de Teologia da Pontificia Universidad Católica de Chile (Santiago – Chile). Tradução do espanhol: Ronaldo Zacharias.

[2] FRANCISCO, Papa. *Amoris laetitia.* Exortação Apostólica Pós-Sinodal sobre o amor na família. São Paulo: Loyola, 2016. Daqui em diante = AL.

ponda à vocação de cuidado recíproco, de doação e de ternura. Entre esses dois sujeitos do discernimento houve sempre, historicamente, encontros e desencontros, momentos de compreensão e entendimento, mas também de frustrações e rancores. A convocação que nos dirige a *Amoris laetitia* é uma oportunidade para observar o caminho percorrido, ponderando luzes e sombras para voltarmos a beber das fontes da nossa tradição e, a partir daí, olharmos de frente os desafios das famílias que buscam viver, cuidar e transmitir o amor que as chamou a ser.

Proponho, aqui, uma reflexão sobre a leitura e interpretação da *Amoris laetitia* à luz da noção de espiritualidade evangelizadora "em saída" que, desde a *Evangelii gaudium*,[3] emerge como um modo de compreender a atuação católica nos tempos em que vivemos.[4] Com efeito, para Francisco "a intimidade da Igreja com Jesus é uma intimidade *itinerante*", sendo "vital que hoje a Igreja saia para anunciar o Evangelho a todos, em todos os lugares, em todas as ocasiões, sem demora, sem repugnâncias e sem medo. A alegria do Evangelho é para todo o povo, não se pode excluir ninguém".[5] As noções de intimidade, itinerância, inclusão e alegria referem-se a histórias compartilhadas,

---

[3] FRANCISCO, Papa. *Evangelii gaudium.* Exortação Apostólica sobre o anúncio do Evangelho no mundo atual. São Paulo: Paulus/Loyola, 2013. Daqui em diante = EG.

[4] Algumas referências sobre este tema: RONCAGLIOLO, Cristián. Iglesia en salida. Una aproximación teológico pastoral al concepto de Iglesia en *Evangelii gaudium. Teología y Vida* 55/2 (2014): 351-369; MADRIGAL, Santiago. La "Iglesia en salida": la misión como tema eclesiológico. *Revista Catalana de Teología* 40/2 (2015): 425-458; GUILLÉN, Domingo García. Una Iglesia en salida. A propósito de *Evangelii gaudium. Facies Domini: Revista alicantina de estudios teológicos* 6 (2014): 53-94; BERRÍOS MEDEL, Fernando. Exhortación apostólica *Evangelii gaudium*: la conversión pastoral de una Iglesia en salida. *Diálogos* 3/8 (2015): 44; GALLI, Carlos María. La alegría pascual de la teología en una Iglesia en salida misionera: una primera recepción de la Constitución *Veritatis gaudium* 55/127 (2018): 121-158.

[5] EG 23.

laços afetivos, dores e esperanças que se entrelaçam no tempo; em síntese, referem-se à família.

O eixo "em saída" serve de ligação entre a espiritualidade do discípulo/discipulado e a espiritualidade da família/familiar.[6] Para Virginia Azcuy, "embora pudéssemos pensar que a evangelização já supõe uma saída para anunciar, este movimento de voltar-se para fora de si resulta com frequência insuficiente na prática eclesial e precisa sempre de uma maior concretização histórica".[7] Por isso, não é redundante falar de evangelização "em saída". Por outro lado, a espiritualidade evangelizadora é sempre comunicação de amor e entrega difusiva do bem, é construção de sentido e abertura ao dom, imagens essas que nos reportam aos esforços e fadigas cotidianas das famílias – especialmente daquelas cujas histórias têm sido marcadas pela perda e pelo fracasso – e nos abrem à possibilidade de experimentar a alegria evangélica para além da qualidade dos nossos méritos.

Nas páginas que seguem, a relação entre espiritualidade familiar e espiritualidade evangelizadora "em saída" será considerada em dois âmbitos mais específicos de discernimento. Num primeiro momento, servindo-nos da categoria teológica de "sementes do Verbo", refletiremos sobre o modo de pensar

---

[6] Para uma aproximação da noção de espiritualidade cristã, ver: VELASCO, Juan De Dios Martín. Espiritualidad cristiana en el mundo actual. *Pensamiento. Revista de Investigación e Información Filosófica* 69/261S. Esp. (2013): 601-621. Sobre a noção de espiritualidade evangelizadora "em saída", ver: AZCUY, Virginia. Dimensiones comunitaria y social de la espiritualidad evangelizadora. Una lectura de *Evangelii gaudium* III-IV-V desde la Teología Espiritual. *Medellín. Biblia, Teología y Pastoral para América Latina y El Caribe* 43/168 (2017): 551-572; AZCUY, Virginia Raquel. Espiritualidad evangelizadora "en salida" (I): Lectura teológica de la visita de Francisco en Chile desde prensa escrita. *Teología* 56/129 (2019): 195-227; AZCUY, Virginia Raquel. Espiritualidad evangelizadora "en salida" (II). Algunas claves de discernimiento para la Iglesia que peregrina en Chile. *Teología* 56/130 (2019): 101-136.

[7] AZCUY. Espiritualidad evangelizadora "en salida" (I), p. 199.

a identidade da "família cristã" e o caráter do anúncio evangelizador às famílias que não correspondem ao modelo tradicionalmente proposto como horizonte ético a ser alcançado. Num segundo momento, focaremos na dignidade das mulheres dentro da família, questão amplamente abordada pela ética social contemporânea e sobre a qual a Igreja oferece uma palavra específica. Haveria outras perspectivas possíveis para esta análise, mas essas me parecem imprescindíveis, visto que estão centradas em preocupações muito sentidas e urgentes para a sociedade e para a Igreja latino-americana.

1. Em vista de uma renovação das fronteiras identitárias da "família cristã"

A ideia das "sementes do Verbo"[8] está no coração da mensagem evangélica. Podemos dizer que sua formulação sistemática responde ao período patrístico, embora possamos também afirmar que já se encontra presente nos Evangelhos, quando um irado Jesus responde que "destas pedras Deus pode suscitar filhos para Abraão" (Mt 3,9). Quando Jesus disse isso, entre outras coisas, fez um exercício de hermenêutica jurídica, deixando claro que o cumprimento das normas depende de irmos além do seu sentido literal. Mais ainda: com tal afirmação, Jesus atira uma pedra no lago da cultura, fazendo alguns círculos concêntricos da onda expansiva se deslocarem um pouco para fora do que até então era dado como certo.

[8] MORENO-MARTÍNEZ, José Luis. "Semina Verbi": de San Justino al Vaticano II. IZQUIERDO, César *et al.* (Eds.). *Dios en la palabra y en la historia*. XIII Simposio Internacional de Teología de la Universidad de Navarra. Navarra: Servicio de Publicaciones de la Universidad de Navarra, 1993, p. 127-139.

Vale a pena também ter presente o relato evangélico segundo o qual alguns discípulos se aproximam de Jesus para lhe dizer que tinham surpreendido alguém expulsando demônios em seu nome e o impediram, porque não era um dos que andavam com eles. A resposta de Jesus – "quem não é contra vós, está a vosso favor" (Lc 9,50) – reconhece, de algum modo, que as suas "sementes" estão para além da fronteira que os discípulos desejam fixar. Nesse caso, o critério de discernimento é dado pelos frutos: quando há sinais de bondade, justiça, crescimento em direção a uma vida mais plena, as rígidas fronteiras de pertença a um grupo social e religioso já não são mais pertinentes. Na realidade, será a respeito desses "elementos de santidade e verdade" que a *Lumen Gentium* (n. 8) falará vinte séculos mais tarde.[9]

Esse movimento expansivo se repetirá nos momentos-chave da história do cristianismo: de modo explícito, na formulação de Justino, segundo a qual a potência salvífica de Cristo ressuscitado supera as barreiras do espaço e do tempo para tocar com seu braço os justos de toda a história; mais tarde, na tomada de posição da comunidade cristã primitiva que resolve não ser preciso ser judeu para ser cristão; e, no século XX, quando o Vaticano II estabeleceu as bases do diálogo inter-religioso, reconhecendo que, mesmo fora das fronteiras do cristianismo, podemos, efetivamente, encontrar traços dele.[10] Por fim, nossa tese é que esse movimento por meio do qual ampliamos nossa própria compreensão do cristianismo – e também da realidade que vivemos e das práticas que dela derivam – está na raiz da

---

[9] ARENAS PÉREZ, Sandra. *Fading Frontiers?* An Historical-Theological Investigation into the Notion of the *Elementa Ecclesiae*. Leuven: Peeters Publishers, 2021.

[10] FREDERICKS, James; TIEMEIER, Tracy (Eds.). *Interreligious Friendship after Nostra Aetate*. New York: Palgrave Macmillan US, 2015.

ideia de espiritualidade de Francisco, tanto na *Evangelii gaudium* quanto na *Amoris laetitia.*

Essas duas observações – a hermenêutica jurídica e a ampliação dos círculos culturais de pertença – estão no coração do que aqui nos interessa, isto é, a espiritualidade "em saída" de Francisco e a projeção dessa espiritualidade na esfera da família. Na *Evangelii gaudium*, ela aparece mediante metáforas que falam de "viagem", de "itinerância",[11] de um discipulado marcado a ferro pela ideia de um anúncio que não admite nenhum tipo de fronteira. Ao mesmo tempo, explica Francisco que uma espiritualidade "em saída" pode ser chamada de espiritualidade "com as portas abertas"[12] – mais uma vez, aparece a noção de limite, fronteira –, que não necessariamente vive na ansiedade de ensinar, mas que também é capaz simplesmente de abrir as portas que tinham sido fechadas e contemplar, esperar, escutar, sem temer a contaminação, o questionamento da própria identidade e o sincretismo que necessariamente fazem parte do encontro com o outro. As fronteiras são alargadas não apenas mediante uma ação voluntária do agente, mas também abrindo as portas e deixando que "o outro" habite nosso território com seu particular modo de ser, com as surpresas que traz consigo "de fora", com o que o seu olhar nos faz descobrir de nós mesmos.

Ideias semelhantes abundam, por sua vez, na *Amoris laetitia,* que, ao insistir sobre a necessidade do anúncio do modelo cristão de matrimônio e família, paralelamente recorda, também com insistência, que a nossa concepção do amor humano deve alimentar-se da vasta e múltipla experiência das famílias

[11] EG 23.

[12] EG 46.

que, no dia a dia, procuram, com maior ou menor êxito, cuidar do dom do amor: "partindo das reflexões sinodais, não se chega a um estereótipo da família ideal, mas a um interpelante mosaico formado por muitas realidades diferentes, cheias de alegrias, dramas e sonhos. [...] Em todas as situações, 'a Igreja sente a necessidade de dizer uma palavra de verdade e de esperança. [...] Os grandes valores do matrimônio e da família cristã correspondem à busca que atravessa a existência humana'".[13]

Vale, ainda, enfatizar a ideia de que o encontro com o diverso é também, e sobretudo, uma experiência que se vive ao interno da família; o exemplo mais imediato é o nascimento e a acolhida dos filhos, que trazem para o interior da família sua personalidade, sua própria visão de mundo, sua busca e seu itinerário de vida.[14] Por outro lado, esse encontro que desafia as estruturas vitais acontece porque a história é dinâmica – inclusive a história dos afetos –, e o amor que um casal experiencia nas etapas iniciais da sua vida muda, se transforma, evolui de mãos dadas com a biografia dos seus protagonistas e dos acontecimentos que simplesmente acontecem e impactam sua identidade.

Desde o primeiro parágrafo da *Amoris laetitia,* Francisco usa o plural e fala sempre de "famílias". Como interpretar essa linguagem? Como a transição de uma visão mais estática da família cristã – que tendia a torná-la absoluta – a uma mais dinâmica que, sem renunciar ao ideal cristão, reconhece que, efeti-

[13] AL 57. Francisco cita, aqui, a *Relatio Synodi* 2014, n. 11.

[14] São bons exemplos do que descrevemos os relatos de maternidade e paternidade que narram experiências tais como deficiência, diversidade sexual etc. SURIÁ MARTÍNEZ, Raquel. Análisis del empoderamiento en padres y madres de hijos con discapacidad. *Boletín de Psicología* 110 (2014): 83-97; MIFSUD, Tony. Una pastoral de diversidad sexual (Padis+). In: TORRE DÍAZ, Francisco Javier de la (Ed.). *Homosexualidades y cristianismo en el s. XXI*. Madrid: Dykinson, 2020, p. 359-370.

vamente, existem diferentes tipos de família? O debate sinodal que antecedeu e deu origem à Exortação se deu conta de como esse fato estava no centro das preocupações das Igrejas locais.[15] Aceitar serenamente a pluralidade das famílias – dos tipos e histórias de famílias – e misturar-se pastoral e espiritualmente com essa pluralidade pode ser vertiginoso para amplos setores da nossa comunidade, mas, ao mesmo tempo, é um modo de ser Igreja que se vem repetindo no decorrer da nossa história, uma dinâmica vital que nos permitiu dialogar com a cultura e pôr à prova nossos parâmetros morais e teológicos.[16] Nesse caso, os conteúdos teológicos e éticos da tradição estão a serviço do encontro e, apenas tardiamente – uma vez que a relação de confiança recíproca está construída –, adquirem protagonismo.

A definição identitária – individual e pessoal – consiste num contínuo processo de abertura e recuo; abertura para enriquecer, contrastar e incluir, e recuo para definir. Na visão de Francisco, o tempo presente é o momento da abertura, também no que se refere à espiritualidade familiar. Pode parecer paradoxal que Francisco afirme que "a família atravessa uma crise cultural profunda"[17] e, ao mesmo tempo, que "é possível que uma

[15] AL 57.

[16] Seria interessante citar aqui os diversos representantes das filosofias contemporâneas da alteridade que constatam que o "si mesmo" nasce frente a um "outro", e que aquela metáfora do contrato social que falava de um primeiro momento em que só existe o "eu", sem o "tu", é simplesmente uma falácia. Ecos dessa compreensão são amplamente recepcionados na teologia do século XX e, do nosso ponto de vista, permeiam a visão antropológica do Papa Francisco em seus diversos textos magisteriais. SCANNONE, Juan Carlos. Discernir y acompañar en actitud teologal de misericordia. Reflexiones sobre exhortación apostólica *Amoris laetitia* (AL). *Stromata* 72/1 (2016): 1-12; FIDALGO, Antonio Gerardo. *Amoris laetitia*, matrimonio y familia vistos desde la gracia y la dignidad de la fragilidad. *Stromata* 74/1 (2018): 35-56.

[17] EG 66.

pessoa, no meio de uma situação objetiva de pecado – mas subjetivamente não seja culpável ou não o seja plenamente –, possa viver em graça de Deus, possa amar e possa também crescer na vida de graça e de caridade, recebendo para isso a ajuda da Igreja".[18] Essas afirmações, no entanto, adquirem coerência ao compreender que, Francisco, apoiando-se, sem dúvida alguma, no trabalho sinodal, caminha na direção de uma nova identidade da família cristã. Essa nova identidade – que não destrói outras versões, mas se junta a elas em coerência com a dinâmica inclusiva das "sementes do Verbo" – será dada pelo modo de proceder, por um certo estilo de viver os valores cristãos numa comunidade familiar que não necessariamente possui as características formais de uma família sacramentalmente constituída. Em outras palavras, o que é que define uma família cristã? Não é o matrimônio sacramental[19] nem a conformação dos seus membros, mas um determinado estilo de viver: a maneira como essa "família" celebra suas alegrias, suporta suas dores e vive sua cotidianidade em relações de cuidado e amor recíprocos, no seio da comunidade. Sobre essa base, é legítimo construir horizontes morais maximalistas, como fez e ainda faz qualquer tradição religiosa, sem por isso cair em falaciosas eclesiologias

[18] AL 305.

[19] Nesse sentido, a *Amoris laetitia* parece avançar, quando afirma que o matrimônio sacramental tem de ser fruto de um *discernimento vocacional* (AL 72). De acordo com essa perspectiva, é possível afirmar que a prática da catequese pastoral relativa ao matrimônio admite processos personalizados, que atendam à história do casal, suas motivações e objetivos, e não apenas a um itinerário estandardizado ao qual as pessoas devem se adequar. PARDO SÁENZ, José María. Sentido e implicaciones de la sacramentalidad del matrimonio a la luz de *Amoris laetitia*. *Cauriensia, Revista Anual de Ciencias Eclesiásticas* 12 (2017): 557-578; VIDAL, Marciano. La fuerza innovadora de *Amoris laetitia*. Hacia un nuevo "paradigma eclesial" de matrimonio y familia. *Moralia* 41/157 (2018): 59-99; COZZOLI, Mauro. Dall'*Humanae vitae* all'*Amoris laetitia*: parte 1: Il bene del matrimonio e della famiglia. *Studia Moralia* 55/2 (2017): 225-241.

segundo as quais a pertença à tradição é dada por padrões de autenticidade relativos ao puro e simples cumprimento ou não cumprimento de preceitos.

Trata-se, obviamente, de um terreno disputado. Nossas pesquisas sobre o modo como os protagonistas da pastoral familiar na Igreja chilena compreendem a "espiritualidade evangelizadora em saída" no âmbito da pastoral familiar[20] manifesta o contraste, mais ou menos agravado conforme o caso, entre uma evangelização que consiste em "anunciar a beleza da família cristã" em sua versão sacramental, nuclear, heterossexual, comprometida pastoralmente etc., e, por outro lado, uma versão da pastoral familiar católica que aspira entrar em diálogo com famílias que, por diversos motivos, estão ou estarão, voluntária ou involuntariamente, numa situação muito diferente da que a nossa tradição cristã tem proposto como horizonte de vida durante os últimos séculos. Esses dois modelos de pastoral familiar podem, inclusive, conviver numa mesma paróquia, escola, movimento ou apostolado, fazendo com que apenas nos momentos de conflito venha à luz a tensão entre ambos. É provável que a alternativa mais saudável seja manter um certo grau de tensão entre esses modos de abordar a pastoral familiar, e que ambos os paradigmas se desafiem e se complementem reciprocamente. O que é evidente, sem dúvida, é que hoje, para falar de família num sentido espiritual e religioso, recordar a doutri-

[20] Projeto de pesquisa n. 9361/DPCC2017, aprovado pela Vice-Reitoria de Pesquisa e pela Diretoria de Pastoral e Cultura Cristã da Pontifícia Universidade Católica do Chile, intitulado: "La espiritualidad evangelizadora 'en salida' como reto de este tiempo y lugar. Lectura teológica de *Evangelii gaudium* a 50 años de la II Conferencia General del Episcopado en Medellín y en el contexto de la visita del papa Francisco a Chile del 15 al 18 de enero de 2018". Pesquisadora responsável: Virginia R. Azcuy; acadêmicos: Claudia Leal Luna e Román Guridi.

na não basta para dar conta do que as famílias, no plural, são e esperam da Igreja.[21]

2. A dignidade das mulheres como elemento central do discernimento na pastoral familiar

O princípio da dignidade humana percorre a história da cultura, assim como a história da Doutrina Social da Igreja. Há pouco tempo, celebramos os 70 anos da Declaração Universal dos Direitos Humanos e, por isso, vale a pena nos questionarmos sobre as relações entre esse marco da consciência ocidental e a compreensão antropológica cristã. Nesse sentido, a dignidade do cristão é, sobretudo, criatural, isto é, sua dignidade é dignidade filial, é poder ser filho no Filho e poder responder livremente a esse ato primeiro de amor. Quando Francisco aborda os males dos quais os seres humanos padecem nas cidades, afirma: "a proclamação do Evangelho será uma base para restabelecer a dignidade da vida humana";[22] a noção moral da dignidade humana é, portanto, um critério para verificar a eficácia do anúncio evangélico. Com efeito, "[...] tanto o anúncio como a experiência cristã tendem a provocar consequências sociais",[23] e, entre tais consequências, estão a fraternidade, a justiça, a paz e a dignidade.

Nesse âmbito, Jürgen Habermas reconhece uma contribuição singular do cristianismo para o conceito de dignidade da pessoa no Ocidente: "Um exemplo dessa apropriação que salva o conteúdo original seria a tradução do fato de que o homem

[21] AL 37.

[22] EG 75.

[23] EG 180.

é feito à imagem e semelhança de Deus no conceito de igual e absoluta dignidade de todas as pessoas".[24] Essa constatação se transforma imediatamente numa declaração vinculante para o cristianismo, que não pode contentar-se com o elogio, mas deve procurar assumir e estar à altura da radicalidade da sua proposta.[25] Nesse sentido, deve também ser lida a passagem da *Amoris laetitia* na qual se afirma: "somos chamados a formar as consciências, não a pretender substituí-las".[26] Essa afirmação é um ato de fé no princípio da dignidade humana – imagem e semelhança de Deus – e, em virtude do contexto em que é proposta, pode também ser compreendida como um ato de fé na consciência do casal, dos esposos e da família.

É nesse cenário que desejamos situar uma dimensão que marcará as preocupações relativas à espiritualidade familiar: a questão da mulher. Não podemos ignorar o fato de que foi apenas no final do século XIX e no início do século XX que se materializou na consciência moral do Ocidente a ideia de que "todos os seres humanos são iguais em dignidade e direitos" e das consequências jurídicas que dela derivam. Foi apenas re-

[24] HABERMAS, Jürgen; RATZINGER, Joseph. *Entre razón y religión. Dialéctica de la secularización*. México: Fondo de Cultura Económica, 2008, p. 28.

[25] Embora não seja esse o tema com o qual aqui nos ocupamos, não podemos deixar de notar que esta reflexão acontece no meio de uma profunda crise global de abusos sexuais no contexto eclesial e, se tivéssemos que descrever essa crise com apenas uma só frase, bastaria dizer que a Igreja Católica não soube colocar a dignidade de seus membros acima da dignidade da instituição, sacrificando a integridade dos seus membros mais frágeis em prol do *status* e prestígio dos seus membros mais poderosos. Por isso, não é exagero afirmar que o modo como a Igreja Católica responde aos desafios socioculturais em que está em jogo a dignidade humana é diretamente proporcional à sua capacidade de responder a essa penosa crise. Nesse sentido, diversos autores têm afirmado que todas as grandes tradições religiosas devem sentir-se interpeladas em relação à dignidade da mulher e que, historicamente, muitas vezes as mulheres têm sido o elo mais frágil dentro de instituições cujas crenças e práticas relativizam sua plena pertença à humanidade.

[26] AL 37.

centemente que começamos a compreender que é necessário dar a esse princípio da igual dignidade de todos os seres humanos um conteúdo que possa ser vinculado à materialidade da existência corporal. Não é suficiente falar da dignidade humana a partir de um ponto de apoio abstrato, por mais seguro que seja em sentido metafísico. A dignidade do corpo pode nos ajudar a ver que os seres humanos são singulares, em toda a sua fortaleza e fragilidade: as crianças, as mulheres, os idosos e, no geral, todos aqueles que, durante a história, tiveram de justificar sua humanidade. Nesse sentido, a *Amoris laetitia* avança corretamente, não apenas nas numerosas passagens referentes às crianças, aos idosos e às mulheres, mas também no uso da linguagem que renuncia à excessiva referência a noções metafísicas para abordar a dignidade do ser humano.

De acordo com Marcela Mazzini, "a Exortação aborda o tema das mulheres na Igreja e na sociedade na perspectiva das intervenções dos pontífices anteriores, basicamente na perspectiva da *Mulieris dignitatem.* A aproximação dessa questão é, em geral, empática e inculturada, próxima das realidades concretas e dolorosas das mulheres: por exemplo, quando se condena a violência contra elas, assim como os abusos das culturas patriarcais: 155, 156; ou quando se refere às mães que criam sozinhas seus filhos: 49, 197. A questão de gênero aparece na Exortação explicitamente nos números 54-57, mas, implicitamente, está presente em muitas outras passagens da Exortação, como nos parágrafos já citados ou na seção em que se fala sobre homens e mulheres no papel de pais e mães 172-179".[27]

[27] MAZZINI, María Marcela. La cuestión de género en *Amoris laetitia*: aproximación a un tema complejo. *Revista Teología* 57/131 (2020): 151-169.

O Papa Francisco reconhece sem ambiguidades que "as reivindicações dos legítimos direitos das mulheres [...] colocam à Igreja questões profundas que a desafiam e não se podem iludir superficialmente",[28] e que algumas dessas interrogações pendentes são, enfim, questões de justiça.[29] Para o Papa, "torna-se necessária uma evangelização que ilumine os novos modos de se relacionar com Deus, com os outros e com o ambiente, e que suscite os valores fundamentais".[30] Podemos dizer que, no que se refere às mulheres, devemos transitar "da redistribuição ao reconhecimento",[31] iluminando áreas da convivência social – tais como os trabalhos não remunerados de cuidado – em que a justiça distributiva não é o elemento suficiente para garantir a dignidade de cada pessoa. Se, por um lado, a agenda da comunidade moral está marcada pela crescente sensibilidade em relação à situação das mulheres, por outro, experimentamos também crescentes aumentos nas taxas de violência real e simbólica contra elas e, consequentemente, não podemos dizer que superamos as lacunas de injustiça que impedem sua real participação e atuação.[32]

[28] EG 104.

[29] EG 212.

[30] EG 74.

[31] FRAZER, Nancy; HONNETH, Axel. *¿Redistribución o reconocimiento?* Madrid: Morata, 2006.

[32] HEIMBACH-STEINS, Marianne. Los derechos humanos ¿son ciegos al género? Derechos humanos de las mujeres como desafío político. *Stromata* 64/1-2 (2008): 179-189; PALACIO, Marta. Paradojas de los derechos humanos: estrategias feministas. *Stromata* 64/1-2 (2008): 158-178. Para uma visão da justiça social contemporânea em perspectiva de gênero, ver: NUSSBAUM, Martha C. *Sex and social justice*. New York: Oxford University Press, 1999; NUSSBAUM, Martha C. *Women and human development: The capabilities approach*. Cambridge/New York: Cambridge University Press, 2001.

2.1 A perspectiva de gênero na *Amoris laetitia*

Poucas vezes a *Amoris laetitia* refere-se explicitamente a "gênero".[33] No entanto, Francisco utiliza a categoria "gênero" como chave de análise da sociedade em geral, da família em particular e, também, da Igreja. Nesse sentido, é possível afirmar que o texto adota uma "perspectiva de gênero", a mesma que, desde a década de 1990, chegou para ficar na linguagem das ciências sociais, sem, contudo, silenciar as críticas que periodicamente foram feitas ao que se convencionou chamar de "ideologia de gênero".[34]

A perspectiva que apontamos aparece com força no Capítulo II da *Amoris laetitia*, que visa responder à realidade e aos desafios das famílias de hoje. O Capítulo é composto por duas partes: a primeira – A situação atual da família, n. 32-49 – procura descrever, de forma casuística, a realidade das famílias, evidenciando a complexidade de uma instituição que admite uma diversidade poliédrica quanto aos aspectos culturais, políticos e sociais. A segunda parte – Alguns desafios, n. 50-57 – enuncia uma série de problemas que afetam as famílias em geral, desde situações de vulnerabilidade, como a toxicodependência, até problemas culturais, tais como poligamia e matri-

[33] Por "gênero" entende-se a representação coletiva que temos sobre o que significa ser mulher e o que significa ser homem numa determinada sociedade. O conceito alude ao conjunto de expectativas, papéis, crenças, valores que depositamos sobre "o masculino" e sobre "o feminino" e que, por sua vez, favorece e justifica a divisão sexual do trabalho e, inclusive, estipula os horizontes econômicos de desenvolvimento profissional e acadêmico das pessoas em função da diferença de sexo. SCOTT, Joan. El género: una categoría útil para el análisis histórico. In: AMELANG, James; NASCH, Mary (Eds.). *Historia y género*: las mujeres en Europa moderna y contemporánea. Valencia: Ed. Alfons El Magnanim, 1990, p. 23-56.

[34] AL 56.

mônios arranjados. Transparece a convicção que sustenta duas ideias: a imensa importância de apoiar politicamente as mulheres e a esperança de que todas e cada uma das famílias possam dar uma valiosa contribuição ao tecido social.

Os números 54 e 55 são os que mostram de modo mais explícito a familiaridade do documento com a perspectiva de gênero, tanto nos temas abordados como no vocabulário usado; denunciam-se o machismo e a violência contra as mulheres em todas suas expressões e advoga-se uma maior inclusão das mulheres nas instituições, em geral, e na Igreja, em particular, mais especificamente nos espaços de poder. A Exortação apresenta uma análise da situação a partir da perspectiva de gênero e sugere, acertadamente, que, junto com o problema de justiça, deve-se abordar a necessidade profunda de caráter espiritual e antropológico que toca igualmente homens e mulheres. São muitas as mulheres que se questionam sobre a compatibilidade entre sua espiritualidade e exigências de justiça, e todas elas abrigam não apenas a esperança de que ambas as dimensões de sua vida sejam coerentes, mas também a convicção de que tais anseios por uma vida mais digna e plena são uma manifestação do Espírito nelas, uma semente que o Deus da vida semeou nelas para que floresça e dê frutos para toda a humanidade.[35] Na *Evangelii gaudium*, Francisco reconhece a fecundidade social das mulheres e, embora não se afaste do paradigma de complementaridade – tão fortemente criticado pela maior parte das teorias de gênero –, é capaz

[35] Sobre a dimensão espiritual das reivindicações de gênero no interior do cristianismo, ver: LÓPEZ, Maricel Mena. Teología, espiritualidad y reivindicaciones de género: hacia la recuperación de la dimensión antropológica de la espiritualidad. *Estudos de Religião* 27/1 (2013): 68-86. Para uma discussão sociopolítica do Capítulo II da *Amoris laetitia*, ver: DOMÍNGUEZ HIDALGO, Carmen Aída. Claves de política pública de familia planteadas por *Amoris laetitia*: comentario al capítulo segundo realidad y desafíos. *Medellín* 165 (2016): 273-300.

de nomear o tema mais crítico e decisivo na esfera institucional: a partilha do poder.[36] Para além das discussões sobre o acesso das mulheres ao ministério ordenado, muitas vezes destaca-se o fato de que a Igreja latino-americana está fortemente marcada pela liderança das mulheres, embora isso não leve necessariamente a uma revisão crítica dos índices efetivos de participação feminina nas diversas esferas da instituição, nem a uma revisão sistêmica dos padrões éticos que configuram sua participação.[37]

Neste ponto encontramos a necessária advertência em relação à ideologia de gênero, centrada no temor da diluição da diferença entre homem e mulher, por causa da desatenção ao lugar do dado biológico na compreensão da identidade de gênero, com a consequente desconstrução da reciprocidade entre ambos os sexos.[38] A Exortação, assim como os demais textos

[36] EG 103-104.

[37] AZCUY, Virginia R.; ORTIZ DE ELGUEA, Eloísa Ángela; RAIMONDO, Nancy (Coords). *Travesías de teólogas feministas pioneras*. Córdoba: Editorial Universidad Católica de Córdoba, 2021. Um capítulo mereceria ser dedicado à inclusão das mulheres pertencentes às minorias sexuais, frágeis tanto nas sociedades quanto nas instituições. A esse respeito, ver: LIMA, Luis Corrêa. Os LGBT e o pontificado de Francisco. *Perspectiva Teológica* 48/1 (2016): 117-143.

[38] Falta no documento uma consideração sobre as contribuições das diversas escolas e correntes de teologia feminista, mariologia feminista e do diálogo entre essas disciplinas. Contribuições que conduzem a novas compreensões da reciprocidade sexual que, sem prescindir do dado biológico, são capazes de entrar em diálogo com as ciências sociais contemporâneas. A título de exemplo: AZCUY, Virginia; BACHMANN, García. Teología e inequidad de género: Diálogo, interpretación y ética en el cruce de disciplinas. *Puntos de encuentro: foro sobre Teología y género*. Buenos Aires: Instituto Universitario ISEDET, 2006; BELLO, Angela Ales. *Fenomenologia dell'essere umano: lineamenti di una filosofia al femminile*. Roma: Città Nuova, 1992; CAHILL, Lisa Sowle. *Sex, gender, and Christian ethics*. Cambridge: Cambridge University Press, 1996; JOHNSON, Elizabeth A. *Aquela que é*. O mistério de Deus no trabalho teológico feminino. Petrópolis: Vozes, 1995; SCHICKENDANTZ, Carlos. Persona, cuerpo y amor. Género y alteridad en el Génesis. In: SCHICKENDANTZ, Carlos. (Ed.). *Religión, género y sexualidad*. Análisis interdisciplinares. Córdoba: Universidad Católica de Córdoba, 2004, p. 129-152; VÉLEZ, Consuelo. Teología de la mujer, feminismo y género. *Theologica Xaveriana* 140 (2001): 545-564.

magisteriais, fica a dever quanto ao aspecto linguístico, pois denota um uso pouco sofisticado das noções básicas das teorias de gênero, mesmo daquelas que foram boas interlocutoras da ética cristã.[39]

O Capítulo termina retornando à afirmação medular que perpassa todo o documento, isto é, a constatação de que a família abstrata e ideal não existe e, muito menos, representa o ideal cristão. Pelo contrário, nas famílias reais, com suas virtudes e defeitos, os seres humanos buscam, encontram e cultivam seus dons e sua vocação e, assim, respondem ao chamado que Deus colocou em seus corações.

Os desafios de justiça nas relações de gênero afetam o catolicismo como parte da cultura,[40] porém, num nível mais profundo, questionam a atualização da dimensão salvífica do anúncio evangelizador. Crianças e mulheres chegaram a ser sujeitos de direito há menos de um século e, mesmo assim, não o são de modo pleno; as instituições políticas e religiosas têm a responsabilidade moral de dar conteúdo a esse processo a partir do lugar e do papel que têm na comunidade, e o cristianismo tem a oportunidade de disponibilizar seu acervo ético-teológico para acompanhar nessa aventura todos os homens e mulheres de boa vontade. Uma espiritualidade familiar "em saída" é sensível à dignidade dos membros da família como seres humanos singulares, filhos e filhas de Deus, plenamente dignos e capazes. Esta espiritualidade projeta-se em experiências evangelizadoras e pastorais, que acentuam intencionalmente a dignidade das mulheres, seu reconhecimento e sua participação.

---

[39] AL 56.

[40] LIMA, Luís Corrêa. Estudos de gênero versus ideologia: desafios da teologia. *Mandrágora* 21/2 (2015): 89-112.

Francisco, no seu magistério, parece ir progressivamente enfatizando o olhar sobre o mundo feminino. Começou pela *Evangelii gaudium*, dizendo, por exemplo, que "'o gênio feminino é necessário em todas as expressões da vida social; por isso deve ser garantida a presença das mulheres também no âmbito do trabalho' e nos vários lugares onde se tomam as decisões importantes, tanto na Igreja como nas estruturas sociais",[41] e culmina com a notável afirmação da *Amoris laetitia:* "aprecio o feminismo".[42]

Considerações finais

Cinco anos depois de sua promulgação, a *Amoris laetitia* é, ainda, uma declaração programática a ser posta em ação e a ser encarnada nas práticas comunitárias. Uma espiritualidade familiar "em saída", como a que tentamos delinear nestas páginas, atende a critérios verificadores e orientadores do discernimento que cuidam especialmente da inclusão de todos e todas, porque não existe nenhuma família, por mais ferida que esteja, que não possa oferecer em seu seio aceitação, intimidade, alegria e conversão. Esta espiritualidade funciona como critério de discernimento hermenêutico e prático e nos permite abrir caminhos, corrigir erros e sonhar uma Igreja que é "família de famílias".

A doutrina moral está em dívida na sua relação com a cultura, visto que se inculturar não significa pôr um disfarce que nos assimila esteticamente a um outro que permanece como "exótico", mas olhar o mundo com os olhos do outro. E, nes-

[41] EG 103. Francisco cita, aqui, o Pontifício Conselho "Justiça e Paz", *Compêndio da Doutrina Social da Igreja*, 295.

[42] AL 173.

se sentido, não temos olhado o mundo com os olhos dos adolescentes, dos divorciados, das mulheres. Olhar o mundo com os olhos daqueles que estão nas periferias existenciais e reais das nossas sociedades é, talvez, a dimensão mais importante do pontificado de Francisco,[43] pois ele, constantemente, por meio de ações e palavras, coloca sobre a mesa imagens de uma Igreja itinerante, provisória, flexível; em síntese, uma Igreja sem pretextos quando se trata de "sair".

Referências bibliográficas

ARENAS PÉREZ, Sandra. *Fading Frontiers*? An Historical--Theological Investigation into the Notion of the *Elementa Ecclesiae*. Leuven: Peeters Publishers, 2021.

AZCUY, Virginia R.; ORTIZ DE ELGUEA, Eloísa Ángela; RAIMONDO, Nancy (Coords). *Travesías de teólogas feministas pioneras*. Córdoba: Editorial Universidad Católica de Córdoba, 2021.

AZCUY, Virginia. Dimensiones comunitaria y social de la espiritualidad evangelizadora. Una lectura de *Evangelii gaudium* III-IV--V desde la Teología Espiritual. *Medellín. Biblia, Teología y Pastoral para América Latina y El Caribe* 43/168 (2017): 551-572.

AZCUY, Virginia Raquel. Espiritualidad evangelizadora "en salida" (I): Lectura teológica de la visita de Francisco en Chile desde prensa escrita. *Teología* 56/129 (2019): 195-227.

AZCUY, Virginia Raquel. Espiritualidad evangelizadora "en salida" (II). Algunas claves de discernimiento para la Iglesia que peregrina en Chile. *Teología* 56/130 (2019): 101-136.

[43] FERNÁNDEZ, Víctor Manuel; RODARI, Paolo. *El programa del papa Francisco:¿adónde nos quiere llevar?* Buenos Aires: San Pablo, 2014.

BERRÍOS MEDEL, Fernando. Exhortación apostólica *Evangelii gaudium*: la conversión pastoral de una Iglesia en salida. *Diálogos* 3/8 (2015): 44.

COZZOLI, Mauro. Dall'*Humanae vitae* all'*Amoris laetitia*: parte 1: Il bene del matrimonio e della famiglia. *Studia Moralia* 55/2 (2017): 225-241.

DOMÍNGUEZ HIDALGO, Carmen Aída. Claves de política pública de familia planteadas por *Amoris laetitia*: comentario al capítulo segundo realidad y desafíos. *Medellín* 165 (2016): 273-300.

FERNÁNDEZ, Víctor Manuel; RODARI, Paolo. *El programa del papa Francisco: ¿adónde nos quiere llevar?* Buenos Aires: San Pablo, 2014.

FIDALGO, Antonio Gerardo. *Amoris laetitia*, matrimonio y familia vistos desde la gracia y la dignidad de la fragilidad. *Stromata* 74/1 (2018): 35-56.

FRANCISCO, Papa. *Amoris laetitia.* Exortação Apostólica Pós-Sinodal sobre o amor na família. São Paulo: Loyola, 2016.

FRANCISCO, Papa. *Evangelii gaudium.* Exortação Apostólica sobre o anúncio do Evangelho no mundo atual. São Paulo: Paulus/Loyola, 2013.

FRAZER, Nancy; HONNETH, Axel. *¿Redistribución o reconocimiento?* Madrid: Morata, 2006.

FREDERICKS, James; TIEMEIER, Tracy (Eds.). *Interreligious Friendship after Nostra Aetate.* New York: Palgrave Macmillan US, 2015.

GALLI, Carlos María. La alegría pascual de la teología en una Iglesia en salida misionera: una primera recepción de la Constitución *Veritatis gaudium* 55/127 (2018): 121-158.

GUILLÉN, Domingo García. Una Iglesia en salida. A propósito de *Evangelii gaudium*. *Facies Domini: Revista alicantina de estudios teológicos* 6 (2014): 53-94.

HABERMAS, Jürgen; RATZINGER, Joseph. *Entre razón y religión. Dialéctica de la secularización*. México: Fondo de Cultura Económica, 2008.

LIMA, Luís Corrêa. Estudos de gênero versus ideologia: desafios da teologia. *Mandrágora* 21/2 (2015): 89-112.

LÓPEZ, Maricel Mena. Teología, espiritualidad y reivindicaciones de género: hacia la recuperación de la dimensión antropológica de la espiritualidad. *Estudos de Religião* 27/1 (2013): 68-86.

MADRIGAL, Santiago. La "Iglesia en salida": la misión como tema eclesiológico. *Revista Catalana de Teologia* 40/2 (2015): 425-458.

MAZZINI, María Marcela. La cuestión de género en *Amoris laetitia*: aproximación a un tema complejo. *Revista Teología* 57/131 (2020): 151-169.

MORENO-MARTÍNEZ, José Luis. "Semina Verbi": de San Justino al Vaticano II. IZQUIERDO, César *et al.* (Eds.). *Dios en la palabra y en la historia*. XIII Simposio Internacional de Teología de la Universidad de Navarra. Navarra: Servicio de Publicaciones de la Universidad de Navarra, 1993, p. 127-139.

PARDO SÁENZ, José María. Sentido e implicaciones de la sacramentalidad del matrimonio a la luz de *Amoris laetitia*. *Cauriensia, Revista Anual de Ciencias Eclesiásticas* 12 (2017): 557-578.

RONCAGLIOLO, Cristián. Iglesia en salida. Una aproximación teológico pastoral al concepto de Iglesia en *Evangelii gaudium*. *Teología y Vida* 55/2 (2014): 351-369.

SCANNONE, Juan Carlos. Discernir y acompañar en actitud teologal de misericordia. Reflexiones sobre exhortación apostólica *Amoris laetitia* (AL). *Stromata* 72/1 (2016): 1-12.

SCOTT, Joan. El género: una categoría útil para el análisis histórico. In: AMELANG, James; NASCH, Mary (Eds.). *Historia y género*: las mujeres en Europa moderna y contemporánea. Valencia: Ed. Alfons El Magnanim, 1990, p. 23-56.

VIDAL, Marciano. La fuerza innovadora de *Amoris laetitia*. Hacia un nuevo "paradigma eclesial" de matrimonio y familia. *Moralia* 41/157 (2018): 59-99.

9

Amoris laetitia e discernimento moral:

o amor se manifesta de diversos modos

Jutta Battenberg Galindo[1]

Introdução

Em 19 de março de 2016, o Papa Francisco assinou sua segunda Exortação Apostólica, *Amoris laetitia*,[2] através da qual busca incentivar todos os fiéis, consagrados e leigos, a refletir sobre o significado da família, os desafios pelos quais ela passa e aprofundar a compreensão cristã desta instituição.

Embora o texto convide – com uma linguagem mais acessível aos fiéis[3] – à reflexão pessoal e comunitária, passados cinco anos, ainda apreciamos a dificuldade de integrar os dois extre-

---

[1] Jutta María Patricia Battenberg Galindo é Doutora em Teologia (Pontificia Universidad Javeriana de Bogotá – Colômbia), Professora na Universidad Iberoamericana (UIA) e no Instituto Franciscano de Filosofía y Teología (IFFT) e Diretora do Centro de Desarrollo Humano y Espiritualidad Domus Vitae (Ciudad de México). Tradução do espanhol: Camilo Profiro da Silva, sdb.

[2] FRANCISCO, Papa. *Amoris laetitia.* Exortação Apostólica Pós-Sinodal sobre o amor na família. São Paulo: Loyola, 2016. Daqui em diante = AL.

[3] IRRAZÁBAL, Gustavo. *Amoris Laetitia*, ¿un Documento de Transición? *Moralia* 40/153 (2017): 31.

mos entre os quais se dá a experiência cristã: lei e misericórdia; ou seja, entre rigor doutrinário e flexibilidade pastoral.[4] Ambas as posições representadas pelos dois extremos da militância católica: conservadores e liberais.

De fato, o mundo católico está longe de ter uma compreensão unificada dos mistérios da fé. Pelo contrário, posições radicais em ambas as extremidades dificultam o diálogo e uma compreensão mais humana da experiência cristã. Trata-se de um conflito que também está sendo travado no meio de um mundo complexo, turbulento e individualista que está excessivamente exposto à informação e a estímulos de todos os tipos.

> É por isso que a *Amoris laetitia* aparece como um verdadeiro desafio para o discernimento moral, que dificilmente pode integrar ambas as percepções, porque enquanto o rigor da norma, para alguns, é a coisa fundamental, para outros, o fundamental é o amor gratuito derramado por Deus aos seus fiéis e a promoção do desenvolvimento da própria consciência.

A *Amoris laetitia* parte do fato de que o amor tem muitas maneiras de se manifestar. Uma das mais significativas é a que se vivencia na família, cuja origem e fundamento é a relação do casal. Um amor que por si mesmo proporciona alegria, uma alegria compartilhada pela Igreja[5] que, no entanto, à luz da realidade atual, revela uma complexidade que força a

[4] IRRAZÁBAL. *Amoris laetitia*, ¿un Documento de Transición?, p. 49-51; McGAVIN, Paul Anthony. A Theological Ethics Approach to Understanding the *Amoris Laetitia* Position on Marriage/ Divorce/ Remarriage. *The Australasian Catholic Record* 96/3 (2019): 259-261.

[5] AL 1.

aprofundar "algumas questões doutrinárias, morais, espirituais e pastorais".[6]

Em relação às questões doutrinais, o documento nos convida a repensá-las com base na misericórdia de Deus e no aspecto processual do aperfeiçoamento humano.[7] Sem assumir uma posição drástica ou determinativa, convida toda a comunidade – especialmente teólogos e bispos – a continuar refletindo para se adaptar à situação atual, sem cair na permissividade excessiva,[8] porque generalizar todas as situações é injusto, uma vez que apresentam uma grande variedade de circunstâncias.[9]

O aspecto espiritual, por outro lado, lembra que a condição precária, ferida e limitada do ser humano é o espaço privilegiado para a revelação do mistério divino e, por isso, insiste em assumir essas realidades e acompanhá-las com o olhar compassivo e salvador de Jesus (Lc 15; Jo, 4,5-25; 8,1-11), que deseja a vida em plenitude para todos os seres humanos (Lc 24,36.49; Jo 20,19.26).

Pastoralmente, propõe ao clero e aos orientadores espirituais que acompanhem essas realidades humanas com o olhar misericordioso de Deus (Mt 9,36; 18,12-14; Lc 15,1-32), por meio de uma escuta personalizada e compreensiva que os leve a descobrir, dentro da própria realidade, com maior profundidade, o Mistério da Trindade que ama e busca o bem de toda a humanidade.

---

[6] AL 2.

[7] AL 296, 297.

[8] GRANADOS TEMES, José Miguel. 'Amores Heridos': Misericordia y Fidelidad: las Indicaciones Pastorales del Capítulo VIII de la Exhortación Apostólica *Amoris Laetitia* (Nn. 291-312). *Scripta Theologica* 49/1 (2017): 99.

[9] AL 293, 294, 296, 298, 300.

Por fim, no aspecto moral, a Exortação exige o repensamento de questões antigas, como a relação do casal,[10] a família,[11] o vínculo dos divorciados casados novamente[12] ou a educação dos filhos;[13] o enfrentamento de outras que surgem de novas situações emergentes, como uniões entre pessoas do mesmo sexo[14] ou a influência da cultura e da economia na estabilidade familiar;[15] e a consideração de aspectos que, embora não apareçam explicitamente, é apropriado questionar a partir da fé cristã, como a formação da consciência, o abandono de filhos de casamentos anteriores por pais e/ou mães, além da adoção por famílias homossexuais. Cada um desses tópicos suscita uma elaboração intensa, extensa e exaustiva que o documento não consegue fazer, mas que permanece como tarefa para especialistas e para o magistério.

1. As famílias

Quando se refere à família, o Papa entende o valor que ela teve na história da humanidade, não mecanicamente, como aconteceu por gerações, mas com uma clara intencionalidade, que olha para a realidade atual iluminada pela reflexão evangélica e que aposta num mundo melhor que é gestado precisamente ali: nas famílias.[16] Reconhece que a origem delas está na

[10] AL 9-13; 90-164.

[11] AL 32-57; 67-70; 86-88.

[12] AL 243, 297-312.

[13] AL 260-290.

[14] AL 52, 251.

[15] AL 39-49.

[16] AL 260-267.

atração de duas pessoas,[17] que se comprometem em um projeto comum,[18] que se abrem à procriação e à educação de seus próprios filhos[19] ou de outros[20] e ao compromisso com os que mais precisam.[21]

A *Amoris laetitia* inclui, com o termo *famílias feridas,* todas as situações que estão fora da realidade do casamento sacramental,[22] o qual tem, em si mesmo, um caráter superior em relação a outras expressões de amor entre o casal.[23] Com a expressão *famílias feridas*, o documento quer despertar um sentimento de compaixão, convida a tomar uma postura mais compreensiva e misericordiosa e evita entrar no conflito de falar especificamente sobre alguns dos diferentes casos.

> Francisco faz uma lista de diferentes tipos de famílias: aquelas marcadas pelo individualismo,[24] aquelas que, devido a problemas econômicos, ainda não formalizaram sacramentalmente a união,[25] outras que, diante da incerteza da vida, evitam se comprometer para além do presente,[26] famílias de fato,[27] famílias abandonadas,[28] casais homossexuais[29] e, claro, divorciados e

[17] AL 9-13.
[18] AL 13, 38.
[19] AL 11, 166.
[20] AL 179-180.
[21] AL 181-184.
[22] AL 293, 294, 298, 300.
[23] AL 71-75, 307.
[24] AL 34.
[25] AL 40, 44.
[26] AL 40.
[27] AL 52.
[28] AL 242.
[29] AL 52, 251.

> casados novamente.[30] A todos esses arranjos, falta acrescentar um grupo formado por católicos batizados desenraizados da vida eclesial que, no entanto, esperam e desejam algum tipo de cerimônia espiritual, mas não o sacramento, como protesto ou porque se sentem desvinculados da Igreja.[31] Cada um desses casos requer um tratamento particular, que comprometa a Igreja em geral, não apenas o magistério, mas todo o povo de Deus, uma vez que tanto um quanto outro são igualmente responsáveis e comprometidos com a situação.

Mais do que uma instrução definitiva, o documento é um claro convite para olhar para a realidade com olhos de compaixão, confiando na misericórdia Trinitária e ressaltando a importância da ajuda mútua entre pastores e fiéis para contribuir para a experiência do reinado de Deus em e entre todos os seres humanos, especialmente aqueles que mais sofrem e que mais precisam da experiência de seu amor incondicional (Mt 11,29-30; Lc 5,29-32).

2. Casal humano e matrimônio cristão

A união do casal e da família é uma realidade humana presente em todas as culturas e em todos os tempos, independentemente do cristianismo. Uma situação que faz parte do quadro cultural de cada grupo humano que a assume e valida a partir de suas próprias

[30] AL 243, 297-312.

[31] Entre os jovens de alguns países, está se estabelecendo uma moda de fazer algum tipo de cerimônia espiritual, mas não celebrar o sacramento do matrimônio. A maioria deles provém de famílias católicas e recebeu ao menos o sacramento do batismo, mas encontra-se decepcionada com a instituição ou ao menos não se identifica com ela.

concepções, situações e necessidades.[32] Como instituição humana, antecedeu o cristianismo, mas certamente, já a partir das primeiras comunidades, surge a intuição de vivê-la à luz da revelação recebida (1Cor 7,1-6.9-11; Ef 5,21-33; Col 3,18-19).

Possivelmente, o primeiro teólogo a abordar o assunto no Oriente é Inácio de Antioquia (†130), o qual sugere simplesmente que os cristãos que querem casar-se apresentem-se ao bispo; não se sabe ao certo se isso vale para a comunidade, nem mesmo se é uma prática que se estende a toda a Igreja primitiva.[33]

> No Ocidente, Tertuliano (†217), por sua vez, exige que os cônjuges obtenham a autorização do bispo e de sua comunidade; no entanto, suas exigências parecem datar de seu período herético, já fora do seio da Igreja.[34]

Após esses teólogos, a história do sacramento mostra tanto a evolução teológica em torno do casamento, quanto sua prática ritual.[35] Certamente, a intenção deste artigo não é mostrar a evolução do rito matrimonial como tal e sua compreensão sacramental, mas lembrar que é resultado de um longo processo.

No início, o casamento dos cristãos não exigia formalidades especiais, mas se atém aos costumes e normas vigentes. A atenção da Igreja se concentra em garantir que o casamento seja celebrado de acordo com a fé e a moral cristãs.[36]

---

[32] BOLOGNE, Jean Claude. *Historia de la pareja*. Bogotá: FCE, 2017.

[33] ALIAGA GIRBES, Emilio. *Compendio de teología del matrimonio*. Valencia: EDUCIP, 1994, p. 91.

[34] ALIAGA GIRBES. *Compendio de teología del matrimonio*, p. 91-92.

[35] Para uma revisão do processo, ver: ALIAGA GIRBES. *Compendio de teología del matrimonio*, p. 91-162.

[36] FLÓREZ, Gonzalo. *Matrimonio y familia*. Madrid: BAC, 2005, p. 132.

Desta maneira, tanto o aspecto ritual quanto o aspecto moral são enfatizados. Mostra-se, assim, a intenção de refletir que, como tantas outras realidades humanas, na família e no casal, há uma clara intenção de vivê-lo de acordo com o cristianismo.

Há dois aspectos a esse respeito que eu desejo sublinhar. Um relacionado ao casal no matrimônio e o outro relacionado à família como geradora e cuidadora de pessoas.

3. O casal humano

Ao falar do matrimônio, o Papa sublinha o aspecto do vínculo de amor, e não do contrato, como foi entendido anteriormente.[37] Ao fazê-lo, ressalta a dimensão existencial que está na raiz de todo encontro humano. Um movimento de atração que surge primeiro entre dois seres humanos e que se estende para a prole. Esse é o fenômeno natural que acontece cotidianamente. Que condicionamentos atuam na atração entre duas pessoas é um mistério, que pode ser parcialmente explicado por fatores biológicos[38] e psicológicos[39] em face dos quais a razão não tem muito o que fazer.[40]

Essa atração primária, resultado de um impulso da natureza, se consolida humanamente através da vontade de perten-

[37] "No Capítulo I da segunda parte da Constituição Pastoral *Gaudium et spes* do Concílio Vaticano II, dedicado ao matrimônio e à família (n. 47-52), constata-se a presença de duas teologias: a 'inovadora', que fala do matrimônio em chave de aliança, e a 'conservadora', que volta a insistir no matrimônio como contrato". VIDAL, Marciano. La fuerza innovadora de *Amoris Laetitia*: hacia un nuevo 'paradigma eclesial' de matrimonio y familia. *Moralia* 41/157 (2018): 79.

[38] HERNÁNDEZ-LÓPEZ, Leonor E.; CERDA-MOLIN, Ana Lilia. Selección sexual en los humanos. *Salud Mental* 35 (2012): 405-410.

[39] VILLEGAS, Manuel; MALLOR, Pilar. La dimensión estructural y evolutiva en las relaciones de pareja. *Acción Psicológica* 9/2 (2012): 97-110.

[40] PASCAL, Blaise. *Pensamientos*. Madrid: Cátedra, 2008, p. 169.

cer e se comprometer com um projeto comum que tem como meta chegar ao fim da vida. Uma intenção que nem sempre é possível cumprir por múltiplas razões, desde os aspectos mais superficiais e egoístas até dramas reais.[41]

Por conseguinte, tornar-se um casal implica comprometer a vida, crescer no amor e passar do *eros* ao *ágape*.[42] Esse movimento não se encontra exclusivamente limitado ao casal constituído pelo sacramento, mas, fenomenologicamente, pode se dar em outras circunstâncias. Portanto, o desafio cristão é reconhecer que essa possibilidade de crescer no amor é viável e até desejável não só para aqueles casais que foram impedidos de alcançá-lo na primeira tentativa, mas também em outras circunstâncias, mesmo naquelas que geram conflito porque estão exclusivamente associadas ao aspecto considerado "desordenado" da sexualidade: a homossexualidade.[43]

A homossexualidade é uma condição. Nenhuma das razões biológicas ou sociais[44] que possam explicar sua existência refere-se a uma escolha voluntária; ao contrário, ela é uma característica da identidade da pessoa. Por isso, não podemos falar de opção, mas de orientação,[45] ou seja, a pessoa se descobre atraída e apaixonada por pessoas do mesmo sexo.

---

[41] O Papa insiste na diversidade de casos. Será que, diante de uma família que sofre abuso físico e sexual, é legítimo pedir às vítimas que permaneçam, mesmo que isso implique dor e sofrimento?

[42] AL 217-222.

[43] ROGERS, Eugene E. El matrimonio como una práctica ascética para parejas del mismo sexo. Argumento del rito episcopaliano estadounidense. ¿Modelo para la Iglesia Católica? *Revista Iberoamericana de Teologia* 33 (2021): 61-79.

[44] ANNICCHIARICO, Ivan. Psicobiología de la homosexualidad masculina: hallazgos recientes. *Universitas Psychologica, Bogotá* 8/2 (2009): 429-446; SOLER, Franklin Giovanni. Evolución y orientación sexual. *Diversitas - Perspectivas en Psicología* 1/2 (2005): 161-173.

[45] Ver: Organização Pan-Americana de Saúde (PAHO): https://www.paho.org/pt/brasil.

Nesse sentido, se não há escolha intencional envolvida, mas é uma dada condição, a homossexualidade pode e deve ser assumida – com toda a responsabilidade e gratidão que isso implica – como um modo de ser e de amar,[46] inclusive possível e legítimo de ser vivido cristãmente. Sendo assim, ao se refletir sobre o amor homossexual, é prioritário pensar nele, em primeiro lugar, como uma resposta de amor a outro ser humano, e deixar de lado os preconceitos relacionados ao exercício da sexualidade.

> É oportuno ressaltar que a primeira dificuldade enfrentada pelo amor homossexual é a desqualificação que ele recebe por ser considerado "desordenado", bem como o impedimento de realizá-lo no quadro da legitimidade religiosa e, em alguns casos, também da legitimidade civil.[47] É assim que a atração que surge independentemente da vontade da pessoa em relação a outra do mesmo sexo é marginalizada, limitada e forçada a viver na clandestinidade.

Na verdade, é a própria comunidade que impede o amadurecimento do amor e do compromisso entre pessoas do mes-

[46] COSTADOAT, Jorge. Hacia un concepto teológico de la homosexualidad. Sección Opinión. *El Mostrador. Blogs y Opinión* (03.02.2016). Disponível em: https://www.elmostrador.cl/noticias/opinion/2016/02/03/hacia-un-concepto-teologico-de-la-homosexualidad/. Acesso em: 24 ago. 2021.

[47] AL 251. De acordo com a ILGA World (The International Lesbian, Gay, Bisexual, Trans and Intersex Association), até dezembro de 2020 apenas em 11 países do mundo é concedida proteção constitucional à população homossexual; em 57, ampla proteção; em 81, proteção no trabalho; em 7, proteção limitada desigual; em 43, não há criminalização nem proteção; em 2, criminalização; em 30, até 8 anos de prisão; em 27, de 10 anos de prisão a prisão perpétua; em 5, pena de morte como possibilidade; em 6, efetiva pena de morte. Em relação à família, cerca de 68 países reconhecem a união homossexual e em 59 é permitida a adoção por homossexuais. Disponível em: https://ilga.org/sites/default/files/downloads/SPA_ILGA_World_map_sexual_orientation_laws_dec2020.png. Acesso em: 24 ago. 2021.

mo sexo,[48] obstruindo, dessa forma, a realização de um projeto comum que supera o hedonismo e o *eros* e se manifesta como integração, cuidado, ajuda mútua e solidariedade. A oposição surge pelo fato de se considerar o amor homossexual em si mesmo pecaminoso.

Por outro lado, há membros da comunidade com posturas mais "maleáveis", isto é, aceitam a orientação homossexual, mas insistem em desencarná-la, pretendendo que seja um amor vivido sem contato físico. São essas mesmas pessoas que se esquecem de que é precisamente no encontro íntimo que ambas as pessoas se fundem para formar um ser maior, que é superior à soma de suas individualidades.[49]

No entanto, em relação a esse tipo de união, a posição da Exortação é ambígua: se, por um lado, afirma que "as uniões de fato ou entre pessoas do mesmo sexo, por exemplo, não podem ser simplistamente equiparadas ao matrimônio", visto que "nenhuma união precária ou fechada à transmissão da vida garante o futuro da sociedade",[50] por outro, reconhece que "'o matrimônio não foi instituído só em ordem à procriação' [...]. Além disso, 'a maternidade não é uma realidade exclusivamente biológica, mas expressa-se de diversas maneiras'".[51]

> No decorrer do debate sobre a dignidade e a missão da família que antecedeu a *Amoris laetitia*, os Padres sinodais reconhece-

---

[48] AL 163-164. Ver o interessante e desafiador artigo de: ROGERS JR. El matrimonio como una práctica ascética en parejas del mismo y distinto sexo, p. 61-79.

[49] AL 150-152. Ver: MOYA SANTOYO, José. La ética de la sexualidad positiva en *Amoris Laetitia*. *Moralia* 39/152 (2016): 339-362.

[50] AL 52.

[51] AL 178. Francisco cita aqui, respectivamente, *Gaudium et spes*, n. 50 e o *Documento de Aparecida*, n. 457.

> ram que "não existe fundamento algum para assimilar ou estabelecer analogias, sequer remotas, entre as uniões homossexuais e o desígnio de Deus sobre o matrimônio e a família. É 'totalmente inaceitável que as Igrejas locais sofram pressões nesta matéria, e que os organismos internacionais condicionem as ajudas financeiras aos países pobres à introdução de leis que instituam o 'casamento' entre pessoas do mesmo sexo'". E Francisco assumiu essa visão na *Amoris laetitia.*[52] No entanto, a redação parece referir-se simplesmente à equiparação da palavra e à sua legitimação, e não a uma condenação da união em si mesma.

Embora a aceitação de uniões homossexuais ainda provoque resistência numa parte significativa dos fiéis, há outro complicador que gera um desconforto ainda maior: a situação relativa à adoção de crianças por casais do mesmo sexo. Neste caso, as posições se radicalizam e se complicam ainda mais, porque mesmo pessoas que aceitam tanto a homossexualidade quanto o exercício de sua sexualidade e sua legítima convivência diária têm dificuldade de aceitar essa realidade. Os dois argumentos mais frequentemente apresentados são: 1) a criança terá necessariamente uma orientação confusa ou "desordenada", pelo fato de carecer de referência do sexo oposto; no entanto, é necessário lembrar, por um lado, que a maioria das pessoas que hoje são homossexuais vem de famílias heterossexuais e, por outro, que, embora a condição sexual seja dada pelos genitais e/ou cromossomos, o gênero, como um papel, é uma construção social, e isso também se manifesta em casais do mesmo sexo;[53]

[52] AL 251. Francisco cita, aqui, a *Relatio Finalis* 2015, n. 76.

[53] BATTENBERG GALINDO, Jutta María Patricia. *Violencia de género y conciencia moral.* Tesis Doctoral en proceso de publicación. Bogotá: Pontificia Universidad Javeriana, 2021, p.16-19.

2) à criança é negado o direito de ser adotada por um casal heterossexual; esse argumento só poderia ser levado em conta se o número de casais heterossexuais dispostos a adotar fosse proporcional ao de crianças órfãs,[54] circunstância que está muito longe da realidade social.[55]

4. A família como geradora e cuidadora de pessoas

O Papa reconhece que a família é o espaço no qual se aprende a ser filho/a, irmão/irmã, pai, mãe, cidadão/cidadã, amigo/a, crente; em poucas palavras, é onde aprende-se a *ser humano*, mesmo que isso nem sempre esteja na mente de seus membros. Assim, a família é dom e tarefa. Algo dado, diante do qual restam apenas a atitude de gratuidade e o compromisso de torná-la um espaço de manifestação do mistério.

Independentemente da *qualidade* da família de origem, ela é a realidade espaço-temporal em que surge a nova vida. Sem essa condição, não há existência. A gratuidade diante dela não está relacionada à sua eficiência, à qualidade do vínculo afetivo, à estabilidade, à maturidade etc., mas ao fato de que é a condição ineludível de sua possibilidade. Torná-la um espaço

[54] "Estima-se que mais de 29 mil meninos, meninas e adolescentes vivem em orfanatos ou albergues e cerca de 5 milhões de crianças mexicanas correm o risco de perder o cuidado de suas famílias por causas como pobreza, dependência química, violência intrafamiliar e processos judiciais". Ver: Aldeas Infantiles SOS – México. Disponível em: https://www.aldeasinfantiles.org.mx/conocenos/datos-y-estadisticas. Acesso em: 24 ago. 2021.

[55] Ser contra a adoção de crianças por famílias homossexuais significa considerar que é melhor que elas permaneçam numa instituição – com todos os riscos, deficiências e limitações que possuem – do que crescer sob a proteção do calor, afeto e cuidado de uma família homoparental. Trata-se de uma premissa que requer uma reflexão aprofundada, pois está em jogo não apenas o que é melhor para as crianças órfãs, abandonadas e retiradas de suas famílias devido a abusos e negligências, mas o que elas escolheriam para si mesmas.

de crescimento, no qual seus membros se sentem acolhidos, amados, protegidos e incondicionalmente apoiados, faz parte da tarefa; a outra é fazer de seus membros pessoas de bem.

> A *Amoris laetitia* faz referência à responsabilidade da família em educar os filhos,[56] inclusive a educação sexual[57] e religiosa;[58] em gerar com e para eles um ambiente estimulante;[59] em estar aberta à procriação, vendo na prole sempre uma bênção;[60] em proporcionar a eles o mínimo de dano possível no caso de uma possível separação do casal.[61] Nota-se, contudo, que a Exortação não faz nenhuma menção à responsabilidade de todos quando os filhos são o resultado de encontros casuais, de relações fora do contexto matrimonial sacramental, de relações de violência e abuso. especialmente dos pais, em relação a todos os filhos, independentemente da origem de sua fecundação.

De fato, o texto parece não enfatizar a responsabilidade afetiva, econômica e existencial dos pais para com seus filhos, independentemente das condições de sua concepção, uma vez que abandoná-los antes de seu amadurecimento físico, educativo e social é como abortar uma existência, visto que compromete o alcance da sua plenitude.[62] Nesse sentido, não parece que, por si

[56] AL 84, 260-279.

[57] AL 280-286.

[58] AL 287-290.

[59] AL 27-30.

[60] AL 80-83.

[61] AL 246.

[62] Ver: BATTENBERG GALINDO, Jutta María Patricia. Paternidad responsable o aborto masculino. In: CATHOLIC THEOLOGICAL ETHICS IN THE WORLD CHURCH. Sección Fórum (1°.12.2019) https://catholicethics.com/forum/paternidad-responsable-o-aborto-masculino/ (consultada el 10 de agosto de 2021). Este aspecto está mais desenvolvido no Capítulo 9 do Documento de Aparecida (459-463).

mesmo, o sacramento desperte esse compromisso, nem que haja uma compreensão abrangente e comum entre os fiéis. Assim, há grupos que defendem o direito à vida de criaturas não nascidas, e o fazem com veemência, mas não se preocupam com a qualidade de vida de todas as crianças e adolescentes que têm direito de viver dignamente, por serem cidadãs e criaturas amadas de Deus.

Não se trata apenas do amor do casal, mas do amor que se desenvolve em relação ao filho e à filha. Não implica só o sentimento, mas a responsabilidade de trabalhar intencional e efetivamente em seu processo de formação para torná-lo/a uma pessoa amada, que saiba amar, que é responsável e respeitosa, que reconheça o mistério de Deus em sua vida e se comprometa com seu futuro e com a história dos outros, porque, embora não haja um rito que o simbolize em profundidade, o vínculo dado pela filiação é existencialmente indissolúvel.

> Assim, a maternidade/paternidade – como qualquer outra realidade humana – é dom e tarefa, e a atitude cristã consiste em responder a essa confiança com toda a seriedade que a situação exige. Embora a união do casal possa ser rompida, o vínculo e a responsabilidade com os filhos permanecem independentemente das condições de sua concepção e da situação do casal. A maternidade/paternidade, mais do que uma opção, é um imperativo categórico que requer a inclusão dos órfãos.[63]

[63] O Antigo Testamento insiste no cuidado dos órfãos (Ex 22,22-24; Dt 10,18; 24,17; Sl 10,14; 68,5; 82,3; 146,9; Jó 29,12; Is 11,78; Jr 22:3; Zc 7,10; Ml 3,5). De pais que abandonam o filho há apenas uma menção – Sl 2,10 –, mas ela se refere à confiança em Deus; o possível abandono é mera imagem para ilustrar a fidelidade de Deus. Num contexto em que a existência é considerada indicativa da Aliança, é muito improvável que um pai abandone seu filho (Sl 37,37; 112,2; 128,3; Pr 17,6; Ez 37,25). Embora não tenhamos certeza de como os hebreus consideravam as crianças, o Novo Testamento revela como Jesus eleva o valor desse grupo não apenas por permitir que as crianças se aproximem dele (Mt 19,14), mas afirmando que é preciso ser como elas para entrar no Reino dos Céus (Mt 18,3) e condenando qualquer situação que possa escandalizá-las (Mt 18,10).

A situação com os filhos mudou consideravelmente em nosso tempo e em muitos contextos. Há um controle de natalidade considerável e significativo que, embora necessário, fez com que os filhos fossem considerados, em alguns ambientes, como um fardo e um impedimento para o próprio desenvolvimento. Os filhos nem sempre são considerados um bem valioso em si mesmo e não são poucos os que estão morrendo por causa de abusos físicos ou sexuais, negligência e abandono.

> Daí a necessidade urgente de refletir sobre o valor que tem – para a completa humanização – a formação de um novo ser humano, responsabilidade conjunta de pais, família de origem, família estendida, escola, comunidade e meio ambiente. Nesse processo educativo, devemos incluir a formação da consciência crítica, a fim de que aprendam a ponderar e discernir adequadamente os desafios envolvidos na existência e situações emergentes que sempre irrompem ao longo do caminho.

Considerações finais

As palavras do Papa desafiam os fiéis, leigos e consagrados, a entender o mundo com olhos mais humanos, mais sensíveis e mais críticos diante das realidades atuais que levam a posições que, embora sempre preliminares e limitadas, buscam responder melhor aos desafios presentes em nossas realidades contemporâneas.

A humanidade enfrenta desafios significativos que colocam a existência de muitos em risco, para não dizer de todo o mundo. Os cristãos precisam de uma consciência moral bem formada e crítica para que possam olhar a realidade com profundidade, saber interpretar o que está acontecendo e responder, a partir da esperança que os anima e da confiança inabalável no Ressuscitado, fazendo próprios os sentimentos de Jesus e assumindo como próprias as opções que Ele fez.

É por isso que a valorização da razão de ser e da importância das famílias é fundamental em nosso tempo. As famílias precisam do reconhecimento e apoio de toda a sociedade para se sustentarem e crescerem no amor, inclusive as famílias homoparentais. Elas são o "lugar" onde os seres humanos são gestados[64] e, por isso, precisamos torná-las sólidas, cheias de vida, conscientes e "consciênciosas"[65] para fazer com que a vida de todo ser humano valha a pena ser vivida.

Referências bibliográficas

ALIAGA GIRBES, Emilio. *Compendio de teología del matrimonio*. Valencia: EDUCIP, 1994.

ANNICCHIARICO, Ivan. Psicobiología de la homosexualidad masculina: hallazgos recientes. *Universitas Psychologica, Bogotá* 8/2 (2009): 429-446.

BATTENBERG GALINDO, Jutta María Patricia. *Violencia de género y conciencia moral*. Tesis Doctoral en proceso de publicación. Bogotá: Pontificia Universidad Javeriana, 2021, p.16-19.

[64] BATTENBERG GALINDO, Jutta María Patricia. La responsabilidad del aprendizaje social familiar en la formación del sujeto ético. In: CUDA, Emilce (Ed.). Congreso Latinoamericano de Ética Teológica. *Hacia una Ética de Participación y Esperanza*. Bogotá: PUJ/CTEWC, 2016, p. 203-213.

[65] A palavra "conciente" [traduzida em português como consciênciosa] não existe no dicionário. Cometo intencionalmente o erro de usá-la escrita dessa forma para sublinhar a diferença entre perceber, refletir e valorar. Em psicologia, consciência – com "sc" – refere-se à capacidade de perceber e refletir, enquanto que "conciencia" – com "c" – refere-se ao aspecto valorativo. Para uma valoração correta, são imprescindíveis os três momentos: perceber, refletir e valorar, exatamente nessa ordem. Para uma explicação mais detalhada, ver: BATTENBERG GALINDO. *Violencia de género y conciencia moral*, p. 105-118.

BATTENBERG GALINDO, Jutta María Patricia. Paternidad responsable o aborto masculino. In: CATHOLIC THEOLOGICAL ETHICS IN THE WORLD CHURCH. Sección Fórum (1º.12.2019) https://catholicethics.com/forum/paternidad-responsable-o-aborto-masculino/ (consultada el 10 de agosto de 2021).

BATTENBERG GALINDO, Jutta María Patricia. La responsabilidad del aprendizaje social familiar en la formación del sujeto ético. In: CUDA, Emilce (Ed.). Congreso Latinoamericano de Ética Teológica. *Hacia una Ética de Participación y Esperanza*. Bogotá: PUJ/CTEWC, 2016, p. 203-213.

BOLOGNE, Jean Claude. *Historia de la pareja*. Bogotá: FCE, 2017.

COSTADOAT, Jorge. Hacia un concepto teológico de la homosexualidad. Sección Opinión. *El Mostrador. Blogs y Opinión* (03.02.2016). Disponível em: https://www.elmostrador.cl/noticias/opinion/2016/02/03/hacia-un-concepto-teologico-de-la-homosexualidad/. Acesso em: 24 ago. 2021.

FLÓREZ, Gonzalo. *Matrimonio y familia*. Madrid: BAC, 2005.

FRANCISCO, Papa. *Amoris laetitia.* Exortação Apostólica Pós-Sinodal sobre o amor na família. São Paulo: Loyola, 2016.

GRANADOS TEMES, José Miguel. 'Amores Heridos': Misericordia y Fidelidad: las Indicaciones Pastorales del Capítulo VIII de la Exhortación Apostólica *Amoris Laetitia* (Nn. 291-312). *Scripta Theologica* 49/1 (2017): 97-119.

HERNÁNDEZ-LÓPEZ, Leonor E.; CERDA-MOLIN, Ana Lilia. Selección sexual en los humanos. *Salud Mental* 35 (2012): 405-410.

IRRAZÁBAL, Gustavo. *Amoris Laetitia*, ¿un Documento de Transición? *Moralia* 40/153 (2017): 29-51.

MCGAVIN, Paul Anthony. A Theological Ethics Approach to Understanding the *Amoris Laetitia* Position on Marriage/ Divorce/ Remarriage. *The Australasian Catholic Record* 96/3 (2019): 259-275.

MOYA SANTOYO, José. La ética de la sexualidad positiva en *Amoris Laetitia*. *Moralia* 39/152 (2016): 339-362.

PASCAL, Blaise. *Pensamientos*. Madrid: Cátedra, 2008.

ROGERS, Eugene E. El matrimonio como una práctica ascética para parejas del mismo sexo Argumento del rito episcopaliano estadounidense. ¿Modelo para la Iglesia Católica? *Revista Iberoamericana de Teologia* 33 (2021): 61-79.

SOLER, Franklin Giovanni. Evolución y orientación sexual. *Diversitas - Perspectivas en Psicología* 1/2 (2005): 161-173.

VIDAL, Marciano. La fuerza innovadora de *Amoris Laetitia*: hacia un nuevo 'paradigma eclesial' de matrimonio y familia. *Moralia* 41/157 (2018): 59-99.

VILLEGAS, Manuel; MALLOR, Pilar. La dimensión estructural y evolutiva en las relaciones de pareja. *Acción Psicológica* 9/2 (2012): 97-110.

10

Amoris laetitia e discernimento moral:

os 12 pilares do discernimento sobre o amor na família

Fernando Altemeyer Junior[1]

Introdução

A leitura do suculento artigo do frade dominicano Servais Pinckaers sobre a amizade[2] abriu-me horizontes e serviu-me para atualizar paradigmas a fim de responder aos desafios do amor e da amizade, tal qual nos instiga a pensar o documento do Papa Francisco, *Amoris laetitia.*

Algumas categorias de escolas morais enrijeceram conceitos, mantendo-os em margens estreitas demais. Em nome da natureza, foram invisibilizadas pessoas e vidas, gerando recalques e dores. Escreveu lucidamente o padre Servais que, para muitos, "a moral é, essencialmente, constituída pelas obrigações e

[1] Fernando Altemeyer Junior é Doutor em Ciências Sociais (Pontifícia Universidade Católica - São Paulo), Mestre em Teologia e Ciências da Religião (Université Catholique de Louvain – Bélgica) e Professor da Pontifícia Universidade Católica de São Paulo (PUC-SP).

[2] PINCKAERS, Servais. *Aquinate* 4 (2007): 79-86. Disponível em: https://www.aquinate.com.br/textos/a-amizade-no-fundamento-da-moral-de-santo-tomas-de-aquino/. Acesso em: 10 jul. 2021.

impedimentos legais, formulados, notoriamente, no Decálogo e pelos imperativos da razão, mais ou menos categórica".[3] É preciso reler o Evangelho, reler a obra de Santo Tomás para atender aos sinais dos tempos e apresentar uma palavra prenhe de esperança.

O teólogo de Estrasburgo inovou ao dizer que:

> A amizade afirma e estabelece, ao mesmo tempo, e funda também, na reciprocidade, a alteridade mais característica e a unidade mais estreita entre duas pessoas. A amizade e o amor aparecem, assim, como uma experiência que vai além das palavras e categorias usuais, conferindo-lhes uma plenitude de significação humana. [...]
>
> O fato ou sentimento primitivo da ética não consiste no desejo egocêntrico, nem em seu contrário, num amor extático, mas sim no sentido do amor de amizade. [...]
>
> De fato, o que é próprio da natureza espiritual reside na capacidade de acolher em si o ser de um outro, de transformá-lo, de uma certa forma, no poder de conhecê-lo tal como é e de amar aquilo que é, por si mesmo, sem perder a própria identidade. Ou ainda: a perfeição da natureza espiritual consiste, precisamente, no reconhecimento e no amor do outro ser, em si e por si mesmo. [...]
>
> Na amizade propriamente dita, como a compreende Santo Tomás, o amor por si é purificado e transformado pela abertura ao outro. Sem dúvida, deve desenvolver-se na procura da própria perfeição, mas dar-se-á de uma forma totalmente diferente da hipótese do amor egocêntrico, ou seja, no desejo

[3] PINCKAERS. A amizade no fundamento da moral de santo Tomás de Aquino, p. 79.

> de um amor mais perfeito, graças ao progresso nas virtudes. Se compreendermos o eudemonismo sob essa perspectiva, este não mais incorpora uma concepção egocêntrica da ética; reúne, antes, a qualidade de sujeito amante com a perfeição do objeto amado, na correspondência e na harmonia.[4]

Aqui reside a novidade: reconhecer o outro em si e por si mesmo. Cada pessoa humana tem a responsabilidade de gerir e projetar a própria existência em meio aos outros seres e ao meio ambiente. As pessoas humanas, feitas à imagem de Deus (mosaico de corpo, memória, utopias, espiritualidade fecunda e finitude paradoxal), assumem o domínio livre de seus atos com juízo, tendo como norte referencial a vida e o amor, a exemplo de Jesus, o Filho do Deus vivo. Sabemos o quanto é complexo ser uma pessoa livre e autônoma. Compreendemos quanto há de mistério, sombras e perguntas que envolvem as decisões, os atos, os medos e os silêncios que cada passo exige ou cada queda questiona. Queremos a felicidade, mas nem sempre a fazemos realidade. Pensar o que fazemos e fazer melhor o que pensamos é um desafio moral. Reconhecer a fraqueza e animar os corações quebrantados é a tarefa humanitária, em tempos de indiferenças e empobrecimentos estruturais. Curvar-se diante do mistério do outro é preciso. Refletir sobre isso é missão da ética teológica. Conectar o pensado e o vivido e articular o sentido cristão são os ingredientes da efetiva e humilde teologia moral.

As pessoas têm o dever de fazer o bem, pelo menos para sobreviver. E anseiam pela acolhida e pela verdade do amor. A dificuldade para cumprir tal assertividade vital reside em

[4] PINCKAFRS, A amizade no fundamento da moral de santo Tomás de Aquino, p. 82, 83, 85 e 86, respectivamente.

questões variadas: qual é esse bem a ser realizado num dado momento concreto? Quem define esse bem? Que mostra o bem com o seu testemunho? Quem pode nos apoiar no caminho certo? Existe um mapa com as melhores vias a serem trilhadas? Quem pode descortinar horizontes? Há guias que podem nos inspirar no caminho do amor? E se enveredarmos por caminhos tortos? Como voltaremos para a estrada principal? Sem alternativas, não pode haver liberdade! Com alternativas, há possibilidades que abrem espaço para decisões. Mas também brotam erros. Todos os caminhos têm erros e acertos, mas sabemos que a vida é uma rota de aprendizagem. A questão é saber se alguém tem a melhor bússola e os melhores sapatos! Responder a essa questão dirigida à mente e ao coração exige discernimento nas escolhas importantes. Faço o que quero, mas quero o que devo querer? Posso querer o que devo sem esmagar a minha liberdade e a liberdade de quem amo? Posso rebelar-me contra o que não devo, se o desejo é forte em mim e me arrasta para tantas decisões infelizes?

Para ajudar a reflexão sobre discernimento moral, respeitando o outro com quem vivo, apresento doze elementos da escolha ética, como pilares de um discernimento responsável. Lembro que responsabilidade é a palavra nascida de uma resposta. Responsável é quem responde com autonomia diante de possibilidades. Responsabilizar-se é um "decidir" com liberdade. Jean-Paul Sartre diria: "Somos condenados a ser livres". Santo Agostinho, por sua vez, afirmaria: "Ama e faz o que quiseres". As doze bases são possibilidades de um modo de vida feliz. São expressões vivas do julgamento moral que se faz na hora H do viver. Somos julgados recursivamente: ao decidir, agimos, e, agindo, podemos decidir melhor. Verdadeiro anel helicoidal que estica horizontes: amando e pedindo perdão.

1. Os doze pilares do discernimento moral

A pedra fundamental do julgamento moral para uma pessoa que experimentou a fé cristã é o *acolhimento da moção do Espírito Santo* por meio da oração, da expressão fraterna, da reflexão interior e, sobretudo, do silêncio pessoal que penetra as áreas de sombra que possuímos. Para quem vive a fé e o seguimento a Jesus e pratica a Páscoa diariamente, é o Espírito do Ressuscitado que liberta e aponta o caminho da bem-aventurança. A pedra angular da vida moral é, portanto, um ligar-se fortemente à força de ação que advém do Evangelho da liberdade. O Evangelho é Alguém que seguimos e amamos, não é algo. Não é um critério meramente objetivo e rígido, mas uma Pessoa que nos acompanha no Amor e pelo Amor. Reconhecermo-nos filhos Amados e criaturas divinas é o primeiro passo para decidirmos livremente. Nosso Deus nada impõe, mas propõe tudo. O amor conjugal se faz sempre novo e multidimensional. Ele não envelhece. Ele não fica imóvel. Amar movido pelo Espírito Santo é estar aberto a novidades. Comenta de forma delicada o Papa Francisco a história de amor de um casal que envelhece e encontra novas formas de expressão de seu carinho e sexualidade conjugal: "É o caminho de se construir dia após dia. Entretanto, nada disto é possível, se não se invoca o Espírito Santo, se não se clama todos os dias pedindo a sua graça, se não se procura a sua força sobrenatural, se não Lhe fazemos presente o desejo de que derrame o seu fogo sobre o nosso amor para fortalecê-lo, orientá-lo e transformá-lo em cada nova situação".[5] O salmista reza de forma singular: "Tu formaste o íntimo do meu ser e me teceste no ventre de minha mãe. Graças te dou pela maneira extraordinária como fui criado! Pois tu és tremendo e maravilhoso! Sim, minha alma o sabe muito bem. Meus ossos não te eram encobertos, quando fui formado ocultamente e tecido nas profundezas da terra. Teus olhos viam meu embrião, e em teu livro foram registrados todos os meus dias; prefixados, antes mesmo que um só deles existisse!" (Sl 139,13-16).

A segunda base do juízo moral cristão bebe do *seguimento e imitação de Jesus Cristo*, a imagem perfeita do Pai e nosso Irmão. Contemplar, imitar e seguir os passos e a ética de Jesus nas ações vividas em nosso tempo histórico permite agir à luz de Cristo. Cremos em Jesus e podemos aprender a crer como Jesus. Ninguém pode ser excluído do amor de Jesus. Escreve o Papa Francisco:

> A Igreja conforma o seu comportamento ao do Senhor Jesus, que, em um amor sem fronteiras, Se ofereceu por todas as pessoas sem exceção. Com os Padres sinodais, examinei a situação das famílias que vivem a experiência de ter no seu seio pessoas com tendência homossexual, experiência não fácil nem para os pais, nem para os filhos. Por isso desejo, antes de tudo, reafirmar que cada pessoa, independentemente da própria orientação sexual, deve ser respeitada na sua dignidade e acolhida com respeito, procurando evitar "todo sinal de discriminação injusta" e particularmente toda forma de agressão e violência. Às famílias, por sua vez, deve-se assegurar um respeitoso acompanhamento, para que quantos manifestam

[5] FRANCISCO, Papa. *Amoris laetitia*. Exortação Apostólica sobre o amor na família. São Paulo: Loyola, 2016, n. 164. Daqui em diante = AL.

> a tendência homossexual possam dispor dos auxílios necessários para compreender e realizar plenamente a vontade de Deus na sua vida.[6]

Inspirados pelo modo de Jesus viver, saberemos articular os nossos próprios passos. Escreveu Tomás de Kempis: "Dá lugar a Cristo e a tudo mais fecha a porta. Se tiveres a Cristo, estarás rico e satisfeito. Ele mesmo será teu provedor e fiel procurador em tudo, de modo que não tenhas necessidade de esperar dos homens. Pois os seres humanos mudam depressa e faltam facilmente, mas Cristo permanece eternamente (Jo 12,34) e está firme ao teu lado até o fim".[7] Leonardo Boff completa a obra mística de Kempis ao dizer: "Jesus vai mais longe: pensa naqueles que ninguém olha, nos que são os mais distantes, os invisíveis, aqueles pequenos e humildes que ninguém considera. Esses são os intencionados pelo amor anunciado por Jesus".[8]

O terceiro pilar é a *análise da situação*, verificando contexto, pretexto e condicionantes humanos e do meio ambiente vital. Boa parte das ações morais exige muito mais inteligência do que sinceridade. Como a ação humana só existe no concreto, singular e pessoal, onde as condições, possibilidades e negações se reúnem para que ela aconteça, é preciso pensar sobre cada um dos elementos e sobre cada uma das pessoas envolvidas. Ir do geral ao particular e do singular ao geral é uma boa maneira de juntar fatos para uma boa decisão. Fragmentos soltos levam a decisões quebradas e frágeis que se perdem no

---

[6] AL 250. Francisco cita, aqui, o Catecismo da Igreja Católica, n. 2358.

[7] MATOS, Henrique Cristiano José. *Imitação de Cristo*: caminho de crescimento espiritual. Belo Horizonte: O Lutador, 2014, p. 111.

[8] KEMPIS, Tomás de. *Imitação de Cristo*. Traduzido por Leonardo Boff. Petrópolis: Vozes, 2016, p. 244-245.

burburinho da vida. Precisamos lançar âncora e, também, recolher as âncoras para não ficarmos presos na maré baixa. Tendo diante dos olhos os vários ângulos de uma situação humana, diz o Papa Francisco: "Creio sinceramente que Jesus Cristo quer uma Igreja atenta ao bem que o Espírito derrama no meio da fragilidade: uma Mãe que, ao mesmo tempo que expressa claramente a sua doutrina objetiva, 'não renuncia ao bem possível, ainda que corra o risco de sujar-se com a lama da estrada'".[9]

O quarto elemento são as *leis locais* e os *costumes culturais* de cada povo envolvidos entranhadamente na decisão moral de seus participantes. Nem sempre as leis historicamente demonstraram o melhor da cultura e da emancipação dos sujeitos, mas, muitas vezes, os povos intuíram radicalmente e decidiram de forma coletiva os passos concretos em favor de uma ética inclusiva e amorosa. A noção de *Umbuntu* dos povos africanos, a prática de mutirão (*Onhondivepa*, para os guaranis), a arte do bem-viver dos povos andinos (*Sumak Kawsay*, em língua quíchua) e a ética da compaixão dos orientais, expressa no *Tei-Gi*, no Taoísmo, são alguns exemplos. Antes do Evangelho de Cristo, há sementes da verdade em tantas culturas e povos. Esses valores locais ancestrais devem ser valorizados, e nunca desprezados. Assumir os processos culturais, sociais e os ditames de cada etnia e mesmo de cada pessoa humana pode revelar o belo e o verdadeiro inscritos no coração humano para muito além da bacia mediterrânea e europeia que viu crescer o cristianismo, originariamente semita e asiático. Há que distinguir os costumes aceitáveis dos inaceitáveis. Como afirma Francisco:

---

[9] AL 308. Francisco cita, aqui, *Evangelii gaudium*, n. 45.

> Neste relance sobre a realidade, desejo salientar que, apesar das melhorias notáveis registadas no reconhecimento dos direitos da mulher e na sua participação no espaço público, ainda há muito que avançar em alguns países. Não se acabou ainda de erradicar costumes inaceitáveis; destaco a violência vergonhosa que, às vezes, se exerce sobre as mulheres, os maus-tratos familiares e várias formas de escravidão, que não constituem um sinal de força masculina, mas uma covarde degradação. A violência verbal, física e sexual, perpetrada contra as mulheres em alguns casais, contradiz a própria natureza da união conjugal. Penso na grave mutilação genital da mulher em algumas culturas, mas também na desigualdade de acesso a postos de trabalho dignos e aos lugares onde as decisões são tomadas. A história carrega os vestígios dos excessos das culturas patriarcais, quando a mulher era considerada um ser de segunda classe, mas recordemos também o "aluguel de ventres" ou "a instrumentalização e comercialização do corpo feminino na cultura mediática contemporânea".[10]

O quinto pilar: *o bem das pessoas envolvidas*. É sempre importante estudar com cuidado e respeito quais as repercussões do ato moral sobre todos aqueles que vivem ou irão viver as suas consequências. Isso tudo para evitar a banalização do mal por grupos autoritários e fundamentalistas, bem como a tentação de impor o bem por pensadores ou sistemas totalitários que se creem iluminados, mas que pretendem impor às pessoas o que creem ser uma ideologia arrogante e sistêmica. Sem participação, não é possível viver comunhão efetiva. Sem comunhão efetiva, não é concreta a participação necessária. Comunhão e participação no planejamento, nas decisões e na execução. Na

[10] AL 54. Francisco cita, aqui, a *Catequese* de 22.04.2015.

vida moral, tanto das pessoas quanto das instituições. O processo inteiro deve ser envolvente e aberto. Todos os direitos para todos, escreveu frei Bartolomeu de las Casas em 1551, como um precursor do Direito Internacional. Para o Papa Francisco, "não fazem bem certas fantasias sobre um amor idílico e perfeito, privando-o assim de todo o estímulo para crescer. Uma ideia celestial do amor terreno esquece que o melhor ainda não foi alcançado, o vinho sazonado com o tempo. [...] É mais saudável aceitar com realismo os limites, os desafios e as imperfeições, e dar ouvidos ao apelo para crescer juntos, fazer amadurecer o amor e cultivar a solidez da união, aconteça o que acontecer".[11]

O sexto pilar: a possibilidade de *generalizar sem anular a pessoa* envolvida, mirando sempre com acuidade compassiva cada vida e cada vocação que se apresenta diante de Deus envolvida de uma experiência vital única. A biografia de cada pessoa vale mais que os conceitos, as normas e os pecados cometidos. Esse imperativo kantiano é o dever de toda pessoa de agir de acordo com os princípios que ela quer que os outros seres humanos sigam, para expressar uma lei universal que seja humana e encarnada. Em suma: "Aja de tal maneira que você possa desejar que a regra do seu ato se torne a regra de todos os atos semelhantes em um mundo ideal" (Immanuel Kant). Em chave cristã: aja retamente e mostre compaixão. A universalização é sempre parte de um processo histórico e fruto de consensos e tensões. Não é regra matemática ou linear. Muitas vezes é dialética e entremeada de sombras. Exige diálogo e retidão na busca comum que liga "liberdade de" a "liberdade para". Soren Kierkegaard buscou unir esses dois polos ao dizer:

[11] AL 135.

"Vês no dever o inimigo do amor, e eu o vejo como seu amigo. Não estou na triste necessidade de empreender contra o dever uma campanha de resultado sempre infausto. Para mim o dever não é um clima, e o amor, outro; para mim, o dever faz do amor o verdadeiro clima temperado e vice-versa; e essa síntese é perfeita".[12] O caminho do Papa Francisco aponta para a metáfora do poliedro de pessoas que dialogam e têm o que dizer umas às outras. Escreve Francisco:

> Reconheçamos que, para ser profícuo o diálogo, é preciso ter algo para se dizer; e isto requer uma riqueza interior que se alimenta com a leitura, a reflexão pessoal, a oração e a abertura à sociedade. Caso contrário, a conversa torna-se aborrecida e inconsistente. Quando cada um dos cônjuges não cultiva o próprio espírito e não há uma variedade de relações com outras pessoas, a vida familiar torna-se endogâmica e o diálogo fica empobrecido.[13]

O sétimo pilar: tomar em conta o *pensamento dinâmico da Igreja na qual os fiéis tomam parte* como membros e sujeitos batizados. Esse pilar nos ajuda a ter distância crítica do ego narcisista, para que outros possam avaliar "de fora" as nossas decisões "de dentro". É certo que todos possuem um "grilo falante" e que este é essencial para a decisão, mas uma opinião externa e serena sempre pode ser bela companheira de viagem e decisões. O amor pede conselhos e bons ouvidos. Nada somos sem o que a teia da vida nos oferece e permite. Em momentos de dor, uma mão salva vidas. Assim escreveu José Ortega y Gasset:

---

[12] KIERKEGAARD, Soren. *O matrimônio*. Campinas: Workshopsy, 1994, p. 134-135.

[13] AL 141

> A vida, que é, antes de tudo, o que podemos ser, vida possível, é também, e por isso mesmo, decidir entre as possibilidades o que em efeito vamos ser. Circunstâncias e decisão são os dois elementos radicais de que se compõe a vida. A circunstância – as possibilidades – é o que da nossa vida nos é dado e imposto. Isso constitui o que chamamos o mundo. A vida não elege seu mundo, mas viver é encontrar-se, imediatamente, em um mundo determinado e insubstituível: neste de agora. Nosso mundo é a dimensão de fatalidade que integra a nossa vida. Mas esta fatalidade vital não se parece à mecânica. Não somos arremessados para a existência como a bala de um fuzil, cuja trajetória está absolutamente predeterminada. A fatalidade em que caímos ao cair neste mundo – o mundo é sempre este, este de agora – consiste em todo o contrário. Em vez de impor-nos uma trajetória, impõe-nos várias e, consequentemente, nos força... a eleger. Surpreendente condição a de nossa vida! Viver é sentir-se fatalmente forçado a exercitar a liberdade, a decidir o que vamos ser neste mundo. [...] Quem decide é o nosso caráter.[14]

Entre os ingredientes do estar-no-mundo, para os que creem e seguem a Jesus, existe a Igreja como comunidade de vida e de opções. Ouvir a Igreja e sentir com ela é altamente saudável e terapêutico. Confiar nossos dilemas e erros aos ouvidos de casais experientes, também. Diz Francisco: "Os casais experientes e formados devem estar dispostos a acompanhar outros nesta descoberta, para que as crises não os assustem nem os levem a tomar decisões precipitadas. Cada crise esconde uma boa notícia, que é preciso saber escutar, afinando os ouvidos do coração".[15]

[14] ORTEGA Y GASSET, José. A rebelião das massas. Edição eletrônica: Ridendo Castigat Mores, p. 103-104. Disponível em: http://www.ebooksbrasil.org/adobeebook/ortega.pdf. Acesso em: 10 jul. 2021.

[15] AL 232.

Oitavo pilar: a *imaginação*. Agir é inventar, sonhar, possibilitar chances novas e fazer emergir o inusitado. Agir moralmente é sempre um parto. A imaginação é componente essencial do agir moral. E a imaginação nos leva ao êxtase que revela a verdade que nos encontra. Assim diz o frade Antonin-Gilbert Sertillanges: "Deixar-se penetrar pela verdade, submergir-se nela mansamente, nela afogar-se, não mais pensar que se pensa, nem que se é, nem que nada no mundo é, afora a própria verdade. Tal é o bem-aventurado êxtase".[16] Diz Francisco: "Querer formar uma família é ter a coragem de fazer parte do sonho de Deus, a coragem de sonhar com Ele, a coragem de construir com Ele, a coragem de unir-se a Ele nesta história de construir um mundo onde ninguém se sinta só".[17]

Nono pilar: a *vocação pessoal que amadurece em curto, médio e longo prazo*. O ato moral deve ecoar na alma da pessoa concreta e em sua vida temporal. Deve tornar-se questão e resposta para a vida que se vai desenrolando em momentos provisórios e cotidianos. Precisa evitar a pusilanimidade enfrentando a si mesmo com firmeza e coragem. Nem tudo eu devo, mas muito eu preciso assumir como resposta qualitativa e pessoal. Embora se aplique ao campo específico da moral sexual, o que Ronaldo Zacharias afirma pode ser estendido ao agir moral como um todo: "A questão moral, no que se refere à prática sexual, não pode ser reduzida a uma questão de quais atos são permitidos para quem e sob quais circunstâncias. Trata-se, sobretudo, do esforço para alcançar a melhor condição para viver, nos limites da própria situa-

---

[16] SERTILLANGES, Antonin-Gilbert *A vida intelectual, seu espírito, suas condições, seus métodos*. São Paulo: Editora É, 2010, p. 112.

[17] AL 321. Francisco cita, aqui, o Discurso na Festa das Famílias e Vigília de Oração (Filadélfia, 26.09.2015).

ção, os significados positivos inerentes à sexualidade. Uma ética sexual cristã deveria ser uma ética sobre a qualidade das relações entre as pessoas, e não sobre o que pode ou não ser feito".[18]

Escreve o Papa Francisco, falando do processo de amadurecimento e da ternura dos pastores:

> Nenhuma família é uma realidade perfeita e confeccionada de uma vez para sempre, mas requer um progressivo amadurecimento da sua capacidade de amar. Há um apelo constante que provém da comunhão plena da Trindade, da união estupenda entre Cristo e a sua Igreja, daquela comunidade tão bela que é a família de Nazaré e da fraternidade sem mácula que existe entre os Santos do céu. Mas contemplar a plenitude que ainda não alcançamos permite-nos também relativizar o percurso histórico que estamos fazendo como família, para deixar de pretender das relações interpessoais uma perfeição, uma pureza de intenções e uma coerência que só poderemos encontrar no Reino definitivo. Além disso, impede-nos de julgar com dureza aqueles que vivem em condições de grande fragilidade.[19]

Décimo pilar: *o prazer do bem e o bem do prazer*. Degustar o prazer, participar do prazer, viver o prazer é componente importante do julgamento moral. Muitas vezes renegado e criticado pelos excessos hedonistas, a moral cristã fez com que o prazer se tornasse discurso de pecado, proibições e interditos, o que se tornou desastroso para o Evangelho e a experiência de Jesus. Deus se fez humano para degustar a beleza e o prazer da

[18] ZACHARIAS, Ronaldo. *De uma crise sem precedentes aos precedentes de muitas crises*. A urgência de uma nova compreensão da sexualidade. In: PASSOS, João Décio; SOARES, Afonso Maria Ligório (Orgs.). *Francisco, renasce a esperança*. São Paulo: Paulinas, 2013, p. 67.

[19] AL 325.

nossa condição humana. A sexualidade é uma graça divina. O ato moral tem um componente de deleite e festa, que são o coração da prática de Jesus. Para o teólogo José Comblin,

> é preciso reconhecer que, na cristandade, o clero ensinava aos cristãos que a vida cristã era uma vida de sacrifícios, que era necessário não somente aceitar as mortificações que Deus mandava, mas também acrescentar outras, facultativas, para aumentar os méritos. Havia o que Jean Delumeau chamou de pastoral do medo, que consistia em manter vivo um sentimento permanente de pecado, acompanhado pelo medo da condenação final e, por isso, da necessidade de obras de expiação. As mulheres andavam vestidas de preto e cobrindo o corpo inteiro. A revolução cultural libertou dessas coisas que não pertencem ao Evangelho, mas foram introduzidas na cristandade na Idade Média. Depois da revolução cultural, milhões de homens e, sobretudo, de mulheres saíram da Igreja, não por motivos de doutrina ou de crenças, mas porque não aceitavam mais o estilo penitencial da espiritualidade que se ensinava. Deixaram de ter medo do inferno e dos castigos de Deus. O que rejeitam na Igreja não são os dogmas, menos ainda o Evangelho, mas a austeridade de vida, a preocupação constante pelo pecado e o medo que se infundia na consciência do pecador. Os jovens fogem disso como da peste. Não querem nem saber. Os movimentos integristas, como o Opus Dei e os Legionários de Cristo, devem praticar uma lavagem cerebral radical para que seus membros aceitem essa volta ao passado. Cristo não veio criar um movimento penitencial, mas anunciar a alegria da chegada do reino de Deus. O centro do cristianismo é a proclamação da ressurreição, que é promessa de vida e de vida abundante.[20]

[20] COMBLIN, José. *As grandes incertezas na Igreja atual. REB-Revista Eclesiástica Brasileira* 67/265 (2007) 42-43. Disponível em: https://revistaeclesiasticabrasileira.itf.edu.br/reb/article/view/1539/1379. Acesso em: 10 jul. 2021.

Ao escrever sobre a sexualidade dos casais, diz o Papa Francisco:

> Assim, não podemos, de maneira alguma, entender a dimensão erótica do amor como um mal permitido ou como um peso tolerável para o bem da família, mas como dom de Deus que embeleza o encontro dos esposos. Tratando-se de uma paixão sublimada pelo amor que admira a dignidade do outro, torna-se uma "afirmação amorosa plena e cristalina", mostrando-nos de que maravilhas é capaz o coração humano, e assim, por um momento, "sente-se que a existência humana foi um sucesso".[21]

O décimo primeiro pilar: *o amor na tríplice dimensão de afeto, comunhão e gratuidade*. O amor é o motor dinâmico de todo julgamento moral. Julgar segundo o amor. Escreveu sabiamente o frei Carlos Josaphat: "O objetivo final da pedagogia divina é levar seu povo ao Amor Universal. Este amor é eficaz e transformador. Encontra o coração de cada um e o conjunto do povo, marcados e orientados pelo desejo egocêntrico, pela ambição de ter sempre mais. O Amor Universal vai entrar nesse mundo dos conflitos, das desigualdades, das discriminações, das opressões e das exclusões. É, portanto, de maneira efetiva, realista, que o amor divino faz a opção pelos pobres e excluídos. Ele convida e mesmo intima a todos que façam a mesma opção".[22] Aprender a amar na família e na Igreja. Escreve o Papa Francisco:

[21] AL 152. Francisco cita, aqui, a obra de Josef Pieper. *Über die Liebe* (Munique, 2014, p. 174-175).

[22] JOSAPHAT, Carlos. *Fogo amigo sobre o velho frade*. São Paulo: Parábola, 2016, p. 189.

> Aprender a amar alguém não é algo que se improvisa, nem pode ser o objetivo dum breve curso antes da celebração do matrimônio. Na realidade, cada pessoa prepara-se para o matrimônio desde o seu nascimento. Tudo o que a família lhe deu deveria permitir-lhe aprender da própria história e torná-la capaz de um compromisso pleno e definitivo. Provavelmente os que chegam melhor preparados ao casamento são aqueles que aprenderam dos seus próprios pais o que é um matrimônio cristão, onde se escolheram um ao outro sem condições e continuam a renovar esta decisão.[23]

O derradeiro pilar: a *consciência pessoal*. O pilar humano crucial para os cristãos é a própria e amadurecida consciência atuando como critério dos gestos, pensamentos, palavras e omissões da pessoa. Consciência que saiba tecer as redes entre o presente, o passado e o futuro. Consciência que equilibre a ética situacional e as lições recebidas do passado. Escreveu o metodista Helmut Renders: "Precisamos das intuições das éticas deontológicas, teleológicas e situacionais em conjunto para construir o mundo ainda na modernidade tardia. Não podemos esquecer as lições das épocas anteriores, nem colocá-las novamente como absolutas e inquestionáveis".[24] Formar a própria consciência e seguir o caminho das virtudes é o que nos faz humanos. Escreve o Papa Francisco:

> A educação moral é cultivar a liberdade através de propostas, motivações, aplicações práticas, estímulos, prêmios, exemplos, modelos, símbolos, reflexões, exortações, revisões do modo de agir e diálogos que ajudem as pessoas a desenvolver aqueles princípios interiores estáveis que movem a praticar espontaneamente o bem.

---

[23] AL 208.

[24] RENDERS, Helmut. *O tempora! O mores!* In: SOUZA, José Carlos de (Org.). *Ética comunitária, ética da vida*. São Bernardo do Campo: EDITEO-Metodista, 2016, p. 125.

> A virtude é uma convicção que se transformou em um princípio interior e estável do agir. Assim, a vida virtuosa constrói a liberdade, fortifica-a e educa-a, evitando que a pessoa se torne escrava de inclinações compulsivas desumanizadoras e antissociais. Com efeito, a própria dignidade humana exige que cada um "proceda segundo a própria consciência e por livre adesão, ou seja, movido e induzido pessoalmente desde dentro".[25]

Considerações finais

Julgar é preciso. Discernir é a urgência das urgências. Julgar cordialmente e discernir compassivamente. Julgar com a medida do outro após ausculta permanente. Julgar moralmente à luz do pensamento personalista, agindo com gestos de acolhida e amor que entrelacem nova teia de vida. Julga bem quem vê bem e quem faz a verdade segundo o coração de Jesus. É preciso estar mergulhado em Deus e continuar pedindo sua presença; distanciar-se dos esquemas rígidos e excludentes; acolhimento que precede e supera preconceitos e rigidez moralista. Para o Papa Francisco: "Um pastor não pode sentir-se satisfeito apenas aplicando leis morais aos que vivem em situações 'irregulares', como se fossem pedras que se atiram contra a vida das pessoas. [...] Por pensar que tudo seja branco ou preto, às vezes fechamos o caminho da graça e do crescimento e desencorajamos percursos de santificação que dão glória a Deus".[26] Assim podemos cantar o hino de Maria Santíssima: "Faça-se em mim segundo a Tua Palavra" (Lc 1,38). Livremente alegre. Alegremente, amada e acolhida. Viver a capacidade de acolher em si o ser do outro com reverência e leveza.

[25] AL 267. Francisco cita, aqui, a *Gaudium et spes*, n. 17.

[26] AL 305.

Referências bibliográficas

COMBLIN, José. *As grandes incertezas na Igreja atual. REB - Revista Eclesiástica Brasileira* 67/265 (2007): 36-58. Disponível em: https://revistaeclesiasticabrasileira.itf.edu.br/reb/article/view/1539/1379. Acesso em: 10 jul. 2021.

FRANCISCO, Papa. *Amoris laetitia.* Exortação Apostólica sobre o amor na família. São Paulo: Loyola, 2016.

JOSAPHAT, Carlos. *Fogo amigo sobre o velho frade*. São Paulo: Parábola, 2016.

KEMPIS, Tomás de. *Imitação de Cristo*. Traduzido por Leonardo Boff. Petrópolis: Vozes, 2016.

KIERKEGAARD, Soren. *O matrimônio*. Campinas: Workshopsy, 1994.

MATOS, Henrique Cristiano José. *Imitação de Cristo*: caminho de crescimento espiritual. Belo Horizonte: O Lutador, 2014.

ORTEGA Y GASSET, José. A rebelião das massas. Edição eletrônica: Ridendo Castigat Mores, p. 103-104. Disponível em: http://www.ebooksbrasil.org/adobeebook/ortega.pdf. Acesso em: 10 jul. 2021.

PINCKAERS, Servais. *A amizade no fundamento da moral de santo Tomás de Aquino. Aquinate* 4 (2007): 79-86. Disponível em: https://www.aquinate.com.br/textos/a-amizade-no-fundamento-da-moral-de-santo-tomas-de-aquino/. Acesso em: 10 jul. 2021.

RENDERS, Helmut. *O tempora! O mores!* In: SOUZA, José Carlos de (Org.). *Ética comunitária, ética da vida*. São Bernardo do Campo: EDITEO-Metodista, 2016.

SERTILLANGES, Antonin-Gilbert. *A vida intelectual, seu espírito, suas condições, seus métodos*. São Paulo: Editora É, 2010.

ZACHARIAS, Ronaldo. *De uma crise sem precedentes aos precedentes de muitas crises*. A urgência de uma nova compreensão da sexualidade. In: PASSOS, João Décio; SOARES, Afonso Maria Ligório (Orgs.). *Francisco, renasce a esperança*. São Paulo: Paulinas, 2013, p. 58-70.

11

Amoris laetitia e benignidade pastoral:

um novo paradigma hermenêutico

Marcela Lapalma[1]

Introdução

Em uma aula de Moral Sexual, em 2016, um aluno padre pediu a palavra depois que o professor falou com otimismo das principais novidades e propostas oferecidas pela nova Exortação Apostólica *Amoris laetitia*, do Papa Francisco.[2] Suas palavras expressaram o desconforto e a perplexidade causados nele pela Exortação. E ele não foi o único.

Com o passar do tempo, fomos percebendo que, em todos os lugares, havia dois discursos diferentes em relação à recepção da Exortação papal; dois discursos opostos, incapazes de dialo-

[1] Marcela Lapalma é Doutoranda em Teologia Moral (Accademia Alfonsiana – Roma), Mestra em Teologia Moral (Accademia Alfonsiana – Roma) e Professora da Universidad del Salvador (Buenos Aires) e do Centro de Estudios Salesiano de Buenos Aires (Buenos Aires). Tradução do espanhol: Tarcísio dos Santos, sdb.

[2] FRANCISCO, Papa. *Amoris laetitia.* Exortação Apostólica Pós-Sinodal sobre o amor na família. São Paulo: Loyola, 2016. Daqui em diante = AL.

gar entre si.[3] Essa situação não foi a única na história da teologia moral. Basta nos recordarmos das reações à encíclica *Humanae vitae*, de 1968, do Papa Paulo VI, ou também à encíclica *Veritatis splendor*, de 1993, do Papa João Paulo II. Mas é interessante perceber que aqueles que se sentem desconfortáveis diante da nova Exortação de Francisco são os mesmos que um dia se sentiram muito bem diante das encíclicas mencionadas acima.

Ao longo da história, há mudanças decisivas na forma de compreender o próprio significado da teologia moral: da casuística do confessionário à moralidade da vida; de uma visão estática da vida a uma dinâmica; da ordem moral fundamentada na natureza à moralidade enraizada na história humana; da moralidade dos atos à moralidade da pessoa; da lei ao Evangelho.[4]

Esses processos de mudança podem ser vistos como mudanças de paradigma, que ajudam a se adaptar à nova realidade histórica.[5] O surgimento de um novo paradigma produz tensões dentro da comunidade dos teólogos da moral, pois, como na imagem vi-

[3] A esse respeito, afirma Vimal Tirimanna: "Um certo número de personagens eclesiais influentes – especialmente alguns membros da hierarquia e um certo número de teólogos – expressaram fortes críticas em relação a ela, contestando-a abertamente. A principal contestação é que o conteúdo deste documento sinaliza uma ruptura radical na tradição da moral católica, especialmente no que se refere aos ensinamentos do Papa João Paulo II. Alguns inclusive consideraram a *Amoris laetitia* como simples parecer pessoal do Papa atual". TIRIMANNA, Vimal. Guida alla lettura e alla comprensione del testo. In: DEL MISSIER, Giovanni; FIDALGO, Antonio Gerardo (Eds.). *Amoris Laetitia. Il Vangelo dell'Amore:* un cammino da intraprendere. Padova: Messaggero, 2018, p. 19; MIFSUD, Tony. *Amoris laetitia*, un *ethos* pastoral. *Perspectiva Teológica*, Belo Horizonte 53/1 (2021): 82-87; ZACHARIAS, Ronaldo. *Amoris laetitia*: um "sim" radical à pastoralidade da Teologia Moral. *Perspectiva Teológica*, Belo Horizonte 53/1 (2021): 18.

[4] COLOMBO ROQUETTE, Jesus; PIÑERO Y PIÑERO, Francisco de Paula. Quehacer moral y magisterio. *Moralia, Revista de Ciencias Morales* 22/84 (1999): 466.

[5] Como disse Cristián Barría: "Um novo paradigma proporciona uma nova perspectiva de observação dos fenômenos". In: BARRÍA, Cristián. ¿Crisis de paradigma en la moral sexual católica? Un estudio desde la historia de las ciencias. *Moralia, Revista de Ciencias Morales* 31/120 (2008): 449.

sual da *gestalt*, nem todos veem a mesma coisa. Não se trata apenas de uma questão de racionalidade, mas também de personalidade.[6] O teólogo moral assume o desafio de pensar sua disciplina a partir do seu horizonte de compreensão e do seu modo pessoal de ser.

Por outro lado, considero que o próprio evento do Concílio Vaticano II e suas indicações à teologia moral incentivaram a formação de novos paradigmas neste campo e, embora nem sempre tenham sido acompanhados com entusiasmo, mas, sim, com desconfiança e cautela por parte do mesmo Magistério, hoje, a proposta do Papa Francisco é vivida como um sinal verde para a renovação na linha do espírito do Concílio.

A *Amoris laetitia* pode ser estudada também a partir desse ângulo de compreensão: por um lado, como resultado de uma tentativa de "*aggiornamento*" diante dos tempos em mudança, uma proposta de novo paradigma para a mesma teologia moral;[7] por outro, toda a tensão que provoca tal opção magisterial. Aqui, o Magistério, na voz do Papa, se posiciona numa linha que contrasta com outra mais conservadora e que produz certas tensões e desconfortos no interior da Igreja.[8]

---

[6] Considero o conceito de personalidade, num sentido amplo e filosófico, como "a condição ou modo de ser de uma pessoa. Neste sentido, o termo já foi usado por Santo Tomás (*S.Th.*, I, q. 39, a. 3, ad. 4)". ABBAGNANO, Nicola. Personalidad. In: *Diccionario de Filosofía*. 2. ed. México: Fondo de Cultura Económica, 1974, p. 912.

[7] A consideração da *Amoris laetitia* como novo paradigma é apresentada por Giovanni Del Missier: "Procuramos ilustrar o novo paradigma assumido pela *Amoris laetitia*, explicando que tal mudança não implica apenas uma interpretação diferente de uma série de problemas, mas introduz um novo esquema perceptivo que revela uma nova realidade, graças a um olhar diferente". DEL MISSIER, Giovanni. *Amoris laetitia* e a mudança de paradigma. *Perspectiva Teológica*, Belo Horizonte 53/1 (2021): 75.

[8] Recordamos aqui a publicação feita pelos críticos da *Amoris laetitia*, a *Correctio filialis de haeresibus propagatis*, de 16.07.2017. No documento, considera-se que a Exortação propaga posturas heréticas. Disponível em: http://www.correctiofilialis.org/wp-content/uploads/2017/09/Correctio-filialis_Portuguese.pdf. Acesso em: 10 ago. 2021.

Esse panorama introdutório nos faz considerar uma metodologia concreta para abordar a proposta que decorre do título atribuído: "*Amoris laetitia* e benignidade pastoral: um novo paradigma hermenêutico". Em primeiro lugar, abordarei o tema a partir da categoria hermenêutica,[9] não apenas do texto, mas também do autor e do leitor. Cada uma dessas hermenêuticas nos permitirá considerar os três momentos ou fases que desejo resgatar: a compreensão, a interpretação e o momento da aplicação. Esse movimento, reconhecido como círculo hermenêutico, ajudará a integrar e avaliar uma conclusão final.

Em segundo lugar, o sintagma "benignidade pastoral", que representa uma linha teológica moral particular, será analisado contextualmente, como proposta da mesma Exortação nascida de seu autor, o Papa Francisco, e que se conecta com aquele que a lançou num contexto também controverso: Santo Afonso Maria de Ligório, o santo padroeiro das teólogas e dos teólogos moralistas.

Por fim, projetarei para o futuro – provocado a partir de um ângulo e da própria identidade[10] – algumas reflexões que consi-

[9] Antes de entrar no desenvolvimento da proposta, é preciso esclarecer uma questão. A opção por uma abordagem hermenêutica das obras do Magistério já é praxe na teologia sistemática e, no século XXI, projeta-se para além dela. Refiro-me ao importante projeto internacional em andamento há alguns anos: SCHICKENDANTZ, Carlos. O Vaticano II ao serviço da interculturalidade de um giro decolonial? Um projeto intercontinental em desenvolvimento. *Perspectiva Teológica*, Belo Horizonte 52/3 (2020): 661-679. Na área da teologia moral, destaco o trabalho de: VIDAL, Marciano. *La propuesta moral de Juan Pablo II. Comentario teológico-moral de la encíclica Veritatis splendor*. Madrid: PPC, 1994. Destaco também o trabalho feito por Vidal sobre a obra de Santo Afonso, embora não seja um estudo sobre o Magistério: *Frente al rigorismo moral, la benignidad pastoral*. Alfonso de Liguori (1696-1787). Madrid: Perpetuo Socorro e Instituto Superior de Ciencias Morales, 1986. Ambos os trabalhos são inspiradores para a nossa abordagem.

[10] Considero que o conceito "identidade" é um conceito conflitivo e aporético, necessário, mas difícil de ser representado. Ele tem uma longa história, durante a qual foram mudando sua compreensão e sua explicação. A identidade, aqui, é compreendida como "o que caracteriza temporal ou historicamente um sujeito, embora seja

dero necessárias como iniciais para um projeto de teologia moral renovada do século XXI. Desta forma, associo-me ao espírito renovador da *Amoris laetitia*.

1. Hermenêutica do autor

O primeiro momento hermenêutico observa o mundo que está por detrás do texto, focando na pessoa do autor. Voltar a atenção para o estudo do autor nos leva a considerar, em primeiro lugar, a pessoa, independentemente da sua obra literária, tendo em conta sua biografia, os contextos e horizontes de compreensão de sua história pessoal. O autor caracteriza sua obra também pela realidade externa e interna que experiencia. Essa experiência fenomenológica da realidade que influencia no desenvolvimento reflexivo de sua obra é o horizonte de compreensão que vai se configurando como um círculo, a visão dentro da qual o autor pensa, elabora e se expressa. É essa "clareza" que lhe permite ver e refletir a partir de sua própria subjetividade. Desde seu horizonte de compreensão, o autor expressa sua própria interpretação do sentido da realidade, a significativa perspectiva que deseja comunicar na redação final do seu escrito.[11]

impossível representá-lo precisa e definitivamente. [...] É uma categoria que possibilita que tenhamos um lugar de vinculação (histórico-temporal) diante dos outros e possamos nos distinguir deles (sujeitos, instituições, grupos, famílias, comunidades, movimentos sociais e nacionais), e dizer o que somos e o que não somos". NAVARRETE-CAZALES, Zaira. ¿Otra vez identidad? Un concepto necesario pero imposible. *Revista Mexicana de Investigación Educativa* 65 (2015): 464-468. Disponível em: https://www.redalyc.org/pdf/140/14035408007.pdf. Acesso em: 10 ago. 2021.

[11] FLAMARIQUE, Lourdes. Interpretación. In: BEUCHOT, Mauricio; ARENAS-DOLZ, Francisco (Dirs.). *Diez palabras claves en hermenéutica filosófica*. Navarra: Verbo Divino, 2006, p. 259. Para conhecer mais a expressão "horizonte de compreensão", ver: FERRATER MORA, Jose. Horizonte. In: TERRICABRAS, Josep-Maria (Ed.). *Diccionario de Filosofía*. Tomo II. 3. ed. Barcelona: Ariel, 2004, p. 1692-1694.

1.1 O autor

Embora, na redação da *Amoris laetitia*, reconheçamos a presença de autores implícitos,[12] o estilo e o método do texto nos falam da pessoa do Papa Francisco, reconhecendo-o como seu autor principal. Dito isso, vou delinear algumas características situacionais do seu *ethos* pessoal que aparecem em momentos diferentes da sua vida. Creio que elas são o ponto de referência para a compreensão do estilo peculiar da Exortação. Destaco apenas algumas:

- ✓ Uma identidade que é construída, primeiramente, dentro de uma família de imigrantes piemonteses instalados em Buenos Aires, Argentina, América do Sul.[13] Em segundo lugar, no processo de formação e consagração como padre da comunidade da Companhia de Jesus, que deixou nele uma marca particular ancorada no valor do discernimento.[14]
- ✓ Do contexto sociopolítico dos anos 70, na Argentina – tempos de ditadura militar –, derivam as dificuldades e tensões na sua caminhada religiosa, que o levaram a uma crise interna que desembocou numa experiência de conversão.[15] E, nessa expe-

[12] WATT ROCHER, Daniel. Las fuentes de *Evangelii gaudium, Laudato si'*, y *Amoris laetitia*. *Ecclesia* 32/3 (2018): 333.

[13] SANTA SÉ. *Biografia do Santo Padre Francisco*. Disponível em: https://www.vatican.va/content/francesco/pt/biography/documents/papa-francesco-biografia-bergoglio.html. Acesso em: 10 ago. 2021.

[14] Na entrevista que Antonio Spadaro fez com o Papa, ele afirma: "O discernimento é, portanto, um pilar da espiritualidade do Papa". In: SPADARO, Antonio. Entrevista ao Papa Francisco (19.08.2013). Disponível em: https://www.vatican.va/content/francesco/pt/speeches/2013/september/documents/papa-francesco_20130921_intervista-spadaro.html. Acesso em: 10 ago. 2021.

[15] SPADARO. Entrevista ao Papa Francisco.

riência de conversão, que se prolongou no tempo, ele conseguiu ver um ato de misericórdia de Deus para consigo.[16]

- ✓ Como arcebispo de Buenos Aires, optou por um governo de escuta e diálogo, de "portas abertas" e atento às necessidades da periferia. Um exemplo de tal atenção foi a criação do Vicariato para as Favelas, na cidade de Buenos Aires.
- ✓ Em referência ao posicionamento do Papa Francisco em relação ao Concílio Vaticano II, o teólogo Carlos Schickendantz, tomando as palavras de Dom Victor Fernandez, menciona, por um lado, a falta de interesse pelas discussões teóricas, mas destaca, em contraposição, o forte interesse e o firme compromisso de implementação da proposta conciliar.[17]
- ✓ Da significativa participação do Cardeal Bergoglio na redação final do documento de Aparecida (Conferência Geral do Episcopado Latino-Americano e do Caribe, em 2007), pode-se extrair uma síntese de seu pensamento teológico-pastoral, que evita o centralismo e convida a um verdadeiro trabalho sinodal.[18]
- ✓ A escolha do nome Francisco tem uma carga significativa de ordem político-religiosa, segundo a qual o pobre, a paz e a renovação intraeclesial estão no centro de tal espiritualidade.[19]

[16] À pergunta de Spadaro sobre quem é Jorge Mario Bergoglio, o Papa responde: "Sou um pecador para quem o Senhor olhou". SPADARO. Entrevista ao Papa Francisco.

[17] SCHICKENDANTZ, Carlos. Una recepción fiel y creativa. El Concilio Vaticano II y Francisco. *Medellín* 168 (2017): 297.

[18] GALLI, Carlos María. ¿Qué nuevos desafíos e implicancias pastorales presentan su pontificado y su magisterio a la Iglesia en América Latina? In: CELAM. Equipo de Reflexión Teológico-Pastoral. Francisco y Aparecida hacia el futuro. El Salvador, 12.05.2017. Disponível em: http://www.americalatina.va/content/dam/americalatina/Documents/Francisco%20y%20Aparecida%20hacia%20el%20futuro%20-%20Galli.pdf. Acesso em: 10 ago. 2021.

[19] Sobre a motivação da escolha do seu nome em referência a Francisco de Assis, ver: FRANCISCO, Papa. El papa Francisco explica cómo y por qué eligió ese nombre. Disponível em: https://www.youtube.com /watch?v=BR3JjynvHrY. Acesso em: 10 ago. 2021.

A personalidade do Papa Francisco, condicionada por sua história e sua forma de se posicionar diante dela, faz dele uma pessoa extraordinariamente carismática, com um estilo que resulta também de suas escolhas pessoais. A atenção à periferia, à realidade sobre o ideal, o estilo simples e profundo de seu vocabulário são algumas características de seu *ethos* pessoal.

O Cardeal Schönborn reconheceu na Exortação a personalidade do Papa, que, desde aquela primeira saudação de "*buona sera*" aos fiéis, já deixava entrever seu *ethos* papal, seu estilo pessoal, edificado na simplicidade que olha para a realidade com olhos de misericórdia.[20]

Por sua vez, o teólogo Carlos Galli assegura que "a misericórdia é o princípio hermenêutico do pontificado de Francisco",[21] princípio que nasce da sua experiência pessoal. E isso é visível na *Amoris laetitia*.

[20] "Na noite de 13 de março de 2013, as primeiras palavras que o Papa recém-eleito, Francisco, dirigiu às pessoas na Praça São Pedro e a todo o mundo foram: 'Boa noite'. Tão simples como essa saudação são a linguagem e o estilo do novo documento do Papa Francisco. A exortação não é tão breve como essa simples saudação, mas muito realista. Nessas 200 páginas, o Papa Francisco fala de 'amor na família' e o faz de forma tão concreta, tão simples, com palavras que aquecem o coração como aquele boa-noite de 13 de março de 2013. Esse é o seu estilo, e ele espera que se fale das coisas da vida da maneira mais concreta possível, sobretudo quando se trata da família, uma das realidades mais elementares da vida. Digo-o de antemão: os documentos da Igreja muitas vezes não pertencem a um gênero literário dos mais acessíveis. Este texto do Papa é legível. E quem não se deixar assustar pelo comprimento encontrará alegria na objetividade e no realismo deste documento. O Papa Francisco fala das famílias com uma clareza que dificilmente se encontra em outros documentos do magistério da Igreja". SCHÖNBORN, Christoph. Apresentação da *Amoris laetitia* (08.04.2016). *Instituto Humanitas Unisinos - ADITAL* (20.04.2016). Disponível em: http://www.ihu.unisinos.br/78-noticias/553919-apresentacao-da-amoris-laetitia-feita-pelo-cardeal-christoph-schoenborn. Acesso em: 10 ago. 2021.

[21] GALLI. ¿Qué nuevos desafíos…?

2. Hermenêutica do texto

O método hermenêutico nasceu como análise do trabalho escrito. Estamos falando aqui do mundo do texto, e não do autor.[22] O estudo hermenêutico do texto é considerado hoje como um processo de interpretação pelo qual se busca a própria experiência do texto para deixar-se transformar por ela. Os principais instrumentos de análise utilizados para esse procedimento são o método descritivo e o reflexivo, com seus diferentes níveis de aprofundamento.[23] Em ambos os momentos, está envolvida a mesma subjetividade de quem faz o exercício; a verdade do texto é lida através de seu eu pessoal. Esse tipo de leitura não pode deixar o leitor indiferente.

Por outro lado, deve-se considerar que "a hermenêutica envolve ver o texto através de nossas 'lentes'".[24] Essa afirmação da biblista Cristina Conti nos faz reconhecer que toda leitura é parcial, seletiva e condicionada; por um lado, pela experiência vivencial que fizemos e, por outro, intimamente relacionado ao primeiro, pelas opções metodológicas e interpretativas que sustentamos e aplicamos.

Todas essas afirmações me ajudam a introduzir o modo como abordarei este segundo momento da hermenêutica do texto. Minha lente ou chave interpretativa da *Amoris laetitia* será a categoria "benignidade pastoral"; a partir dela, buscarei as

---

[22] Dizia Paul Ricoeur a respeito: "Graças à escrita, o *mundo do texto* pode fazer vir à tona o mundo do *autor*". RICOEUR, Paul. *Del texto a la acción*. Ensayos de hermenéutica II. 2. ed. México: Fondo de Cultura Económica, 2002, p. 104.

[23] GALLO ARMOSINO, Antonio. *Manual de hermenéutica*. Guatemala: Universidad Rafael Landívar, 2005, p. 17.

[24] CONTI, Cristina. Hermenéutica Feminista. *Christus* LXV/721 (2000): 8-17. Disponível em: https://www.servicioskoinonia.org /relat/225.htm. Acesso em: 10 ago. 2021.

consequências para a Moral Sexual. Farei uma análise reflexiva do documento; não me deterei na análise sistemática do texto ou no seu processo de gestação.[25]

2.1 O sintagma "benignidade pastoral"

A expressão "benignidade pastoral" adquire um significado especial para as teólogas e os teólogos moralistas de certa sensibilidade teológica moral. Tal sintagma, cunhado por Marciano Vidal,[26] refere-se ao que ele considerava ser "a característica mais marcante da moral afonsiana: a vitória da benignidade pastoral sobre o rigorismo moral".[27] A benignidade é o oposto do rigorismo, conotando uma atitude amável, bem-intencionada e desprovida de qualquer severidade.

A benignidade pastoral de Afonso Maria de Ligório nasce fundamentalmente de duas características experienciais: sentir-se um pecador perdoado e o contato com a realidade dos mais desprezados. Nesse contexto, Afonso reconhece o amor incondicional de Deus, sua copiosa redenção, que o leva a não colocar limite à misericórdia divina.

---

[25] Ver: BONFRATE, Giuseppe; YÁÑEZ, Humberto Miguel (Eds.). *Amoris laetitia, la sapienza dell'amore*. Fragilità e bellezza della relazione nel matrimonio e nella famiglia. Roma: Studium, 2017; GOERTZ, Stephan; WITTING, Caroline (Eds.). *Amoris laetitia*: un punto di svolta per la Teologia Morale? Cinisello Balsamo, MI: San Paolo, 2017; FRANCESCO, Papa. *Amoris laetitia*. La gioia dell'amore. L'esortazione apostolica sull'amore nella famiglia. Con guida alla lettura di Serena Noceti. Edizione integrale. Casale Monferrato, AL: Piemme, 2016.

[26] SÁNCHEZ DE LA CRUZ, Carlos. *El don que transforma*: una mirada a la moral desde el carisma redentorista. Cuadernos de ética en clave cotidiana. Madrid: Fundación Europa para el Estudio y Reflexión Ética, 2013, p. 27.

[27] VIDAL, Marciano. Del rigorismo a la benignidad. Significado histórico de la moral alfonsiana. *Moralia, Revista de Ciencias Morales* 10/38-39 (1988): 157.

É assim que se configura sua proposta de benignidade pastoral, dentro de um contexto adverso e rigorista, que nasce, em última análise, de seu processo de conversão e da atenção à realidade de sofrimento.[28] O Papa Francisco, por ocasião do 150º aniversário da proclamação de Santo Afonso como Doutor da Igreja, comenta: "a proposta teológica afonsiana nasce da escuta e do acolhimento da fragilidade dos homens e mulheres mais abandonados espiritualmente. O Santo Doutor, que se formou numa mentalidade moral rigorosa, converte-se para a 'benignidade' através da escuta da realidade".[29]

Uma proposta de teologia moral da benignidade pastoral envolve necessariamente a subjetividade pessoal, passa pela própria experiência de conversão, é uma reflexão que surge da decisão segura de centrar a mensagem no amor de Deus.

2.2 A *Amoris laetitia* a partir da categoria "benignidade pastoral"

Acredito que a Exortação está situada nesta via de compressão: a benignidade pastoral é a base ético-moral teológica de toda a *Amoris laetitia*; é o espírito que permeia todo o texto e que o

[28] De acordo com Vidal: "A reflexão teológico-moral e, de modo especial, a experiência pastoral com as pessoas simples conduziram Afonso à compreensão salvífica da moral cristã. O rigorismo, herdeiro do jansenismo, negava na prática sacramental a condição do cristianismo como Salvação plena e universal ('copiosa *Redemptio*'). Em contraposição a ele, apenas a benignidade pastoral poderia ser canal adequado para a moral cristã". VIDAL. *Frente al rigorismo moral, benignidad pastoral*, p. 226.

[29] FRANCISCO, Papa. Mensagem por ocasião do 150° aniversário da proclamação de Santo Afonso Maria de Ligório Doutor da Igreja (23.03.2021). Disponível em: https://www.vatican.va/content/francesco/pt/messages/pont-messages/2021/documents/papa-francesco_20210323_messaggio-santalfonso.html. Acesso em: 10 ago. 2021.

Papa Francisco aponta como direção de trabalho para toda a Igreja. A opção pela ética da benignidade pastoral tem sua fonte teológica na experiência do Deus de Jesus Cristo, que é amor e alcança a todos com a sua misericórdia, sem negá-la a ninguém.[30]

Essas duas categorias conectadas – amor e misericórdia – fazem parte do "núcleo firme" do paradigma ético da benignidade pastoral e aparecem na Exortação como fundamento e razão de ser.

2.2.1 Misericórdia

A categoria misericórdia é uma constante em todo o pontificado de Francisco[31] e, na Exortação, ocupa um lugar preponderante. Em primeiro lugar, é preciso ter presente que o documento se situa no contexto do Ano Jubilar da Misericórdia e "se propõe a encorajar todos a serem sinais de misericórdia e proximidade para a vida familiar, onde não se realize perfeitamente ou não se desenvolve em paz e alegria".[32]

Para o cristão, a misericórdia refere-se ao modo de ser de Deus, que se exercita em sua paciência amorosa e na forma de expressar seu poder.[33] "A misericórdia é a plenitude da justiça e a manifestação mais luminosa da verdade de Deus."[34] Por meio de Jesus, é sinal do Reino que já está presente em nosso meio.[35]

[30] AL 300.

[31] Recordamos o Ano Jubilar da Misericórdia (de 08.12.2015 a 20.11 2016), a Carta Apostólica *Misericordia et misera* (20.11.2016) e tantas mensagens e discursos nos quais se recorda o valor da misericórdia na vida dos cristãos.

[32] AL 5.

[33] AL 91.

[34] AL 311.

[35] AL 309.

Portanto, a misericórdia adquire força na ação. No Capítulo VIII da *Amoris laetitia* – Acompanhar, discernir e integrar fragilidade – e, mais especificamente, nos parágrafos 307-312 – A lógica da misericórdia pastoral –, exorta-se à prática da misericórdia por meio do contato com a experiência concreta dos outros, especialmente dos mais frágeis. A misericórdia de Deus é o incentivo para "praticar o bem possível";[36] é isso que Jesus espera de nós. Consequentemente, o cristão não pode identificar-se como tal se não assumir como própria a experiência e a prática da misericórdia, porque ela é "a arquitrave que suporta a vida da Igreja",[37] ela é a concretização do amor de Deus.

Toda a pastoral da Igreja deve refletir a misericórdia de Deus. Nada e ninguém pode impor algum limite à misericórdia divina, que é expressão de amor incondicional de Deus. E, se isso acontecer, significa "que a esvaziamos de sentido concreto e real significado, e esta é a pior maneira de frustrar o Evangelho".[38]

A pastoral da misericórdia supera a moral do rigorismo: "talvez por escrúpulo, oculto por detrás de um grande desejo de fidelidade à verdade, alguns sacerdotes exigem aos penitentes um propósito de emenda claro sem sombra alguma, fazendo com que a misericórdia se esfume debaixo da busca de uma justiça supostamente pura".[39] É preciso superar o rigorismo moral porque "Jesus Cristo quer uma Igreja atenta ao bem que o Espírito derrama no meio da fragilidade".[40]

[36] AL 308.

[37] AL 310. Francisco cita, aqui, a *Misericordiae vultus*, n. 10.

[38] AL 311.

[39] AL 311, nota 54.

[40] AL 308.

Por outro lado, qualquer teologia que questione a misericórdia de Deus é inadequada, pois não consideraria os valores mais altos e centrais do Evangelho.[41] A proposta da moral cristã deve nascer de uma reflexão que assuma as questões delicadas e alimente "um discernimento pastoral cheio de amor misericordioso, que sempre se inclina para compreender, perdoar, acompanhar, esperar e, sobretudo, integrar".[42]

2.2.2 Amor

O amor é a chave de leitura de toda a Exortação, tema principal que perpassa os capítulos centrais do documento:[43] o Capítulo IV, "O amor no matrimônio", e o Capítulo V, "O amor que se torna fecundo". Em ambos os capítulos, são apresentados os dois espaços intimamente conectados e perpassados pelo amor e, em cada um deles, encoraja-se o cultivo do amor a partir de uma linguagem cotidiana, que todos possam entender.

O amor é aprendido e cultivado por meio de gestos; trata-se de uma escola de aprendizagem. É por isso que, nesses dois capítulos, as características do verdadeiro amor são cuidadosamente desenvolvidas; como ele é cultivado e vivido entre o casal e os membros da família. Para isso, o Papa se serve da primeira carta aos coríntios (1Cor 13,1-13), descrevendo todos os significados do amor que ela especifica.[44]

[41] AL 311.

[42] AL 312.

[43] AL 6.

[44] AL 90-119.

O amor no matrimônio e na família está intimamente ligado à ternura.[45] Toda a Igreja é convidada a olhar "com amor a quantos participam na vida dela de modo imperfeito",[46] e "a dar lugar, na pastoral, ao amor incondicional de Deus".[47] O amor também alimenta a espiritualidade familiar e conjugal: "a espiritualidade do amor familiar é feita de milhares de gestos reais e concretos", e "a espiritualidade matrimonial é uma espiritualidade do vínculo habitado pelo amor divino".[48]

O autêntico amor não tolera domínio, manipulação, violência, abuso.[49] Sendo "forte como a morte" (Ct 8,6), o amor não se permite alimentar-se de tristeza, mesmo diante da perda do outro.[50] Além disso, "o amor não se deixa dominar pelo ressentimento, o desprezo das pessoas, o desejo de se lamentar ou de se vingar por alguma coisa".[51]

Em síntese, o verdadeiro amor nasce de Deus, porque "o Deus Trindade é comunhão de amor".[52] É esse o fundamento de uma pastoral que deve se caracterizar por ser misericordiosa. Francisco repropõe o sentido positivo do amor, que se expressa como alegria e felicidade, muito distante da interpretação sacrificial que por muito tempo perdurou na vida cristã.[53]

[45] AL 59.
[46] AL 78.
[47] AL 311.
[48] AL 315.
[49] AL 154.
[50] AL 255.
[51] AL 119.
[52] AL 11.
[53] AL 19.

3. Hermenêutica do leitor

Nesta reflexão, delimitarei o tipo de leitor e, num primeiro momento, focarei naquele que, no ato de ler, está aberto à acolhida, a um processo de aprendizagem e conversão. Aquele que entra em diálogo com o texto e sai transformado.[54] Refiro-me ao leitor-intérprete, àquele que busca entender participando do que foi dito, isto é, participando do que compreende.[55]

No ato de compreensão, o intérprete tem de lidar também com aquilo que é seu, isto é, o seu tempo, a sua linguagem, os seus questionamentos.[56] É sempre a partir da própria existência, condicionada também pelo seu horizonte de expectativas e interesses, que o leitor entende e interpreta o texto.[57] Um dos exemplos desse procedimento pode ser visto na reação do aluno padre, mencionado no início desta reflexão, à apresentação da Exortação: alguns condicionamentos influenciaram negativamente na compreensão e interpretação que ele fez do documento, impedindo-o de deixar-se transformar pelo conteúdo do texto.

Por outro lado, o bom intérprete, apesar da sua limitada compreensão, deve buscar sempre aplicar a mensagem textual, pois "compreender é 'aplicar' um sentido ao presente".[58] Nas palavras de Severino Croatto, "se toda leitura é produção de

[54] GRONDIN, Jean. *¿Qué es la hermenéutica?*. Barcelona: Herder, 2008, p. 67.

[55] GRONDIN. *¿Qué es la hermenéutica?*, p. 66.

[56] GRONDIN. *¿Qué es la hermenéutica?*, p. 84.

[57] GRONDIN. *¿Qué es la hermenéutica?*, p. 67. HERNÁNDEZ, Silvestre Manuel. El texto y el lector. *Fuentes Humanísticas* 41 (2010): 100. Disponível em: http://fuenteshumanisticas.azc.uam.mx/index.php/rfh/article/view/190/186. Acesso em: 10 ago. 2021.

[58] GRONDIN. *¿Qué es la hermenéutica?*, p. 84.

significado, feita a partir de um lugar ou contexto, resulta que o que é realmente relevante não é o histórico 'por detrás' de um texto – que, por sinal, não deve ser descartado –, mas o seu 'daqui em diante', ou seja, o que sugere como mensagem relevante para a vida de quem o recebe ou procura".[59]

O sentido ocorre quando impacta a vida do leitor, quando "são postas em relevo suas implicações para a vida contemporânea".[60] O leitor-intérprete se apropria de "uma proposição do mundo que não está por *detrás* do texto, como se fosse uma intenção oculta, mas *diante dele,* como o que a obra desenvolve, descobre, revela".[61]

A leitura interpretativa da *Amoris laetitia* deve provocar em nós esse mesmo sentido, uma reação transformadora, uma conversão intelectual e moral,[62] que parta do sentir a realidade das famílias atuais, ajudando e acompanhando em direção ao bem viver de cada uma delas, especialmente das mais vulneráveis.

Na segunda consideração que faço sobre o tipo de leitor a que me refiro, restrinjo-me ao teólogo da moral e, em particular, à teóloga da moral. Ambos partem de uma grande tradição em comum, que se encontra na própria história da teologia moral. As acentuações e opções que são feitas dessa tradição serão referências para a compreensão e os condicionamentos que perpassam a leitura do documento. Em busca de sentido ético, a leitura interpretativa exigirá visibilidade através de diferentes

---

[59] CROATTO, Severino. *Hermenéutica* bíblica. Para una teoría de la lectura como producción de sentido. 2. ed. Buenos Aires: Lumen, 1994, p. 80.

[60] AZCUY, Virginia R. *Pobreza urbana en la Argentina*. Buenos Aires: UCA, 2002, p. 23.

[61] RICOEUR. *Del texto a la acción*, p. 109.

[62] LONERGAN, Bernard. *El método en Teología*. 4. ed. Salamanca: Sígueme, 2006, p. 156.

opções de identidade moral. São referências de compreensão nas quais fomos formados ou decidimos nos formar por meio de um ato de conversão.

No caso particular da teóloga da moral, contextualizada em diversos cenários, mas unida pela categoria da mulher, os condicionamentos específicos da sua realidade – que enriquecem a diversidade dessa categoria – e as opções teológico-morais que tenha feito influenciarão, de modo todo particular, a leitura interpretativa da Exortação.

A partir desse quadro de entendimento, a benignidade pastoral que a *Amoris laetitia* projeta na vida familiar permite uma reflexão que vai além desse cenário. A *Amoris laetitia* abre as portas para pensar a benignidade como uma categoria que estimula a própria "identidade de mulher",[63] que busca sua realização e seu bem. Se toda a Exortação tem como princípio o amor da família e do casal, as teólogas da moral poderiam partir desse desafio e construir reflexões que estimulem o bem amoroso e criativo das próprias mulheres, bem como uma pastoral da benignidade feminina. Pensar nisso pode ser um ato de ousadia e, em alguns casos, de profecia.

Acredito que a Exortação opta por uma nova direção teológico-moral, e, por esse motivo, podemos pensar numa ética libertadora e sanante para as mulheres: filhas, mães, irmãs, solteiras, casadas, consagradas, todas com diferentes papéis e identidades, que anseiam por uma ética e uma ética sexual cristã que reflitam suas vozes, seus sentimentos, levando em conta sua condição existencial.

[63] Remeto à nota n. 10 para recordar como é usado o conceito de identidade.

A ética da benignidade feminista cristã, ou melhor, as diversas éticas feministas da benignidade cristã nos impulsionarão a reinterpretar cada categoria da teologia moral, projetando novos paradigmas para o bem das mulheres e de cada uma delas em particular. Não são éticas de exclusão, mas exatamente o contrário: é a partir dessa reconstrução inclusiva que se reconhece um modo particular de ser que deve ser levado em conta na hora de pensar a teologia moral e, sobretudo, a Moral Fundamental que servirá de substrato à Moral Sexual.

Considerações finais

Procurei aproximar-me da *Amoris laetitia* a partir da categoria de benignidade pastoral, levando em conta os três momentos hermenêuticos: autor, texto e leitor.

Num primeiro momento, relacionei o Papa Francisco a Santo Afonso porque observo traços comuns que os unem. Neles, a própria existência condicionada por vários fatores pode ser lida como possibilidade de crescimento e transformação, fazendo com que suas vidas possam ser vistas como uma mensagem a ser aprendida. O ponto chave que unifica a ambos é o fato de que prestaram atenção à realidade e descobriram através dela a voz de Deus, que ama a todos e a todas, sem exclusão. O amor e a misericórdia são fundamentais tanto para Santo Afonso quanto para o Papa Francisco. Ambos partem de uma experiência de conversão, abrindo caminhos inovadores e ousados, mas sedimentados na convicção do amor misericordioso de Deus.

O sintagma "benignidade pastoral", que ambos reivindicam como expressão da moral cristã – Afonso, na *Teologia moralis*, e Francisco, na *Amoris laetitia* –, perpassa, primeiro, suas próprias vidas e é experiência do generoso amor de Deus. Considero ser esse um bom caminho para toda a teologia moral contemporânea, uma proposta que se fundamenta conscientemente na própria experiência, na busca sincera do bem que transcende a lógica humana, porque é um bem que a supera e que nasce do próprio Deus.

A vida de Francisco influencia o texto, nosso segundo momento. Mas é possível fazer uma leitura do texto concentrando-se apenas nele, visto que, independentemente do seu autor, provoca quem o lê. Lemos a *Amoris laetitia* a partir da categoria da benignidade pastoral. Por isso, todo o documento se torna uma expressão de benignidade para a própria vida, um caminho criativo e fecundo de realização, de esperança e confiança no amor de Deus.

No terceiro e último momento, o leitor, identificado como intérprete que assume sua identidade condicionada, assume um rosto na figura do teólogo da moral e, em particular, da teóloga da moral. Para eles e, especificamente, para elas, apresenta-se o desafio de unirem-se com coragem para produzir uma proposta ancorada nessa benignidade que perpassa a própria vida. Um desafio que considera a história pessoal de cada um e convida a ter como leitura de transformação o espírito vital da *Amoris laetitia*.

A Exortação abre a possibilidade de construir novos discursos éticos contextualizados, que se fundamentem na benignidade de Deus e sustentem para a Igreja projetos criativos de benignidade pastoral.

A essa altura, pode parecer estranho lembrar que toda teologia moral deve ser construída sobre a categoria do bem e da sua realização. Mas, no século passado, demos muito peso à dimensão objetiva do discurso moral, negligenciando, desse modo, a dimensão subjetiva, com tudo o que implica de história e identidade pessoais.

Isso levou a posturas rígidas e rigoristas, para as quais a exclusão era uma expressão praticamente inevitável.

Ao amor de Deus não se podem colocar limites. "Quem sou eu para julgar os gays?", disse Francisco a um jornalista. Quem somos nós para condenar, excluir e marginalizar? Vale lembrar a força de cada palavra. Os nossos discursos morais deveriam nascer da mesma experiência desse amor de Deus, que é incondicional.

A benignidade contextualizada em nossas vidas e expressa em toda atividade pastoral pode ser princípio epistemológico de toda teologia moral e, de modo especial, da Moral Sexual. Nessa perspectiva, a Moral Sexual da benignidade para com as mulheres e a partir delas é, sem dúvida, um desafio, porque exige que nos tornemos visíveis, que construamos discursos que partam da nossa situação vital, da nossa corporeidade, e que repensemos os velhos e os novos temas concretos da Moral Sexual. Quando revelamos um coração sincero e nos deixamos abraçar pelo amor de Deus, o perfume dos nossos escritos será valioso e atrativo, em primeiro lugar para nós mesmas e, depois, como serviço para quem quiser senti-lo. A motivação nascerá da atitude sincera de buscar sempre a vontade de Deus, que deseja nosso bem e nossa realização. Que Madalena, discípula de Jesus, seja para nós uma grande inspiração!

Referências bibliográficas

ABBAGNANO, Nicola. *Diccionario de Filosofía*. 2. ed. México: Fondo de Cultura Económica, 1974.

AZCUY, Virginia R. *Pobreza urbana en la Argentina*. Buenos Aires: UCA, 2002.

BARRÍA, Cristián. ¿Crisis de paradigma en la moral sexual católica? Un estudio desde la historia de las ciencias. *Moralia, Revista de Ciencias Morales* 31/120 (2008): 447-480.

BONFRATE; Giuseppe; YÁÑEZ, Humberto Miguel (Eds.). *Amoris laetitia, la sapienza dell'amore.* Fragilità e bellezza della relazione nel matrimonio e nella famiglia. Roma: Studium, 2017.

COLOMBO ROQUETTE, Jesus; PIÑERO Y PIÑERO, Francisco de Paula. Quehacer moral y magisterio. *Moralia, Revista de Ciencias Morales* 22/84 (1999): 465-498.

CONTI, Cristina. Hermenéutica Feminista. *Christus* LXV/721(2000): 8-17. Disponível em: https://www.servicios-koinonia.org /relat/225.htm. Acesso em: 10 ago. 2021.

CROATTO, Severino. *Hermenéutica* bíblica. Para una teoría de la lectura como producción de sentido. 2. ed. Buenos Aires: Lumen, 1994.

DEL MISSIER, Giovanni. *Amoris laetitia* e a mudança de paradigma. *Perspectiva Teológica*, Belo Horizonte 53/1 (2021): 61-78.

FERRATER MORA, Jose. Horizonte. In: TERRICABRAS, Josep-Maria (Ed.). *Diccionario de Filosofía*. Tomo II. 3. ed. Barcelona: Ariel, 2004, p. 1692-1694.

FLAMARIQUE, Lourdes. Interpretación. In: BEUCHOT, Mauricio; ARENAS-DOLZ, Francisco (Dirs.). *Diez palabras claves en hermenéutica filosófica*. Navarra: Verbo Divino, 2006, p. 257-294.

FRANCESCO, Papa. *Amoris laetitia.* La gioia dell'amore. L'esortazione apostolica sull'amore nella famiglia. Con guida alla lettura di Serena Noceti. Edizione integrale. Casale Monferrato, AL: Piemme, 2016.

FRANCISCO, Papa. *Amoris laetitia.* Exortação Apostólica Pós-Sinodal sobre o amor na família. São Paulo: Loyola, 2016.

FRANCISCO, Papa. El papa Francisco explica cómo y por qué eligió ese nombre. Disponível em: https://www.youtube.com / watch?v=BR3JjynvHrY. Acesso em: 10 ago. 2021.

FRANCISCO, Papa. Mensagem por ocasião do 150º aniversário da proclamação de Santo Afonso Maria de Ligório Doutor da Igreja (23.03.2021). Disponível em: https://www.vatican.va/content/francesco/pt/messages/pont-messages/2021/documents/papa-francesco_20210323_messaggio-santalfonso.html. Acesso em: 10 ago. 2021.

GALLI, Carlos María. ¿Qué nuevos desafíos e implicancias pastorales presentan su pontificado y su magisterio a la Iglesia en América Latina? In: CELAM. Equipo de Reflexión Teológico-Pastoral. Francisco y Aparecida hacia el futuro. El Salvador, 12.05.2017. Disponível em: http://www.americalatina.va/content/dam/americalatina/Documents/Francisco%20y%20Aparecida%20hacia%20el%20futuro%20-%20Galli.pdf. Acesso em: 10 ago. 2021.

GALLO ARMOSINO, Antonio. *Manual de hermenéutica*. Guatemala: Universidad Rafael Landívar, 2005.

GOERTZ, Stephan; WITTING, Caroline (Eds.). *Amoris laetitia*: un punto di svolta per la Teologia Morale?. Cinisello Balsamo, MI: San Paolo, 2017.

GRONDIN, Jean. *¿Qué es la hermenéutica?*. Barcelona: Herder, 2008.

HERNÁNDEZ, Silvestre Manuel. El texto y el lector. *Fuentes Humanísticas* 41 (2010): 95-107. Disponível em: http://fuenteshumanisticas.azc.uam.mx/index.php/rfh/article/view/190/186. Acesso em: 10 ago. 2021.

LONERGAN, Bernard. *El método en Teología*. 4. ed. Salamanca: Sígueme, 2006.

MIFSUD, Tony. *Amoris laetitia*, un *ethos* pastoral. *Perspectiva Teológica*, Belo Horizonte 53/1 (2021): 82-87.

NAVARRETE-CAZALES, Zaira. ¿Otra vez identidad? Un concepto necesario pero imposible. *Revista Mexicana de Investigación Educativa* 65 (2015): 464-468. Disponível em: https://www.redalyc.org/pdf/140/14035408007.pdf. Acesso em: 10 ago. 2021.

RICOEUR, Paul. *Del texto a la acción.* Ensayos de hermenéutica II. 2. ed. México: Fondo de Cultura Económica, 2002.

SÁNCHEZ DE LA CRUZ, Carlos. *El don que transforma*: una mirada a la moral desde el carisma redentorista. Cuadernos de ética en clave cotidiana. Madrid: Fundación Europa para el Estudio y Reflexión Ética, 2013.

SANTA SÉ. *Biografia do Santo Padre Francisco*. Disponível em: https://www.vatican.va/content/francesco/pt/biography/documents/papa-francesco-biografia-bergoglio.html. Acesso em: 10 ago. 2021.

SCHICKENDANTZ, Carlos. Una recepción fiel y creativa. El Concilio Vaticano II y Francisco. *Medellín* 168 (2017): 293-312.

SCHICKENDANTZ, Carlos. O Vaticano II ao serviço da interculturalidade de um giro decolonial? Um projeto intercontinental em desenvolvimento. *Perspectiva Teológica*, Belo Horizonte 52/3 (2020): 661-679.

SCHÖNBORN, Christoph. Apresentação da *Amoris Laetitia* (08.04.2016). *Instituto Humanitas Unisinos - ADITAL* (20.04.2016). Disponível em: http://www.ihu.unisinos.br/78-noticias/553919-apresentacao-da-amoris-laetitia-feita-pelo-cardeal-christoph-schoenborn. Acesso em: 10 ago. 2021.

SPADARO, Antonio. Entrevista ao Papa Francisco (19.08.2013). Disponível em: https://www.vatican.va/content/francesco/pt/speeches/2013/september/documents/papa-francesco_20130921_intervista-spadaro.html. Acesso em: 10 ago. 2021.

TIRIMANNA, Vimal. Guida alla lettura e alla comprensione del testo. In: DEL MISSIER, Giovanni; FIDALGO, Antonio Gerardo (Eds.). *Amoris Laetitia. Il Vangelo dell'Amore*: un cammino da intraprendere. Padova: Messaggero, 2018.

VIDAL, Marciano. Del rigorismo a la benignidad. Significado histórico de la moral alfonsiana. *Moralia, Revista de Ciencias Morales* 10/38-39 (1988): 157-191.

VIDAL, Marciano. *La propuesta moral de Juan Pablo II*. Comentario teológico-moral de la encíclica *Veritatis splendor*. Madrid: PPC, 1994.

WATT ROCHER, Daniel. Las fuentes de *Evangelii gaudium*, *Laudato si'*, y *Amoris laetitia*. *Ecclesia* 32/3 (2018): 315-335.

ZACHARIAS, Ronaldo. *Amoris laetitia*: um "sim" radical à pastoralidade da Teologia Moral. *Perspectiva Teológica*, Belo Horizonte 53/1 (2021): 17-39.

12

Amoris laetitia:

entre Veritatis splendor *e* Fratelli tutti *ou entre a ideologia de Cristandade e uma abertura à história*

Sérgio Ricardo Coutinho[1]

Introdução

Como um historiador, particularmente um historiador da Igreja, pode contribuir para um debate no campo da Teologia Moral?

Talvez se espere aqui encontrar aquela imagem, muito tradicional (*Historia magistra vitae est* ciceroniana), da tarefa do(a) historiador(a) e do sentido da história: buscar no passado algum exemplo para o futuro, para aprendermos dele a ser sábios e prudentes, para não cometermos os mesmos erros das gerações anteriores. Assim, nesta perspectiva, nossa função aqui seria tornar perenes os exemplos de homens e mulheres da Igreja que não podemos esquecer, pois, como a natureza humana é imutável e suas ações se repetem de tempos em tempos, suas

[1] Sérgio Ricardo Coutinho é Doutor em História (Universidade Federal de Goiás - UFG), Professor-Substituto na Universidade de Brasília (UnB) e no Instituto São Boaventura (ISB) dos Franciscano Conventuais de Brasília.

ações exemplares serviriam para nós, hoje e amanhã, como modelos de comportamento que devemos seguir.

Bem, não é esta a nossa compreensão de história nem do papel do(a) historiador(a). Vamos assumir aqui a posição defendida pelo historiador alemão Reinhart Koselleck,[2] de que qualquer "representação do passado", construída pela linguagem narrativa, é incontornavelmente condicionada pelo tempo. Cada presente articula de forma diferente o passado (espaço de experiência) e o futuro (horizonte de expectativas).

O passado é delimitado e reconstruído criticamente em cada presente. Este sempre lança sobre o passado um olhar novo, ressignificado no presente. O(a) historiador(a) se relaciona também com o futuro, toma partido, vincula-se a planos e programas políticos, faz juízos de valor e age. O desdobramento do tempo pode mudar o tipo e a qualidade da história. O passado é retomado em cada presente sempre a partir de um novo ângulo. Um fato pode ser insignificante no presente e decisivo no futuro. O passado é tematizado no presente e reinterpretado. O presente não é um mero receptáculo do passado. Cada presente estabelece uma relação particular entre passado e futuro, isto é, atribui um sentido ao desdobramento da história, faz uma representação de si em relação ts suas alteridades – o passado e o futuro.

Deste modo, neste momento presente, em que o Papa Francisco anunciou o *Ano "Família Amoris laetitia"*, que começou em março de 2021, com a solenidade de São José, para comemorar o quinto aniversário da publicação da exortação fruto do duplo Sínodo sobre a Família de 2014-15, queremos traçar alguns pontos

[2] KOSELLECK, Reinhart. *Futuro passado:* contribuição à semântica dos tempos históricos. Rio de Janeiro: Contraponto: PUC-Rio, 2006.

sobre as incompreensões e as resistências à *Amoris laetitia*[3] e sobre o modo como estas impedem uma mudança na pastoral da Igreja, especialmente acerca dos casais em segunda união.

O que se quer verificar também são as disputas de conceitos e as guerras teológicas que remetem à própria recepção do Concílio Vaticano II, vindas daqueles setores, antigos e novos, chamados de "tradicionalistas". Um confronto entre a permanência da ideologia de Cristandade e do jusnaturalismo em contraposição ao modelo de uma maior abertura da Igreja à história.

1. Rejeição ao Vaticano II, temor de *Amoris laetitia* e defesa do jusnaturalismo na *Veritatis splendor*: a sobrevida da ideologia de Cristandade

Para os grupos "tradicionalistas", especialmente os chamados "integristas", há um sinal claro de relação entre *Amoris laetitia* e Concílio Vaticano II. A relação passa necessariamente por uma questão eclesiológica: de uma "Igreja de sempre" com uma "família de sempre".

Numa entrevista dada em 2019, o Superior-Geral da Fraternidade Sacerdotal São Pio X (FSSPX), Padre Davide Pagliarani, afirmou que a Igreja "anda de cabeça para baixo",[4] ou, usando uma metáfora do campo da saúde, foi atingida pelo "zika vírus", que provocou uma "microcefalia", uma "atrofia"

[3] FRANCISCO, Papa. *Amoris laetitia*. Exortação Apostólica Pós-Sinodal sobre o amor na família. São Paulo: Loyola, 2016. Daqui em diante = AL.

[4] FRATERNITÉ SAINT-PIE X (FSSPX). Une Église qui marche sur la tête. Entretien avec l'abbé Davide Pagliarani, Supérieur général de la Fraternité Saint-Pie X. *Actualités: informations et analyses sur la vie de l'Eglise* (21.09.2019). Disponível em: https://fsspx.news/fr/une-eglise-qui-marche-sur-la-tete-50628?fbclid=IwAR15r5uUAnahnlybChudtODbC11kgsenGGt77-j5krdyMF9c7h_DmJSGPtg. Acesso em: 24 jun. 2021.

da "cabeça", e que coloca, assim, em xeque toda a autoridade eclesiástica.

De fato, o P. Davide apenas reproduz o que defendia seu mentor espiritual e intelectual, o famoso Monsenhor Marcel Lefebvre (1905-1991), que, em 1962, quando Superior da Congregação do Espírito Santo, fundou a Fraternidade São Pio X.

Interessante notar que Mons. Marcel Lefebvre, em público, demonstrava, segundo o historiador Daniele Menozzi, confiar substancialmente no processo de atuação do Vaticano II, situado, graças aos pronunciamentos pontifícios, no rastro de uma positiva reanimação da vida cristã. No entanto, o Arcebispo apresentava, em privado, sobre o evento conciliar, uma atitude de fundo muito diferente. Um exemplo dessa postura se revelou numa resposta a uma enquete, enviada em fins de 1966 pelo presidente do ex-Santo Ofício (hoje a Congregação para a Doutrina da Fé), Cardeal Ottaviani, sobre os desvios doutrinários difusos naquele momento no mundo católico; ele apresentou o Concílio como sendo "a maior tragédia que a Igreja jamais tinha sofrido". A acusação não recai aqui sobre o "espírito conciliar", mas, de forma nítida e direta, sobre o próprio Vaticano II. Na base desse juízo interpretativo, estava a tese de que as deliberações da assembleia tinham dado espaço àqueles que defendiam erros condenados por uma longa série de pontífices, de Pio IX a Pio XII – o liberalismo católico, o modernismo, o comunismo, o neomodernismo (expressão que Lefebvre entendia como correlata a "*nouvelle théologie*", condenada por Pio XII, em 1950, na Encíclica *Humani generis*) –, "que agora criam estarem suas doutrinas aprovadas pela Igreja". Em síntese, o Concílio foi apresentado nesse documento como responsável pelo "matrimônio da Igreja com as ideias liberais", fato que arranhava "as verdades que já pertenciam de modo absoluto ao Tesouro da tradição".

Nessa sua atitude privada, Lefebvre admitiu como dado comprovado o que em público dizia simplesmente ter dúvida, ou seja, de que o Vaticano II foi responsável pela crise numérica das vocações eclesiásticas e queda da frequência dos fiéis à prática religiosa. Insistiu também na existência de um vício doutrinário que infectava, desde seus fundamentos, a elaboração conciliar: esse vício consistia em desmantelar o edifício do magistério pontifício, que, ininterruptamente, e por mais de um século, havia condenado qualquer tentativa de conciliar Igreja e modernidade.[5]

Ainda sobre a resposta dada ao Cardeal Ottaviani, ele explicitou com maior clareza as razões de sua radical oposição doutrinária ao Concílio. Afirmou que, desde 1789 até Pio XII, os Papas haviam erguido sem cessar barreiras intransponíveis contra a difusão dos erros da Revolução Francesa. Na sua ideia, os três elementos característicos da Revolução Francesa – *liberté, égualité, fraternité* – tornaram-se, após as conclusões conciliares, os critérios fundamentais da nova orientação eclesial. Com efeito, "igualdade" correspondia à colegialidade episcopal ansiada pela Constituição Dogmática *Lumen gentium*; "liberdade", à proclamação da liberdade religiosa estabelecida pelo decreto *Dignitatis humanae*; e "fraternidade", ao ecumenismo sancionado pelo decreto *Unitatis redintegratio*. Nesta perspectiva, o Concílio aparecia a seus olhos como um episódio radical tendente a subverter as estruturas eclesiásticas.[6]

---

[5] MENOZZI, Daniele. *A Igreja Católica e a Secularização*. São Paulo: Paulinas, 1998, p. 224.

[6] MENOZZI. *A Igreja Católica e a Secularização*, p. 225.

Deste modo, o Arcebispo procurava mostrar que as raízes culturais de sua concepção afundavam na ideologia do *intransigentismo católico* do século XIX, que dava apoio doutrinário às correntes ideológicas existentes no mundo contemporâneo, recorrendo à genealogia dos desvios da modernidade e enaltecendo uma mitificada cristandade medieval. O Concílio tornou-se, em suma, a última filiação de um processo revolucionário que, a partir de Lutero e, em particular, após a Revolução Francesa, tendia sempre a aumentar e a confirmar a autonomia do homem, quando, pelo contrário, a direção eclesiástica seria imprescindível para que pudesse haver uma correta organização do consórcio civil.[7]

Seguindo esta "tradição" dos tradicionalistas-integristas, o P. Davide, em entrevista, atribuiu à *Amoris laetitia* as mesmas causas:

> *Amoris laetitia* representa, na história da Igreja dos últimos anos, o que Hiroshima ou Nagasaki é na história moderna do Japão: humanamente falando, o dano é irreparável. É sem dúvida o ato mais revolucionário do Papa Francisco e ao mesmo tempo o mais contestado, mesmo fora da Tradição, porque afeta diretamente a moral conjugal, o que permitiu a muitos clérigos e fiéis detectar a presença de erros graves. [...]
>
> Todos os erros dogmáticos que afetam a Igreja, mais cedo ou mais tarde, afetam a família cristã, pois a união dos esposos cristãos é a imagem da união entre Cristo e sua Igreja.[8]

O P. Davide vê na *Amoris laetitia* a influência decisiva de dois documentos fundamentais do Vaticano II, que modificaram a concepção de eclesiologia, bem como a possibilidade destas

[7] MENOZZI. *A Igreja Católica e a Secularização*, p. 233.

[8] FRATERNITÉ SAINT-PIE X (FSSPX). Une Église qui marche sur la tête.

influências escorrerem para a fundamentação de um novo modelo de família cristã:

> *Amoris laetitia* é o resultado inevitável da nova eclesiologia ensinada pela *Lumen Gentium*, e também [sic] da louca abertura ao mundo preconizada pela Constituição Pastoral sobre a Igreja no mundo contemporâneo, *Gaudium et spes*. [...]
>
> Na realidade, *Amoris laetitia* é um dos resultados das premissas definidas pelo Concílio. O Cardeal Walter Kasper já havia confessado e sublinhado que uma nova eclesiologia, a do Concílio, corresponde a uma nova concepção de família cristã. [...]
>
> E, de fato, com *Amoris laetitia*, o casamento cristão se assemelha cada vez mais ao casamento como a modernidade o concebe e estabelece.[9]

É interessante observar, nesse seu comentário, uma relação entre *eclesiologia* e *família cristã*, mas num sentido que visa reforçar a submissão do "corpo" em relação à "cabeça". A mesma submissão que se espera da esposa (corpo) em relação ao esposo (cabeça), também se espera da Igreja (corpo) em relação a Cristo (cabeça), como também se pode projetar para a relação Igreja-sociedade: espera-se que o corpo social se submeta, como no período de Cristandade medieval, à autoridade eclesiástica.

No entanto, a ideologia de Cristandade ainda se mostra bastante profunda na mentalidade católica. Por isso, vale a pena resgatar a tese defendida pelo teólogo Claude Geffré: a

[9] FRATERNITÉ SAINT-PIE X (FSSPX). Une Église qui marche sur la tête.

legitimidade de um "tradicionalismo sem Lefebvre" da Igreja pós-conciliar.[10]

De fato, conforme descreve o historiador Massimo Faggioli, hoje, a FSSPX do Bispo Bernard Fellay não é muito mais tradicionalista do que, por exemplo, alguns dominicanos, beneditinos, frades franciscanos da Imaculada, alguns seminários diocesanos ou até mesmo o Cardeal Raymond Burke – todos os quais estão em comunhão com o Papa, mesmo que seus pontos de vista em relação à teologia do Vaticano II não sejam tão diferentes dos de Lefebvre, de 1970.[11]

Então, o que aconteceu nessas duas últimas décadas? Quais são as diferenças entre o antigo tradicionalismo da FSSPX dos anos 1970 e o novo tradicionalismo?

Uma das grandes mudanças é que o tradicionalismo não está mais confinado a um pequeno e bem identificado grupo eclesial que se coloca fora da Igreja Católica de Roma, mas, ao contrário, está difundido pela Igreja e pelas suas estruturas (clero, ordens religiosas, meios de comunicação, universidades).

Esse novo tradicionalismo foi capaz de encontrar um lar na Igreja Católica de Bento XVI. João Paulo II abriu as portas ao criar algumas condições práticas para o seu retorno no início dos anos 1980 (o indulto de 1984 para celebrar a missa pré-conciliar, por exemplo), embora sem conceder muito em

[10] GEFFRÉ, Claude. O tradicionalismo sem Lefebvre. *Concilium*: Revista Internacional de Teologia, Petrópolis: Vozes 221/1 (1989): 7-10.

[11] FAGGIOLI, Massimo. Tradicionalismo católico, antigo e novo: por que Francisco está indo ao encontro dos lefebvrianos? *IHU On-Line* (19.04.2017). Disponível em: http://www.ihu.unisinos.br/78-noticias/566757-tradicionalismo-catolico-antigo-e-novo-por-que-francisco-esta-indo-ao-encontro-dos-lefebvrianos-artigo-de-massimo-faggioli. Acesso em: 24 jun. 2021.

termos de reavaliação teológica do Vaticano II num sentido tradicionalista.

Mas Bento XVI foi mais longe: a liberalização da liturgia pré-Vaticano II, em julho de 2007, revigorou – se não até criou – um movimento litúrgico neotradicionalista que não existia antes com a força que tem hoje; e a decisão de remover a excomunhão de quatro bispos da FSSPX, em janeiro de 2009, sinalizou a disposição unilateral do papado de readmitir o grupo cismático, que abrigou as perturbadoras opiniões antissemitas de um dos seus bispos, Richard Williamson (que foi expulso da FSSPX, em 2012).[12]

Essas não foram apenas acomodações feitas para a FSSPX, mas foram também mudanças na postura da Igreja nos últimos 50 anos da história da Igreja, mudanças que, aos olhos dos tradicionalistas, reivindicavam o que eles diziam desde o início do período pós-Vaticano II.

A pergunta que surge é se essa aproximação, feita nos pontificados de João Paulo II e Bento XVI, foi possível por causa de uma substancial afinidade do modelo de Cristandade, proposto pelos tradicionalistas, com a visão do relacionamento entre Igreja e sociedade defendida pelo magistério dos dois Pontífices. A resposta é um vigoroso "sim".

Podemos, pois, colher da ideologia de Cristandade um elemento que alia hoje as correntes tradicionalistas às diretrizes romanas de João Paulo II e Bento XVI: a avaliação negativa do mundo contemporâneo, que mergulha suas raízes numa concepção moral agostiniana. No seio da Igreja contemporânea, tem muito alcance a difusão da ideologia de Cristandade, seja

---

[12] FAGGIOLI. Tradicionalismo católico, antigo e novo.

como retomada do tema, apreciação, critérios de julgamento, esquemas de pensamento que a caracterizaram no passado, seja como sua penetração em vários níveis do tecido eclesial.

E estes grupos neotradicionalistas reagiram também à *Amoris laetitia*. Em setembro de 2016, os Cardeais Walter Brandmüller, Raymond L. Burke, Carlo Caffarra e Joachim Meisner escreveram ao Papa Francisco para que ele pudesse esclarecer cinco *dubia* acerca da ortodoxa interpretação de *Amoris laetitia*.

Nada menos do que três das cinco questões vertiam precisamente sobre a coerência ou não da *Amoris laetitia* com a *Veritatis splendor*, Carta Encíclica do Papa João Paulo II, de 1993.

> [...] 2. **Continua a ser válido**, após a exortação pós-sinodal "Amoris laetitia" (cf. n. 304), **o ensinamento da encíclica de São João Paulo II "Veritatis splendor", n. 79, assente na Sagrada Escritura e na Tradição da Igreja**, acerca da existência de normas morais absolutas, válidas sem qualquer exceção, que proíbem atos intrinsecamente maus?
>
> [...] 4. Após as afirmações de "Amoris laetitia", n. 302, relativas às "circunstâncias atenuantes da responsabilidade moral", **ainda se deve ter como válido o ensinamento da encíclica de São João Paulo II "Veritatis splendor", n. 81, assente sobre a Sagrada Escritura e sobre a Tradição da Igreja**, segundo a qual: "as circunstâncias ou as intenções nunca poderão transformar um ato intrinsecamente desonesto pelo seu objeto, num ato 'subjetivamente' honesto ou defensível como opção"?
>
> 5. Depois de "Amoris laetitia", n. 303, **ainda se deve ter como válido o ensinamento da encíclica de São João Paulo II "Veritatis splendor", n. 56, assente sobre a Sagrada Es-**

> **critura e sobre a Tradição da Igreja**, que exclui uma interpretação criativa do papel da consciência, e afirma que a consciência jamais está autorizada a legitimar exceções às normas morais absolutas que proíbem ações intrinsecamente más pelo próprio objeto? (grifos nossos)[13]

Mas quais foram a gênese e o objetivo da *Veritatis splendor*? O Papa Bento XVI, à frente da Congregação para a Doutrina da Fé na época, contribuiu de modo substancial para a escrita daquela encíclica.

Em 2014, Ratzinger indicou precisamente na *Veritatis splendor* a mais importante e atual das 14 encíclicas de João Paulo II. Sobre ela, disse o seguinte:

> **A constituição do Vaticano II sobre a Igreja no mundo contemporâneo [*Gaudium et spes*], contrária à orientação à época predominantemente jusnaturalista da teologia moral, queria que a doutrina moral católica sobre a figura de Jesus e a sua mensagem tivesse um fundamento bíblico**.
>
> Isso foi tentado por meio de referências apenas por um breve período. Depois, foi se afirmando a opinião de que a **Bíblia** não tinha nenhuma moral própria a anunciar, mas que remetia aos modelos morais válidos de vez em quando. A moral é uma questão de razão, dizia-se, não de fé.
>
> **Desapareceu, assim, por um lado, a moral entendida em sentido jusnaturalista, mas, em seu lugar, não foi afirmada nenhuma concepção cristã.** E, como não se podia reconhecer nem um fundamento metafísico nem um cristológico da mo-

[13] MAGISTER, Sandro. Criar clareza. Alguns nós por resolver em "Amoris laetitia" – Um apelo (14.11.2016). Disponível em: http://chiesa.espresso.repubblica.it/articolo/1351410.html. Acesso em: 24 jun. 2021.

> ral, recorreu-se a soluções pragmáticas: a uma moral fundamentada no princípio do balanceamento de bens [...].
>
> **A grande tarefa que João Paulo II assumiu naquela encíclica foi de traçar novamente um fundamento metafísico na antropologia, assim como uma concretização cristã na nova imagem de homem da Sagrada Escritura**. (grifos nossos)[14]

Fica evidente que *Veritatis splendor* foi uma resposta metafísica jusnaturalista,[15] neoagostiniana, por conseguinte, neotradicionalista e dentro de uma perspectiva de Cristandade, àquele documento conciliar que desejava uma abertura da Igreja à história, ou seja, a *Gaudium et spes*.

Ainda sobre uma avaliação desse documento, o Cardeal Ratzinger, em outra oportunidade, chamou a atenção para uma visão ingênua em relação à história no pós-Concílio: "A falta de clareza que persiste ainda hoje acerca do verdadeiro significado do Vaticano II está intimamente ligada a tal diagnóstico [de que tudo começaria de novo e todas as coisas que antes tinham sido

[14] MAGISTER, Sandro. Müller fora. Mas o verdadeiro ataque é contra a "Veritatis splendor". *IHU On-Line* (06.07.2017). Disponível em: http://www.ihu.unisinos.br/78-noticias/569400-mueller-fora-mas-o-verdadeiro-ataque-e-contra-a-veritatis-splendor. Acesso em: 24 jun. 2021.

[15] O Jusnaturalismo é uma doutrina segundo a qual existe um "direito natural" (*ius naturale*), ou seja, um sistema de normas de conduta diverso do sistema constituído pelas normas fixadas pelo Estado (direito positivo). Este direito natural tem validade em si, é anterior e superior ao direito positivo. O seu significado se revela muito diverso na história da filosofia jurídico-política. Três versões fundamentais aparecem: a de uma lei estabelecida por vontade da divindade e por esta revelada aos homens; a de uma lei "natural" em sentido estrito, fisicamente conatural a todos os seres animados à guisa de instinto; finalmente, a de uma lei ditada pela razão, específica, portanto, do homem, que a encontra autonomamente dentro de si. Todas partilham, porém, da ideia comum de um sistema de normas logicamente anteriores e eticamente superiores às do Estado. É a afirmação da existência de um "justo por natureza" que se contrapõe ao "justo por lei".

mal feitas agora seriam bem feitas] e, por conseguinte, a este documento". Disse que as afirmações em *Gaudium et spes* "respiram um otimismo espantoso", resultando em nada menos que "uma revisão do *Syllabus* de Pio IX, uma espécie de contrassílabo", que pretendia inverter a posição negativa adotada por Pio IX contra os "erros" políticos e doutrinais da modernidade elencados no *Syllabus* de 1864.[16]

Além da ideologia de Cristandade, que une o tradicionalismo radical lefebvriano e o neotradicionalismo pós-conciliar, também se percebe uma tática, sistemática, usada pelos dois grupos, tanto no passado como hoje, tanto em relação ao Concílio Vaticano II como em relação à *Amoris laetitia.* O uso de um sofisma: o de inverter a causa com o efeito.

Tanto no passado como hoje se dizia: antes do Vaticano II, havia uma clara experiência eclesial da missa ou de uma Igreja como "cabeça", enquanto o Concílio arruinou tudo isso e o comprometeu seriamente; antes da *Amoris laetitia,* havia uma clara doutrina sobre a família e, depois dela, há dúvida e confusão.

Conforme o teólogo Andrea Grillo, encontramos aqui, em ato, um erro histórico e um preconceito ideológico. O Concílio (há 50 anos) e o Sínodo da Família (2014-2015) abordaram uma situação que vivia há décadas uma profunda crise, a da Igreja e da família.

> A crise foi a causa, e não o efeito: Concílio e Sínodo são efeitos de uma crise, e não causas de uma crise. Só pode se permitir inverter causa e efeito quem vive sem qualquer relação com a realidade, imerso em uma ciumenta autorreferencialidade.

---

[16] RATZINGER, Joseph. *Principles of Catholic Theology:* Building Stones for a Fundamental Theology. San Francisco: Ignatius, 1987, p. 372 e 378.

> Concílio e Sínodo respondem a questões preexistentes. Só podem se tornar não respostas, mas "problemas", para quem ignora tais questões preexistentes.[17]

Outro ponto de proximidade entre os dois grupos tradicionalistas: a resistência – e a reação – em relação aos estilos conciliares e sinodais. Um Concílio e um Sínodo não são considerados de modo algum como lugares de autoridade. O princípio de autoridade, que anima as palavras e os gestos também clamorosos dos Cardeais de hoje, assemelha-se à falta de reconhecimento dos tradicionalistas do passado. Assembleias plenárias, comissões, confrontos, debates, mediações: tudo se reduz ao "sim" ou "não" à tradição, enrijecido em uma lógica quase referendária.

Um outro elemento em comum está na matriz "antimodernista": toda novidade é percebida e vivida como fracasso, negação, perda de evidência e recuo da tradição cristã.

Aqui, Grillo toca em um ponto particularmente delicado: a união de dois aspectos que normalmente se pensam não só como separados, mas como também opostos: a "luta contra o modernismo" e a "negação da autoridade". Na atuação cismática do passado recente e na *dubia* de 2016, aparece bastante claramente a pretensão de um "estilo magisterial", em que, a fim de combater os "deslizes modernistas", chega-se a paralisar totalmente a autoridade da Igreja. Na opinião deles, para ser de autoridade, só se pode repetir o passado.

Desse modo, a "fidelidade à tradição" é identificada com a imutabilidade dos detalhes disciplinares recebida da práxis

[17] MAGISTER, Sandro. Criar clareza. Alguns nós por resolver em "Amoris laetitia" – Um apelo.

recente. O Arcebispo de ontem como os Cardeais de hoje estão tão assustados com a evolução da tradição que estão dispostos a negar a autoridade da Igreja – do Papa, do Concílio ou do Sínodo –, a fim de permanecerem apegados aos hábitos, teóricos e práticos, de Cristandade.[18]

2. Uma abertura à história: *Amoris laetitia*, *Fratelli tutti* e a família cristã

Para Daniele Menozzi, o Papa Francisco herdou um desafio dos mais importantes. As dificuldades da aplicação do *aggiornamento* eclesial tornaram-se, no século XXI, ainda mais complicadas: como anunciar o Evangelho a um homem que afirma sua própria autonomia, não só a respeito da organização da vida coletiva, mas também em todos os aspectos da vida individual, mesmo daqueles relacionados a estruturas profundamente antropológicas, como nascimento, identidade sexual, morte?

Frente à dilatação das reivindicações de autodeterminação do sujeito, Jorge Bergoglio, consciente de que os métodos de diálogo com os homens contemporâneos até agora utilizados pela Igreja revelaram-se pouco eficazes, decidiu por um caminho novo.[19]

O núcleo fundamental da posição de Francisco em relação à sociedade contemporânea consiste na percepção de que as relações entre a Igreja e os homens, Igreja e sociedade, Igreja e história não podem ser deduzidas a partir de uma doutrina

[18] MAGISTER. Criar clareza. Alguns nós por resolver em "Amoris laetitia" – Um apelo.

[19] SANTOS, João Vitor. Francisco propõe um novo modelo de relação entre a Igreja e a história dos homens. Entrevista especial com Daniele Menozzi. *IHU On-Line* (31.05.2018). Disponível em: http://www.ihu.unisinos.br/159-noticias/entrevistas/579129-misericordia-e-o-elemento-que-coloca-igreja-e-mundo-contemporaneo-em-perspectiva-entrevista-especial-com-daniele-menozzi. Acesso em: 24 jun. 2021.

estabelecida *a priori* e considerada válida para todos os tempos e em todos os lugares.

Isso não significa que a Igreja caia no relativismo, como pensam os tradicionalistas que se opõem veementemente ao Pontífice. A Igreja tem o Evangelho como ponto de referência ineludível e absoluto. E Bergoglio entendeu que o Evangelho só pode ser compreendido e comunicado unicamente nos acontecimentos da história.

Daí um novo sentido para a chamada "Doutrina Social da Igreja". Esta, historicamente, representava uma ideologia inevitavelmente marcada pela subordinação da vida social (o corpo) às diretrizes da autoridade eclesiástica (a cabeça), com a qual a Igreja contrapunha um projeto de organização social cristã às propostas que vinham tanto da ideologia liberal quanto da ideologia socialista.

O programa de uma contrassociedade católica, portanto, parece difícil de conciliar com uma visão pastoral da Igreja que Bergoglio propõe ao homem de hoje: um "hospital de campo", onde os cristãos procuram tratar com a "medicina da misericórdia" as tantas feridas infligidas aos homens pela organização contemporânea da vida coletiva.[20]

O Papa Francisco procura, a este respeito, operar uma transição prudente do passado ao futuro: pretende manter o conceito de Doutrina Social, ainda seguido por grande parte do mundo católico, mas, ao mesmo tempo, se esforça para dar um impulso à sua transformação. Trata-se de certificar-se de que a Doutrina Social da Igreja não seja mais percebida como um sistema aplicável em todos os lugares, mas que representa a maneira pela qual o "Evangelho da misericórdia" é variamente colocado em

[20] SANTOS. Francisco propõe um novo modelo de relação entre a Igreja e a história dos homens. Entrevista especial com Daniele Menozzi.

prática em contextos históricos e culturais concretos e específicos nos quais operam os cristãos.

Em síntese, podemos recorrer a uma expressão do Papa: deve-se assegurar que os crentes não se sirvam da Doutrina Social para ocupar espaços, mesmo de poder, como ocorria no passado, mas para iniciar processos de mudança em diálogo com todos os homens de boa vontade. É nesse sentido que devemos compreender a Encíclica *Fratelli tutti* de 2020.[21]

Em suma, o Papa não intervém para limitar, à luz da doutrina da Igreja, a autodeterminação dos sujeitos sociais produzidos na história. Acompanha-os e os apoia, enquanto buscam a mudança de uma estrutura social julgada iníqua, deixando para sua dinâmica interna a tarefa de escolher os caminhos apropriados para esse fim.

Francisco propõe um novo modelo de relação entre Igreja e história dos homens. No entanto, o faz dentro das estruturas e instituições de uma Igreja ligada ao modelo anterior, estabelecidas no século XVI, seguindo o Concílio de Trento. Permanece o problema, contudo, de realizar uma novidade com os instrumentos herdados da era da Contrarreforma.[22]

E isso aparece, sem dúvida alguma, nas relações entre a Igreja e a família cristã. E, diferentemente de se propor uma leitura da *Amoris laetitia* pelo viés de Cristandade de *Veritatis splendor*, deve-se lê-la em conjunto com a *Fratelli tutti*.[23]

---

[21] SANTOS. Francisco propõe um novo modelo de relação entre a Igreja e a história dos homens. Entrevista especial com Daniele Menozzi.

[22] SANTOS. Francisco propõe um novo modelo de relação entre a Igreja e a história dos homens. Entrevista especial com Daniele Menozzi.

[23] Ver: Anexo deste artigo com Quadro Comparativo entre os termos mais usados pelas duas Encíclicas. Percebe-se, claramente, que *Veritatis splendor* faz uso maior de termos filosóficos-teológicos da tradição jusnaturalista metafísica, em relação aos termos sociológicos presentes com maior frequência em *Fratelli tutti*.

Numa abertura para a "autonomia da história", Francisco desenvolve um texto no campo da "moral social", propondo "uma forma de vida com sabor a Evangelho". O objeto da Carta é a promoção da *fraternidade* e da *amizade social*, com tanta referência aos direitos humanos que fica claro que a finalidade de fundo não será alcançada sem que estes estejam na centralidade.

Deste modo, podemos afirmar que *Fratelli tutti* apoia-se em um "jusnaturalismo pós-metafísico" não só centrado no "princípio de justiça", mas também no "princípio de discussão" (diálogo, consenso).[24]

Com o longo processo de secularização da cultura ocidental, que esvaziou a fundamentação teológico-transcendental, e diante da crise de uma razão configuradora do *Esclarecimento* (Aufklärung), ambos obtidos mediante condições metafísicas, emerge o sentido plural de todas as coisas. Esse ambiente pós-metafísico coincide com a fragmentação da razão, em que os conteúdos contingente e histórico, sempre subsumidos pelo formalismo, e o *a priori*, ganham um novo *status*.

Nesse contexto, conforme Vitor Hugo Mendes,[25] a razão apresenta-se finita e situada, indo numa direção contrária a todo o pensamento ocidental, enquanto defesa do atemporal, do necessário e do universal. Com a queda do absoluto ou do fundamento último, entram em cena diferentes cosmovisões, e a razão não consegue mais exercer um papel unificador, tornando-se um campo aberto para novos enfrentamentos e para a dificuldade de fazer o plural harmonizar-se na unidade.

---

[24] FRANCISCO, Papa. *Fratelli tutti.* Carta Encíclica sobre a fraternidade e a amizade social. São Paulo: Paulus, 2020, n. 221. Daqui em diante = FT.

[25] MENDES, Vitor Hugo. Inteligência da fé em um contexto pós-metafísico: apontamentos para uma nova sensibilidade teológica. *Teocomunicação*, Porto Alegre 35/148 (2005): 275-303.

Inserida na historicidade de sua constituição, a racionalidade que está emergindo, distanciada de uma consciência lógico-dedutiva ou da ancoragem exclusivamente meta-histórica, mostra-se cada vez mais *dialógica, relacional* e *intersubjetiva.* Num mundo compartilhado por tantos "outros", a pretensão de um entendimento possível – em se tratando de indicar um sentido para a sociabilidade humana e a viabilidade de decisões comuns para salvaguardar a vida em sua extensão planetária – configura-se nessa pluralidade de vozes reivindicando suas razões.[26]

É visível na *Fratelli tutti* o encontro desta racionalidade pós-metafísica dialógica, intersubjetiva, com uma outra concepção de jusnaturalismo imanente à história. Segundo o professor italiano Francesco D'Agostino, o jusnaturalismo, como teoria jurídica, transformou-se, na contemporaneidade, em *teoria dos direitos humanos*. Estes constituem hoje uma nomenclatura nova para os antigos "direitos do homem" ou "direitos naturais", declarados em documentos solenes a partir do século XVIII. A ideia jusnaturalista, assim, não se modificou substancialmente; recebeu uma roupagem "historicista":

> Os direitos humanos, com efeito, nada mais são que o modo no qual se apresentam em nosso tempo – e de uma forma particularmente aguda – as instâncias mais profundas do jusnaturalismo. Os direitos humanos não são benévolas concessões que os Estados ou suas constituições fazem aos cidadãos [...]; constituem na verdade a maturação definitiva no nosso tempo da ideia – tipicamente jurídica – do primado da justiça no mundo humano.[27]

[26] MENDES. Inteligência da fé em um contexto pós-metafísico, p. 277.

[27] D'AGOSTINO, Francesco. *Diritto e giustizia.* Per una introduzione allo studio del diritto. Milano: San Paolo, 2004, p. 27-28.

Desta forma, a doutrina dos direitos humanos constitui uma versão historicizada da teoria do direito natural antigo e moderno, não no tocante à eternidade e à imutabilidade dos direitos do homem (versão incompatível com a compreensão atual desses direitos), mas porque sustenta que eles provêm da natureza humana racional, vista como única base possível para a realização jurídica da dignidade e da felicidade de todos os seres humanos.

Deste modo, na *Fratelli tutti*, a *pessoa humana* é fundamentalmente constituída por relações, sobre as quais recai o segredo de uma verdadeira vida humana.[28] Como consequência da relação pessoal, surgem os corpos sociais e a sociedade – dimensão interpessoal e social –, que, no seu próprio dinamismo, deve ser ampliada e enriquecida,[29] desdobrando-se numa *amizade social* e numa *fraternidade* aberta a todos.[30] Nesse sentido, a pessoa – como ser em relação – tem a possibilidade de desenvolver sua tendência para relações que possibilitem o bem integral de todos.

Aberta espontaneamente ao relacionamento e ao chamado natural para transcender-se no encontro com os outros,[31] a pessoa humana também encontra limitações em si mesma, mas é sempre percebida como aberta para superá-las. E, nessa rede de relações como comunidade, povo, sociedade, é imprescindível a busca do desenvolvimento humano integral,[32] que permita atingir um patamar moral capaz de transcender a si mesmo

[28] FT 87.

[29] FT 89.

[30] FT 94.

[31] FT 111.

[32] FT 112.

e sua cultura de pertencimento,[33] criando uma identidade comum[34] que não suprime a pessoa dissolvendo-a nas massas, sob a aparência de "nós", que, afinal, é um "ninguém".

Além disso, a Encíclica faz um apelo sobre a *fragilidade humana*. Isso fica claro no primeiro capítulo, quando fala das "sombras de um mundo fechado" e dos males que atingem nossa sociedade em geral e as pessoas em particular. As tendências do mundo de hoje dificultam o desenvolvimento de uma fraternidade universal, que parece ter suas raízes mais profundas na fragilidade humana. Tal fragilidade já era evidente na *Gaudium et spes*[35] e se repete na Encíclica: "a questão é a fragilidade humana, a tendência humana constante para o egoísmo, que faz parte daquilo que a tradição cristã chama 'concupiscência': a inclinação do ser humano a fechar-se na imanência do próprio eu, do seu grupo, dos seus interesses mesquinhos".[36]

E é essa profunda realidade humana que também nos coloca num plano comum, onde podemos reconhecer, em nós e nos outros, a nossa própria limitação e o nosso desejo de superá-la. Essa realidade comum permite-nos sentir empatia e colocar-nos no lugar do outro para descobrir o que é autêntico, ou pelo menos compreensível, no seio das suas motivações e interesses.[37]

Em nome da *dignidade humana*, que nos faz humanos, é que há uma responsabilidade com o(a) outro(a) que sofre, e essa é a principal responsabilidade de direitos humanos. Essa é uma

[33] FT 117.

[34] FT 158.

[35] CONCÍLIO ECUMÊNICO VATICANO II. *Gaudium et spes*. Constituição pastoral sobre a Igreja no mundo de hoje, n. 10. In: COMPÊNDIO DO VATICANO II. *Constituições, decretos, declarações*. 31. ed. Petrópolis: Vozes, 2015.

[36] FT 166.

[37] FT 221.

responsabilidade dos Estados, mas é também das organizações mundiais, que, segundo Francisco, deveriam ser "**mais eficazes**, dotadas de autoridade para assegurar o bem comum mundial, a erradicação da fome e da miséria e a justa defesa dos **direitos humanos fundamentais**".[38]

Francisco aborda a responsabilidade das empresas e de empresários, como também a responsabilidade das organizações da sociedade civil e, particularmente, dos **movimentos sociais populares**, que "realizam esforços admiráveis com o pensamento no bem comum, e alguns dos seus membros chegam a cumprir gestos verdadeiramente heroicos que mostram de quanta **bondade** ainda é capaz a nossa humanidade".[39]

Francisco também observa que "a organização das sociedades em todo o mundo ainda está longe de refletir com clareza que as **mulheres** têm exatamente a mesma dignidade e idênticos direitos que os **homens**".[40] Segundo ele, ainda que as palavras digam uma coisa, "as decisões e a realidade gritam outra".[41] Por isso, alerta para o que chama de "**duplamente pobres**": as mulheres que, além da **exclusão,** sofrem **violência**.[42] É nesse ponto que vemos uma nítida possibilidade para enfrentar as resistências que impedem uma mudança na pastoral da Igreja, especialmente acerca dos casais em segunda união, provocadas pela *Amoris laetitia.*

Em termos de prática pastoral, vemos a combinação entre "eclesiologia" e "família cristã" não em um sentido paulino de

[38] FT 172.

[39] FT 175.

[40] FT 23.

[41] FT 23.

[42] FT 23.

submissão da "esposa-Igreja" em relação ao "esposo-Cristo",[43] mas no mútuo intercâmbio entre *Fratelli tutti* e *Amoris laetitia*. O Papa Francisco vai ao encontro do que propôs o Cardeal Walter Kasper (e aqui o P. Davide, da FSSPX, tem muita razão) sobre uma visão "eclesiológica" da família cristã: a *Igreja doméstica*.

Para Francisco:

> **Em alguns bairros populares, vive-se ainda aquele espírito de "vizinhança"** segundo o qual cada um sente espontaneamente o dever de acompanhar e ajudar o vizinho. **Nos lugares que conservam tais valores comunitários, as relações de proximidade são marcadas pela gratuidade, solidariedade e reciprocidade, partindo do sentido de um "nós" do bairro.** (grifos nossos)[44]

Walter Kasper, por sua vez, afirma:

> O **Concílio Vaticano II**, reconectando-se com **Crisóstomo**, retomou a ideia da **Igreja doméstica** (LO 11; AA 11). [A *Evangelii nuntiandi* (1975)] Definiu as comunidades eclesiais de base como esperança para a Igreja universal (EN 58, 71). Na **América Latina**, na **África** e na **Ásia (Filipinas, Índia, Coreia** e assim por diante), **as Igrejas domésticas, sob a forma de comunidades de base** (*Basic Christian Communities*) **ou de pequenas comunidades cristãs** (*Small Christian Communities*), se tornaram **uma receita pastoral de sucesso**. [...]

[43] AL 73: "Embora 'a analogia entre o casal marido-esposa e Cristo-Igreja' seja uma 'analogia imperfeita'".

[44] FT 152.

> As Igrejas domésticas podem ser uma resposta. Naturalmente, não podemos simplesmente replicar as Igrejas domésticas da Igreja dos primórdios. **Precisamos de grandes famílias de um novo tipo. Para que as famílias nucleares possam sobreviver, elas devem estar inseridas em uma coesão familiar** que atravessa as gerações, na qual sobretudo as avós e os avôs desempenham um papel importante, **em círculos interfamiliares de vizinhos e amigos** em que as crianças possam ter um refúgio na ausência dos pais, e em que os idosos sozinhos, os divorciados e os pais sozinhos possam encontrar uma espécie de casa.
>
> **Sem as Igrejas domésticas, a Igreja é alheia à realidade concreta da vida**. Só através das famílias, ela pode ser de casa onde as pessoas são de casa. **A sua compreensão como Igreja doméstica, portanto, é fundamental para o futuro da Igreja e para a nova evangelização**. (grifos nossos)[45]

Considerações finais

A pretensão de estar fora e acima da história – pretensão tida pela Igreja nos últimos dois séculos e que alguns ainda defendem ter neste século, reafirmando a ideologia de Cristandade – significou a renúncia de estar em sintonia com o mundo contemporâneo.

O Papa Francisco entendeu que, nas condições da sociedade de hoje, a misericórdia constitui o núcleo profundo do Evangelho, que encontra sua ressonância na vida coletiva marcada pela difusão de problemas dramáticos em nível planetário: a crescente

---

[45] KASPER, Walter. Bíblia, eros e família. O discurso do Cardeal Walter Kasper no Consistório (20-21.02.2014). *IHU On-Line* (03.03.2014). Disponível em: http://www.ihu.unisinos.br/noticias/528828-biblia-eros-e-familia-o-discurso-do-cardeal-walter-kasper. Acesso em: 24 jun. 2021.

pobreza material; as iminentes ameaças de guerra, até mesmo nucleares; as mesquinhas respostas nacionalistas às grandes ondas migratórias; a organização econômica marcada pela idolatria do lucro; a degradação ambiental aparentemente irreversível.

A apresentação da lei natural como norma universalmente válida, defendida pelos tradicionalistas de ontem e de hoje, é o resultado mais evidente da continuidade de uma visão metafísica e a-histórica da Igreja. A Igreja, há muito, tomou essa postura, reivindicando ser a autêntica depositária da verdade absoluta, a que se chegava pela razão moderna. O papado dos séculos XVIII e XIX autoproclamava-se guardião e intérprete da lei natural.

O Papa Francisco não abandonou essa perspectiva sustentada pelos seus antecessores, mas a redimensionou. Mudou a ordem das prioridades. Aos seus olhos, a principal tarefa da Igreja não é proclamar os princípios da lei natural, mas tornar a mensagem da salvação contida no Evangelho compreensível a todas as pessoas.

No entanto, para comunicar essa mensagem corretamente, precisamos conhecer as pessoas e, como a vida delas acontece ao longo do tempo, a história vem antes da razão abstrata.

Francisco, em síntese, não questiona a tradicional assunção da razão moderna pela Igreja, mas privilegia a dimensão histórica em relação à dimensão doutrinal. Isso, de fato, é uma grande conquista para o catolicismo. Durante muito tempo, a Igreja mostrou substancial desinteresse pela história e, por isso, pagou um preço bem salgado: a forte diminuição da sua capacidade apostólica e de sua eficácia pastoral.

Enfim, as respostas às *dubia*, para aqueles que não compreenderam e resistem à *Amoris laetitia,* não serão encontradas na *Veritatis splendor*. Elas estão contidas na "nova sensibilidade teológica" da *Fratelli tutti*: dignidade e fraternidade.

Referências bibliográficas

COMPÊNDIO DO VATICANO II. *Constituições, decretos, declarações.* 31. ed. Petrópolis: Vozes, 2015.

D'AGOSTINO, Francesco. *Diritto e giustizia.* Per una introduzione allo studio del diritto. Milano: San Paolo, 2004.

FAGGIOLI, Massimo. Tradicionalismo católico, antigo e novo: por que Francisco está indo ao encontro dos lefebvrianos? *IHU On-Line* (19.04.2017). Disponível em: http://www.ihu.unisinos.br/78-noticias/566757-tradicionalismo-catolico-antigo-e-novo-por-que-francisco-esta-indo-ao-encontro-dos-lefebvrianos-artigo-de-massimo-faggioli. Acesso em: 24 jun. 2021.

FRANCISCO, Papa. *Amoris laetitia.* Exortação Apostólica Pós-Sinodal sobre o amor na família. São Paulo: Loyola, 2016.

FRANCISCO, Papa. *Fratelli tutti.* Carta Encíclica sobre a fraternidade e a amizade social. São Paulo: Paulus, 2020.

FRATERNITÉ SAINT-PIE X (FSSPX). Une Église qui marche sur la tête. Entretien avec l'abbé Davide Pagliarani, Supérieur général de la Fraternité Saint-Pie X. *Actualités: informations et analyses sur la vie de l'Eglise* (21.09.2019). Disponível em: https://fsspx.news/fr/une-eglise-qui-marche-sur-la-tete-50628?fbclid=IwAR15r5uUAnahnIybChudtODbC11kgsenGGt77-j5krdyMF9c7h_DmJSGPtg. Acesso em: 24 jun. 2021.

GEFFRÉ, Claude. O tradicionalismo sem Lefebvre. *Concilium*: Revista Internacional de Teologia, Petrópolis: Vozes 221/1 (1989): 5-10.

GRILLO, Andrea. As dúvidas dos quatro cardeais, como Bacci e Ottaviani em 1969. *IHU On-Line* (13.01.2017). Disponível em: http://www.ihu.unisinos.br/563921. Acesso em: 24 jun. 2021.

JOÃO PAULO II, Papa. *Veritatis splendor*. Carta Encíclica sobre algumas questões fundamentais do ensinamento moral da Igreja. Disponível em: https://www.vatican.va/content/john-paul-ii/pt/encyclicals/documents/hf_jp-ii_enc_06081993_veritatis-splendor.html. Acesso em: 24 jun. 2021.

KASPER, Walter. Bíblia, eros e família. O discurso do cardeal Walter Kasper no Consistório (20-21.02.2014). *IHU On-Line* (03.03.2014). Disponível em: http://www.ihu.unisinos.br/noticias/528828-biblia-eros-e-familia-o-discurso-do-cardeal-walter-kasper. Acesso em: 24 jun. 2021.

KOSELLECK, Reinhart. *Futuro passado:* contribuição à semântica dos tempos históricos. Rio de Janeiro: Contraponto: PUC-Rio, 2006.

MAGISTER, Sandro. Müller fora. Mas o verdadeiro ataque é contra a "Veritatis splendor". *IHU On-Line* (06.07.2017). Disponível em: http://www.ihu.unisinos.br/78-noticias/569400-mueller-fora-mas-o-verdadeiro-ataque-e-contra-a-veritatis-splendor. Acesso em: 24 jun. 2021.

MAGISTER, Sandro. Criar clareza. Alguns nós por resolver em "Amoris laetitia" – Um apelo (14.11.2016). Disponível em: http://chiesa.espresso.repubblica.it/articolo/1351410.html. Acesso em: 24 jun. 2021.

MENDES, Vitor Hugo. Inteligência da fé em um contexto pós-metafísico: apontamentos para uma nova sensibilidade teológica. *Teocomunicação*, Porto Alegre 35/148 (2005): 275-303.

MENOZZI, Daniele. *A Igreja Católica e a Secularização.* São Paulo: Paulinas, 1998.

RATZINGER, Joseph. *Principles of Catholic Theology:* Building Stones for a Fundamental Theology. San Francisco: Ignatius, 1987.

ROUSSEAU, Dominique. Pensar o Direito com Habermas? Entrevista de Dominique Rousseau com Jürgen Habermas. *Revista de Estudos Constitucionais, Hermenêutica e Teoria do Direito* 10/2 (2018): 219-224.

SANTOS, João Vitor. Francisco propõe um novo modelo de relação entre a Igreja e a história dos homens. Entrevista especial com Daniele Menozzi. *IHU On-Line* (31.05.2018). Disponível em: http://www.ihu.unisinos.br/159-noticias/entrevistas/579129-misericordia-e-o-elemento-que-coloca-igreja-e-mundo-contemporaneo-em-perspectiva-entrevista-especial-com-daniele-menozzi. Acesso em: 24 jun. 2021.

ANEXO

QUADRO COMPARATIVO: *VERITATIS SPLENDOR* E *FRATELLI TUTTI*

Termos Teológicos	*Veritatis Splendor*	*Fratelli Tutti*
Moral [moralmente; moralidade]	321	15
Pecado(s) [pecadores]	61	04
Graça	50	09
Salvação	16	-
Alma(s)	16	09
Doutrina(s) [doutrinais; doutrinal]	71	17
Cristo	139	10
Deus	339	78
Espírito Santo	30	04
Magistério	27	-
Igreja	181	33

Termos Filosóficos	***Veritatis Splendor***	***Fratelli Tutti***
Lei	225	16
Lei Natural	32	-
Natural [natureza; naturalmente; naturais; naturalista]	103	18
Juízo(s)	41	01
Ensino(a) [ensinar; ensinamento; ensinamentos]	68	11
Obediência [obedecer; obedece; obediente]	36	01
Consciência	111	19
Verdade	197	66
Pessoa(s) [pessoal; pessoais; pessoalmente]	150	176
Razão	63	08

Termos Sociológicos	***Veritatis Splendor***	***Fratelli Tutti***
Consenso	01	12
Diálogo	11	47
Fraternidade	01	57
Solidariedade	02	22
Justiça	14	40
Cultura(s) [cultural; culturais; culturalmente]	40	116
Dignidade	44	65
Direitos Humanos	01	12
Direito(s)	25	95
Pobre(s) [pobreza(s)]	09	62

13

Frei Carlos Josaphat Pinto de Oliveira, OP:

Teólogo do diálogo, do bom humor e do rigor acadêmico

André Luiz Boccato de Almeida[1]

Introdução

Propor-se a escrever algo sobre uma personalidade brilhante e complexa é uma árdua tarefa, ainda mais quando o autor desta façanha, além de não possuir total domínio sobre o "objeto" a ser descrito, não tem ainda tanta experiência de vida e o amadurecimento necessário para analisar toda a riqueza da personalidade em questão. É com esse sentimento que me ponho a escrever algumas páginas sobre o querido confrade dominicano Frei Carlos Josaphat Pinto de Oliveira, falecido no dia 9 de novembro de 2020, após ter completado 99 anos de vida bem vivida, cinco dias antes de falecer.

---

[1] André Luiz Boccato de Almeida tem Pós-Doutorado em Teologia (Pontifícia Universidade Católica do Paraná - PUC-PR – Curitiba), é Doutor em Teologia Moral (Accademia Alfonsiana – Roma) e Professor na Pontifícia Universidade Católica de São Paulo (PUC-SP – São Paulo) e no Centro Universitário Salesiano de São Paulo (UNISAL – *Campus* PIO XI – São Paulo).

Apresentarei a carismática figura do Frei Carlos Josaphat em duas partes: na primeira, traçarei alguns aspectos do seu retrato biográfico em relação ao pensamento que, lentamente, ia se gestando com algumas características marcantes; na segunda, farei um elenco de todas as suas obras conhecidas em catálogo e disponíveis nas principais línguas de que se tem conhecimento. Tenho consciência de que o Frei Carlos produziu muito e, aos poucos, foi sendo reconhecido como um teólogo do diálogo e do bom humor unido ao rigor acadêmico.

1. Frei Carlos Josaphat: retrato biográfico e pensamento

Conheci pessoalmente o Frei Carlos em 30 de julho de 2005, quando cheguei, para ingressar numa experiência de discernimento vocacional, ao convento dominicano de São Paulo, localizado no bairro Jardim da Saúde, na cidade de São Paulo, onde vivo atualmente. Naquele ano, "Frei Josa", como era chamado carinhosamente por alguns frades, completaria seus 83 anos. Tinha ouvido falar sobre ele ou lido algo escrito por ele, mas de modo muito vago, antes de conhecer os dominicanos. Convivendo com os frades e, de modo particular, com o Frei Carlos, pude perceber que a sua reflexão teológica representa uma espécie de "*Summa Vitae*" de alguém que tanto contribuiu para o bem da Igreja e do povo.

Frei Carlos gostava muito de ser reconhecido como mineiro de Abaeté, cidade do oeste de Minas Gerais, cujo nome designa a tribo indígena dos Abaeté ou Avaeté, que significa "homem valente". Ele não deixava de ser uma pessoa valente e corajosa. Filho de Emília Afonso de Oliveira e Ezequiel Pinto, nasceu em 4 de novembro de 1922. Ele e sua irmã mais velha, que também se tornou religiosa vicentina, irmã Maria José Pinto de Oliveira, perderam muito cedo o pai. Dona Emília casou-se novamente, com Otoniel Pires Ribeiro, dando a Frei Carlos mais três irmãos: João, Modesto Francisco e José Pires Ribeiro. Na família, sob a influência materna, o menino Carlos Josaphat fez o aprendizado da abertura para o Outro e da atenção aos excluídos.

Depois de frequentar o ginásio Frederico Zacarias, em Abaeté, foi estudar com os padres lazaristas, no Seminário de Diamantina, onde fundou um jornalzinho em que publicava até textos de Georges Bernanos, com quem se correspondia. Ordenou-se sacerdote, como missionário lazarista, em 1945. No ano seguinte, foi para o Caraça, como professor de Latim. Entre 1947 e 1951, deslocou-se, sucessivamente, para Mariana, onde se tornou professor de Teologia Fundamental no seminário, e para Fortaleza, Recife e Irati. Trabalhou como assessor da Ação Católica e como capelão de colégio e de orfanato.

Depois de repetidos desentendimentos com as respectivas hierarquias eclesiásticas locais, por conta de seu vanguardismo social, religioso-litúrgico e político, e de continuados conflitos com a linha de ação dos lazaristas, decidiu, em 1952, entrar na Ordem dos Pregadores, que o acolheu como a alguém que teria sempre sido visceralmente um "dominicano de coração". Tornou-se um frade dominicano de fato, fazendo sua profissão solene como filho de São Domingos, em 1953. Nesse ano ainda, foi para a França, onde, no Convento St. Maximin, completou os estudos teológicos da Ordem.

Frei Carlos voltou para o Brasil em 1956, para o Convento de São Paulo, no bairro das Perdizes, onde ensinou Teologia

Moral, e, em 1958, foi nomeado diretor do *Studium Theologicum* dos Dominicanos. Entrou em contato com o Padre Lebret, que o fez compreender de maneira definitiva que o cristianismo ou é social, ou não é cristianismo. Com efeito, o fundador de "Economia e Humanismo", com suas ideias de amar com a inteligência e de articular "caridade" e "técnica", irá marcar singularmente o pensamento e a ação do jovem dominicano.

Foi nessa época que o Frei Carlos começou sua fase mais acirradamente militante. Tornou-se assessor da JUC – Juventude Universitária Católica –, deu cursos na Igreja de São Domingos, atraindo mais de oitocentas pessoas, e trabalhou junto às lideranças estudantis e operárias. Desses cursos, onde se debatia a Doutrina Social da Igreja, bem como dos candentes "sermões" nas concorridíssimas missas das 12h, que lotavam a Igreja de São Domingos, originou-se um movimento que aglutinaria gente interessada em mudar a sociedade, conscientizada sobre a dimensão social do cristianismo. Com um grupo de leigos, fundou, em 1963, o jornal *Brasil Urgente*. No ano anterior, tinha publicado um livro-manifesto – *Evangelho e Revolução Social* –, que foi uma espécie de embasamento teórico daquilo que constituiria a práxis jornalística do *Brasil Urgente*. Ambos foram sementes da Teologia da Libertação entre nós.

Quando a pressão sociopolítica se aguçou, antecipando a ditadura que viria em abril de 1964, Frei Carlos foi "convidado" a deixar o Brasil. Num interessante processo de autêntica sublimação, quando foi obrigado a deixar o jornal que fundara, fez uma tese sobre jornalismo. Doutorou-se em Teologia, em Paris, com uma tese sobre Ética da Comunicação Social, orientada pelo Padre Marie-Dominique Chenu e prefaciada por Hubert Beuve-Mery, diretor do jornal *Le Monde*.

Foi professor da Universidade de Friburgo, na Suíça, durante 27 anos. Nessa mesma Universidade, fundou e dirigiu a coleção Estudos de Ética Cristã. De volta ao Brasil em 1993, passou a lecionar na Escola Dominicana de Teologia, em São Paulo, e, desde 1994, no Instituto de Teologia de São Paulo. Nos seus últimos anos, dedicou-se à pregação de retiros, cursos e obras sobre ecumenismo, diálogo inter-religioso, ética mundial e seus tão admirados frades dominicanos Santo Tomás de Aquino e Bartolomeu de Las Casas. Faleceu em 9 de novembro de 2020, na cidade de Goiânia, onde residia na casa dos frades dominicanos idosos.

2. Principais obras e publicações[2]

Apresento, aqui, um elenco das principais obras e publicações que o Frei Carlos deixou a todos nós como herança do seu total envolvimento com a reflexão teológica e pública. Pode ser que, com o tempo, venhamos a descobrir outras, por nós até então desconhecidas. Todas elas, com certeza, são autênticas testemunhas da fabulosa experiência de uma vida dedicada à causa do aprofundamento da fé em total resposta aos desafios vividos no seu tempo e no nosso.

[2] Uma parte do elenco das obras a seguir foi extraída da obra em homenagem ao Frei Carlos: BETTO, Frei; MENESES, Adélia Bezerra de; JENSEN, Thomaz (Orgs.). *Utopia urgente*. Escritos em homenagem a Frei Carlos Josaphat nos seus 80 anos. São Paulo: Casa Amarela/EDUC, 2002, p. 529-532. Outra parte é encontrada numa referência mais analítica: COUTO, Márcio Alexandre. Bibliografia de frei Carlos Josaphat. *Revista Dominicana de Teologia* 13 (2015): 13-38.

1.1 Livros em português

- *A justiça social.* Na Bíblia e no ensino da Igreja. São Paulo: Editora do Autor, 1961.
- *Evangelho e revolução social.* São Paulo: Duas Cidades, 1962.
- *Jornal Brasil Urgente* (atualmente na internet). Frei Carlos contribuiu com todos os números desse jornal.
- *Evangelho da unidade e do amor.* Texto e doutrina do Evangelho de São João. São Paulo: Duas Cidades, 1966.
- *O sermão da montanha, manifesto de perfeição cristã e promoção humana.* São Paulo: Duas Cidades, 1967.
- *Estruturas a serviço do espírito.* Petrópolis: Vozes, 1968.
- *Contemplação e libertação.* Tomás de Aquino, João da Cruz e Bartolomeu de las Casas. São Paulo: Ática, 1995.
- *Moral, Amor & Humor.* Igreja, sexo e sistema na roda vida da discussão. Rio de Janeiro: Record-Nova Era, 1997.
- *Tomás de Aquino e a Nova Era do Espírito.* São Paulo: Loyola, 1997.
- *Fé, Esperança e Caridade.* Encontrar Deus no centro da vida e da história. São Paulo: Paulinas, 1998.
- *Santas Doutoras, Espiritualidade e Emancipação da Mulher.* São Paulo: Paulinas, 1999.
- *2000. Em nome do Pai, do Filho e do Espírito Santo.* Comunhão divina, solidariedade humana. São Paulo: Loyola, 2000.
- *Las Casas.* Todos os direitos para todos. São Paulo: Loyola, 2000.
- *Crer no amor universal.* Visão histórica e ecumênica do "Creio em Deus Pai". São Paulo: Loyola, 2001.

- *Evangelho e diálogo inter-religioso*. São Paulo: Loyola, 2003.
- *Falar de Deus e com Deus. Caminhos e descaminhos das religiões hoje*. São Paulo: Paulus, 2004.
- *Las Casas, Deus no outro, no social e na luta*. São Paulo: Paulus, 2005.
- *Ética, mídia, liberdade, responsabilidade e sistema*. São Paulo: Paulinas, 2006.
- *Frei Bartolomeu de Las Casas*: Espiritualidade contemplativa e militante. São Paulo: Paulinas, 2008.
- *Ética Mundial, esperança da humanidade globalizada*. Petrópolis: Vozes, 2010.
- *Liberdade e justiça para os povos da América*. Oito tratados impressos em Sevilha em 1552. De frei Bartolomeu de Las Casas. Obras Completas. Vol. 2. Coordenação geral da tradução, introdução e notas: Frei Carlos Josaphat. São Paulo: Paulus, 2010.
- *Paradigma teológico de Tomás de Aquino*. São Paulo: Paulus/EDT, 2012.
- *Sucesso nos negócios & realização humana:* responsabilidade e rentabilidade em debate. São Paulo: Globus, 2012 (em coautoria com Jacques Pasquier Dorthe; livro originalmente escrito em francês e publicado em 1997).
- *Vaticano II*: A Igreja aposta no Amor Universal. São Paulo: Paulinas, 2013.
- *Tomás de Aquino e Paulo Freire*. Pioneiros da inteligência, mestres geniais da educação nas viradas da história. São Paulo: Paulus, 2016.
- *Las Casas e Zumbi*. Pioneiros da consciência social e histórica na luta pelos direitos dos índios e dos negros. São Paulo: Loyola, 2017.

- *O Espírito Santo no coração e na história do Povo de deus.* Docilidade criativa ao Amor divino universal, fio condutor da Revelação e da vida da Igreja. São Paulo: Loyola, 2017.

1.2 Capítulos de livros em português

- O vazio da memória e o raiar da luz dentro da noite. In: JUNQUEIRA FILHO, Luiz Carlos Uchoa (Org.). *Silêncios e luzes:* sobre a experiência psíquica do vazio e da forma. São Paulo: Casa do Psicólogo, 1998.
- Eclesiologia da comunhão e da sacramentalidade, da colegialidade, da participação e do compromisso social. In: ROCHA, Zildo (Org.). *Helder, o Dom* – uma vida que marcou os rumos da Igreja no Brasil. Petrópolis: Vozes, 1999, p. 124-135.
- Paulo Freire, ética e teologia da libertação. In: FREIRE, Ana Maria Araújo (Org.). *A pedagogia da libertação em Paulo Freire.* São Paulo: UNESP, 1999, p. 71-79.
- A questão de Deus hoje. In: BOGAZ, Antonio S.; COUTO, M. (Orgs.). *Deus, onde estás?* A busca de Deus numa sociedade fragmentada. São Paulo: Loyola, 2001.

1.3 Artigos em português

- Direito ao trabalho, exigência primordial da ética social. *Convergência* – Revista Mensal da CRB Brasil. Rio de Janeiro 34/322 (1999): 224-238.
- Ética, economia e globalização. *Pensamento & Realidade*, São Paulo, Faculdade São Luís, 2000, p. 3-38.

- Ética no passado e para o futuro da vida religiosa. *Convergência* – Revista Mensal da CRB Brasil. Rio de Janeiro 36/346 (2001): 493-503.

1.4 Verbetes em português

- *Dicionário do Concílio Vaticano II.* Coord. de: PASSOS, J. D.; SANCHEZ, W. L. São Paulo: Paulinas/Paulus, 2015. Verbetes: Amor/Caridade; Concílio Vatican I (com a contribuição de Wagner Lopez Sanchez); Graça; Joseph Cardijn; Marie-Dominique Chenu; Colegialidade; Tomás de Aquino.
- *Josaphat, Carlos.* No mesmo dicionário há um verbete sobre ele escrito por Domingos Zamagna (p. 501s.).

1.5 Livros em francês

- *Prolégomènes à une Morale de la Pensée d'Après la Nature et les Conditions Humaines de la Connaissance.* La Saint Baume, Saint Maximin, 1956.
- *Information et Propagande.* Responsabilités chrétiennes. Préface du Hubert Beuve-Méry. Paris: Editions du Cerf, 1968.
- *La crise du choix morale dans la civilisation technique.* Fribourg: Editions Universitaires. Paris: Editions du Cerf, 1977.
- *Éthique de la communication sociale.* Vers un ordre humain de l'information dans le monde. Fribourg: Editions Universitaires, 1987.
- *Éthique chrétienne et dignité de l'homme.* Fribourg: Editions Universitaires. Paris: Editions du Cerf, 1992.

- *Contemplation et Libération.* Thomas d'Aquin, Jean de la Croix, Barthélemy de las Casas. Fribourg: Editions Universitaires. Paris: Editions du Cerf, 1993.

1.6 Obras publicadas em colaboração, em francês

- Com Dietmar MIETH: direção geral da coleção bilingue (francês-alemão) *Études d'Éthique Chrétienne*, que desde 1977 até a atualidade, já publicou mais de 100 volumes. Fribourg: Editions Universitaires. Paris: Editions du Cerf.
- Com Jacques PASQUIER-DORTHE: *La Gestion.* Carrefour de l'Économie et de l'Éthique. Fribourg: Editions Universitaires, 1990.
- Com Jacques PASQUIER-DORTHE: Réussir les Affaires et Accomplir l'Homme. Enjeux éthiques et économiques de l'entreprise: responsabilité et rentabilité. Fribourg: Editions Universitaires, 1997.
- Com Ramon Sugranyes de FRANCH e outros: *Économie et Développement.* Répertoires des Documents Épiscopaux des Cinq Continents (1891-1991). Fribourg: Editions Universitaires, 1997.

1.7 Capítulos de livros em francês

- "Pour une Théologie de la Revolution". In: VVAA. *Société Injuste et Revolution.* Paris: Paix Romana. Ed. du Seuil, 1970.
- "L'Esprit agit dans l'Histoire. La totalisation hégélienne de l'histoire confronté avec les perspectives du Concile Vatican II", pp. 54-73 ; et "Bilan et Perspectives", pp. 229-254. In: LEUBA, J. L. OLIVEIRA, Carlos Josaphat Pinto

de (orgs.). *Hegel et la Théologie Contemporaine.* L'absolu dans l'histoire? Paris: Delachaux & Niestlé, 1977.

- "Loi et légalisme dans l'éthique chrétienne". In: *Loi et Évangile.* Genebra: Labor Fides, 1980.
- "Homme et Femme dans l'Anthropologie de Thomas d'Aquin", pp. 165-190 ; e "L'Anthropologie Théologique et Éthique Chrétienne", pp. 285-308. In: BÜHLER, Pierre (org.). *Humain à l'Imagine de Dieu.* Genebra: Labor Fides, 1989.
- "Loi et droit naturels dans la morale catholique hier et aujourd'hui", pp. 217-244; e em colaboração com MUNO-NO, B. "Chassez le Naturel". In: *Éthique et Natures.* Genebra: Labor Fides, 1992.
- "Conception du Salut dans la Théologie de la Libération", pp. 211-231. In: LEUBA, J. -L. (org.). *Le Salut Chrétien.* Paris: Descleé, 1995.

1.8 Artigos em francês

- "La Prudence, concept clé de la morale du Pe. Labourdette", pp. 267-292. *Un maître en théologie, Le Père Marie-Michel Labourdette.* Toulouse: Revue Thomiste, 1992.
- "Communication Sociale et Communion Chrétienne. Réflexion théologique". *Le Supplément, Revue D'Éthique et Théologie Morale.* Fascination et professionnalisme des médias. Paris, Cerf/Centre National du Livre, (190): pp. 211-226, septembre 1994.
- "Décalogue VII – Tu ne voleras pas". *Communio – Revue Catholique Internationale,* XXIII (3), Paris, mai.-juin. 1998.

1.9 Livros em italiano

- *La crisi della scelta morale nella civiltà tecnica.* Roma: Edizione Borla, 1978.
- *La dimensione mondiale dell'etica.* Situazione e futuro del mondo umano. Bologna: Ed. Dehoniane, 1986.

2.10 Capítulos de livros em italiano

- "Il discorso sociale della Chiesa. Apporto delle Chiese particolari". In: VVAA. *Etica, Economia e Sviluppo.* L'insegnamento dei vescovi dei cinque continenti. Bologna: Ed. Dehoniane, 1994, pp. 29-42.
- "Diritto alla verità e comunicazione sociale". In: COSSI, Tullo (org.). *Problemi e prospettive di teologia morale.* Brescia: Queriniana, 1976.
- *Santa Catarina de Sena.* Contemplação apostólica e emancipação da mulher. Em: *Il servizio dottrinale di Caterina da Siena.* Firenze: Nerbini, 2012.

1.10 Artigos em italiano

- Las Casas – il più urgente modello di santità. In: *Rivista Angelicum.* Roma, v. 83, pp. 669-684.

1.11 Livros em espanhol

- *Fe, esperanza y caridad – a la luz de la Santissima Trinidad.* Colombia: Ediciones Paulinas, 2000.

- *Sanctas doctoras – espiritualidad y emancipación de la mujer.* Madrid: Ediciones Paulinas, 2002.

1.12 Artigos em espanhol

- *Gran Enciclopedia Rialp*, tomo VII, Madrid, 1972; tomo XI, 1972; tomo XIV, 1973; tomo XV, 1973; tomo XX, 1974; tomo XXI, 1975; tomo XXIII, 1975. "Gaudium et Spes: ¿nuevo paradigma de etica fundamental y social?". In: *Revista Anámnesis*. Mexico, 1996.

1.13 Capítulo de livro em inglês

- "Under the banner of Bartolomé de Las Casas: Brazilian Dominicans and Social Justice". In: *Preaching Justice – Dominican Contributions to Social Ethics in the Twentieth Century.* Australia: Dominican Publications, 2007.

1.14 Capítulo de livro em alemão

- "Von einer anthropoghischen theologie zur einer politisher morale". In: LUYTEN, Norbert (org.). *Das Menschenverständnis nach Thomas von Aquin*. Fribourg, 1976.

1.15 Obras em homenagem e outras

- HOLDEREGGER, Adrian; IMBACH, Rued; SUAREZ DE MIGUEL, Raul (Eds.) *De Dignitate Hominis.* Mélanges offerts à Carlos-Josaphat Pinto de Oliveira à l'occasion de son 65e anniversaire.. Freiburg Schweiz: Universitätsverlag, 1987.

- FREI BETTO; MENESES Adélia Bezerra de; JENSEN, Thomaz (Eds.). *Utopia Urgente.* Escritos em homenagem a Frei Carlos Josaphat nos seus 80 anos. São Paulo: Casa Amarela/EDUC, 2002.
- CONTREIRA, Lilian (Org.). *Fogo Amigo.* Livro-homenagem aos 95 anos de frei Carlos Josaphat. São Paulo: Parábola, 2016.
- SILVA, Wellington Teodoro da. *Revolução, Tradição e Religião: o catolicismo nas veredas da política.* O Jornal Brasil, Urgente – 1963/64. Curitiba: Ed. CRV, 2011.

Considerações finais

Falar sobre o Frei Carlos Josaphat é um desafio para qualquer jovem que se disponha a narrar vidas complexas. Por isso, faço minhas duas vozes que muito admiravam o Frei Carlos e que, por mais tempo, fizeram parte da sua vida: o jesuíta João Batista Libanio e o bispo Dom Pedro Casaldáliga.

Afirmou Libanio acerca do seu colega dominicano:

> De tempos em tempos, esbarramos com personalidades extraordinárias. Umas figuram-nos lineares. Escolheram um campo bem definido. Avançaram nele até horizontes inatingíveis. Aí estão cientistas, pesquisadores, criadores de obra original. Cabem dentro de um registro que os etiqueta. Outros se comparam às encruzilhadas de dois caminhos. Além do campo profissional fundamental, aventuram-se por um segundo com igual brilhantismo. Fulguram, por exemplo, na docência e na pesquisa teológica, e complementam-nas com fértil pas-

toral. Ou, se quisermos, trafegam sobre dois trilhos. Existem aqueles, porém, que se assemelham a orquestra de inúmeros instrumentos. Todos bem tocados. No final, resulta música harmônica, mas difícil de ser enquadrada numa única chave musical. Frei Josaphat tange esse terceiro tipo. O seu ponto de partida merece o nome de profeta. O ponto de chegada, o de sábio. Entre os dois, ele percorreu enorme gama de atividades, de iniciativas, de empreendimentos.[3]

Dom Casaldáliga, por sua vez, afirma de forma poética e dialética:

> Companheiro de luta e conversador saboroso e mineiro; brasileiro exilado e cosmopolita; cidadão crítico e eclesiástico livre; intelectual orgânico do povo e acadêmico europeu; teólogo de cátedra e de chão; mestre de suíços e de sertanejos; jornalista incendiário na juventude e sábio sereno na alta maturidade; doutor em comunicação e místico da contemplação; homem da fala e do silêncio; pensador dominicano tomista de solidez invejável e ágil publicista leve, atraente.[4]

[3] LIBANIO, João Batista. Profeta e sábio. In memoriam. *Revista Dominicana de Teologia* !3 (2015): 39-40.

[4] CASALDÁLIGA, Pedro. Ao Profeta Josaphat. In: BETTO; MENENES; JENSEN. *Utopia urgente*, p. 9.

Este livro foi composto com as famílias tipográficas Times New Roman e Source Sans Pro
e impresso em papel Book Ivory Slim 65g/m² pela **Gráfica Santuário.**